この本の特長と使い方

※音読みはカタカナ、訓読みはひらがなになっています。
※色になっている文字は送りがなです。
※（　）は、小学校で習わない読みです。

問題回数ギガ増しドリル！

1年間で学習する内容が、この1冊でたっぷり学べます。

1枚ずつはがして使うこともできます。

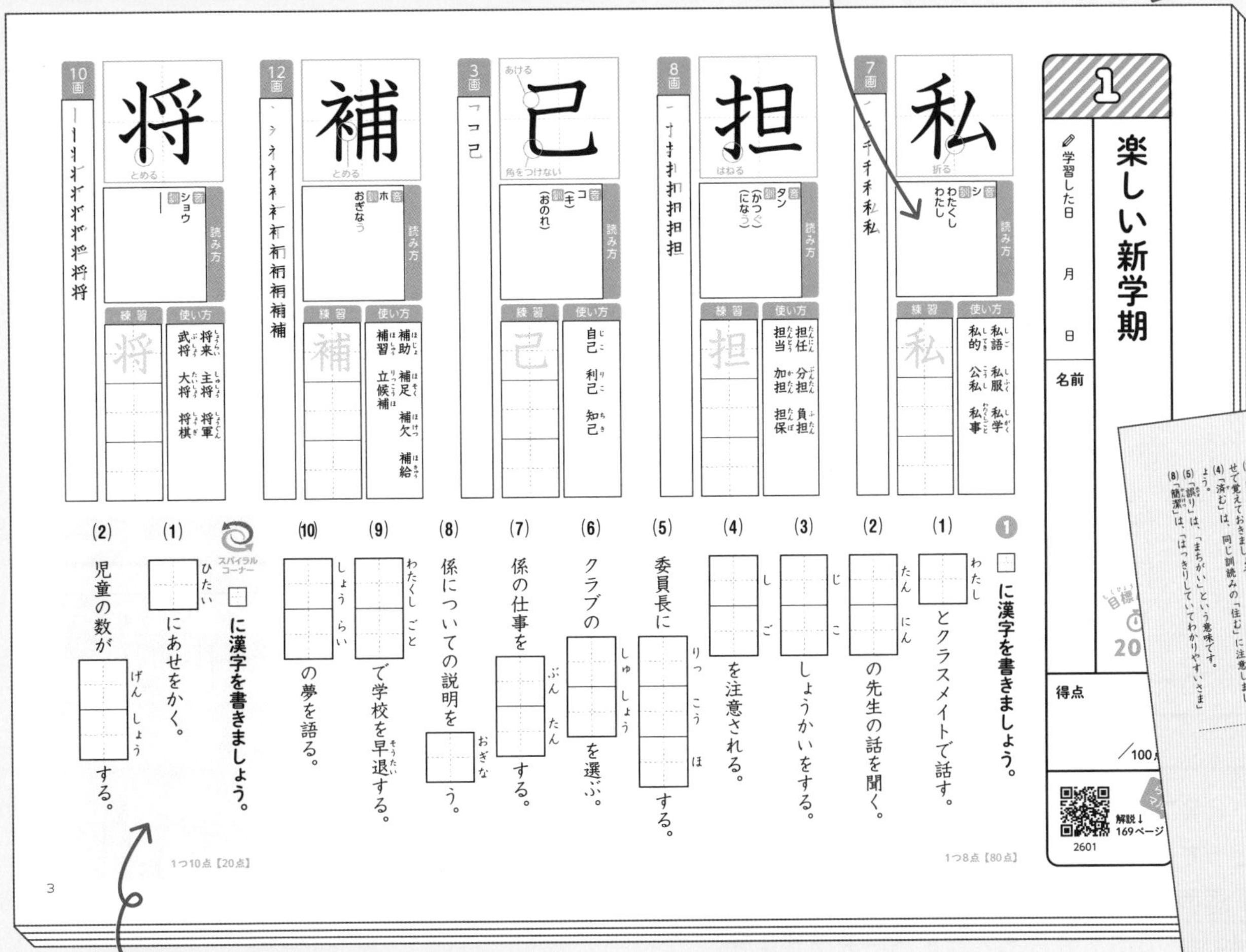
1 楽しい新学期

私 7画 シ わたくし わたし 使い方 私語 私服 私学 私的 公私 私事
担 8画 タン （かつぐ）（になう） 使い方 担任 分担 負担 担当 加担 担保
己 3画 コ （キ）（おのれ） 使い方 自己 利己 知己
補 12画 ホ おぎなう 使い方 補助 補足 補欠 補習 立候補 補給
将 10画 ショウ 使い方 将来 主将 将軍 武将 大将 将棋

1 □に漢字を書きましょう。
(1) わたし とクラスメイトで話す。
(2) たんにん の先生の話を聞く。
(3) じこ しょうかいをする。
(4) しご を注意される。
(5) 委員長に りっこうほ する。
(6) クラブの しゅしょう を選ぶ。
(7) 係の仕事を ぶんたん する。
(8) 係についての説明を おぎな う。
(9) わたくしごと で学校を早退《そうたい》する。
(10) しょうらい の夢を語る。

スパイラルコーナー □に漢字を書きましょう。
(1) ひたい にあせをかく。
(2) 児童の数が げんしょう する。

1つ8点【80点】　1つ10点【20点】
学習した日　月　日　名前　得点　/100点　解説↓169ページ

もう1回チャレンジできる！

裏面には、表面と同じ問題を掲載。
解きなおしや復習がしっかりできます。

裏面

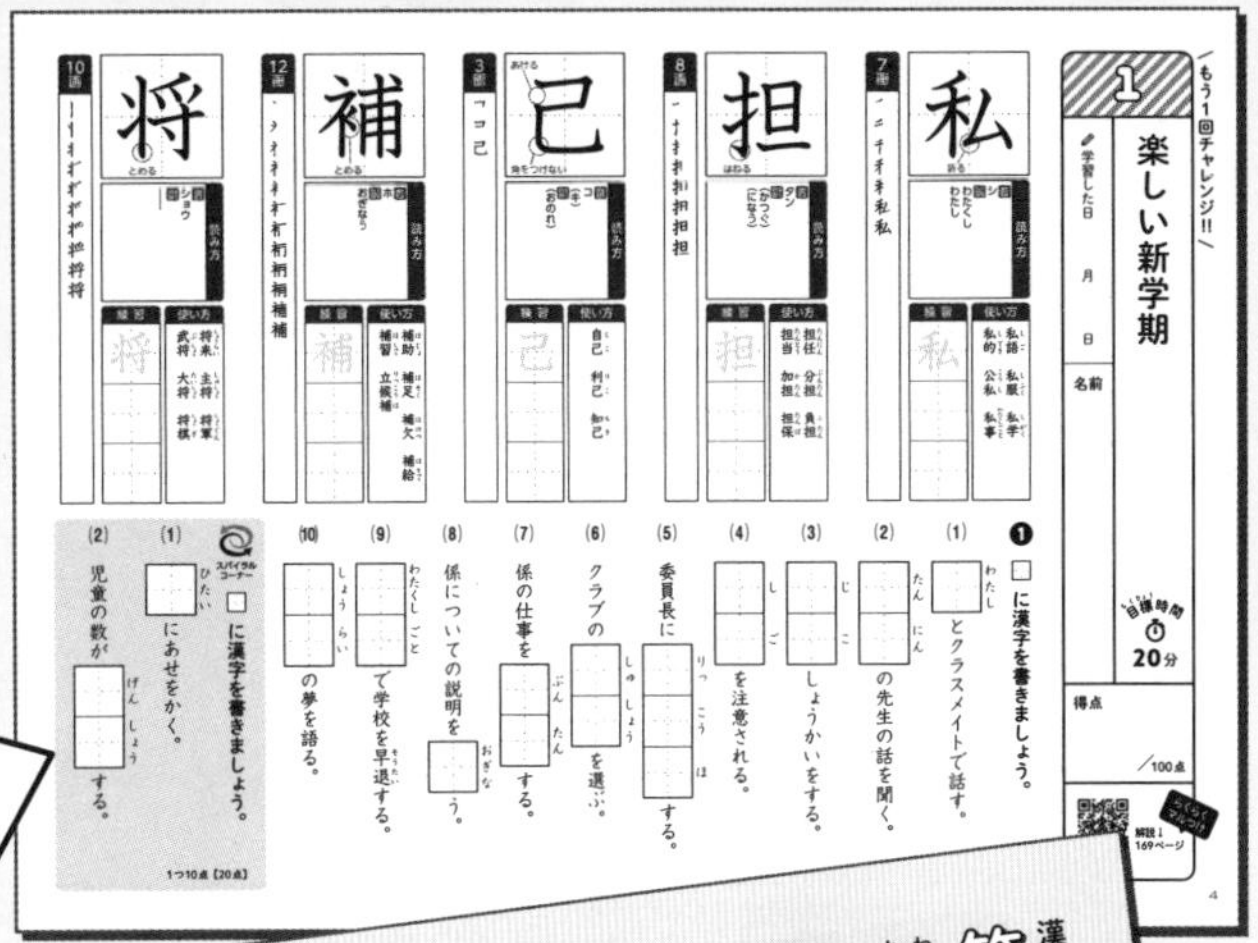

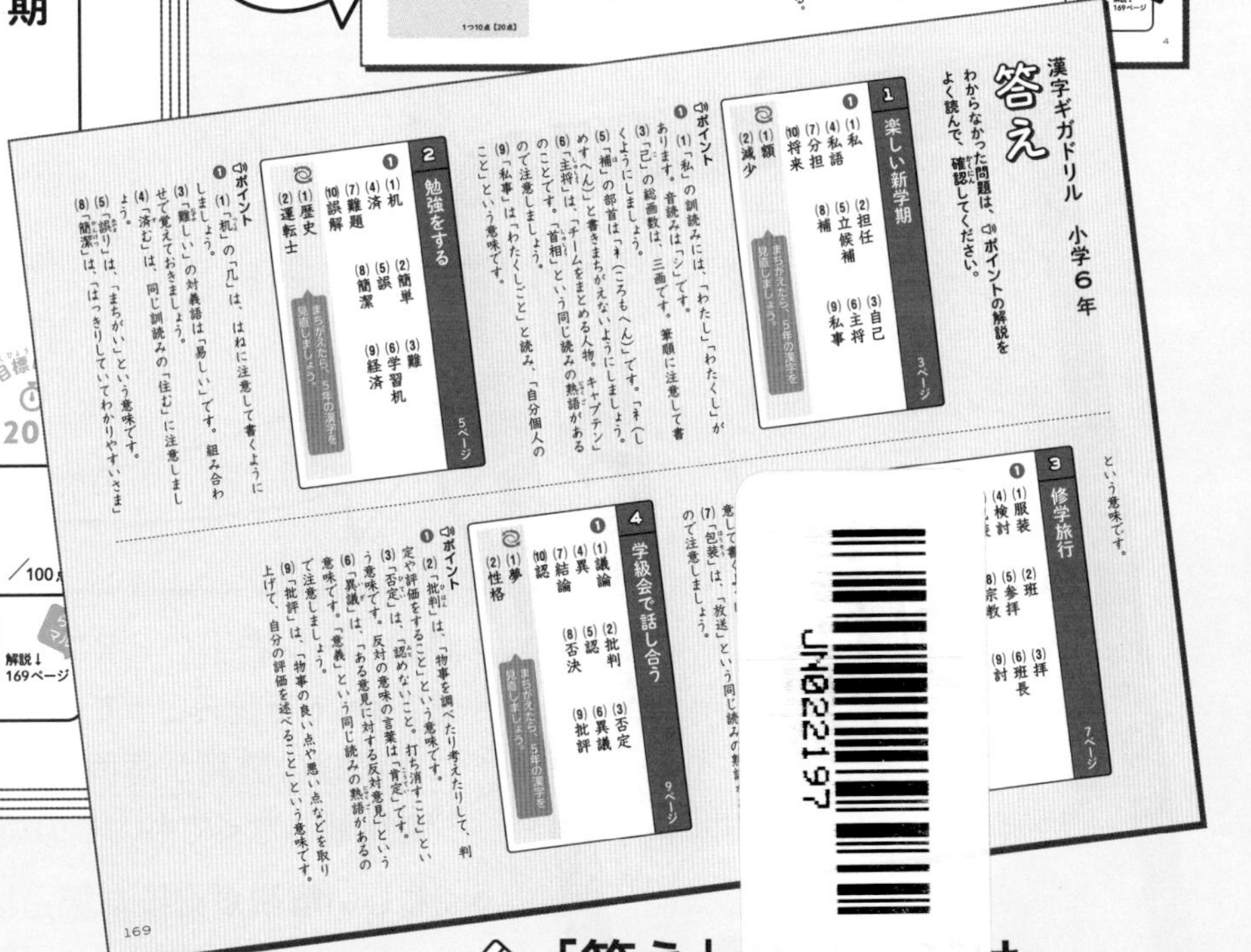
答え 漢字ギガドリル 小学6年
わからなかった問題は、ポイントの解説をよく読んで、確認してください。

スパイラルコーナー！

何回か前に学習した内容が登場。
くり返し学習で定着させます。

マルつけはスマホでサクッと！

その場でサクッと、赤字解答入り誌面が見られます。

くわしくはp.2へ

「答え」の…は ていねいな解説つき！

解き方がわかるポイントがついています。

スマホでサクッと!
らくらくマルつけシステム

「答え」のページを見なくても! その場でスピーディーに!

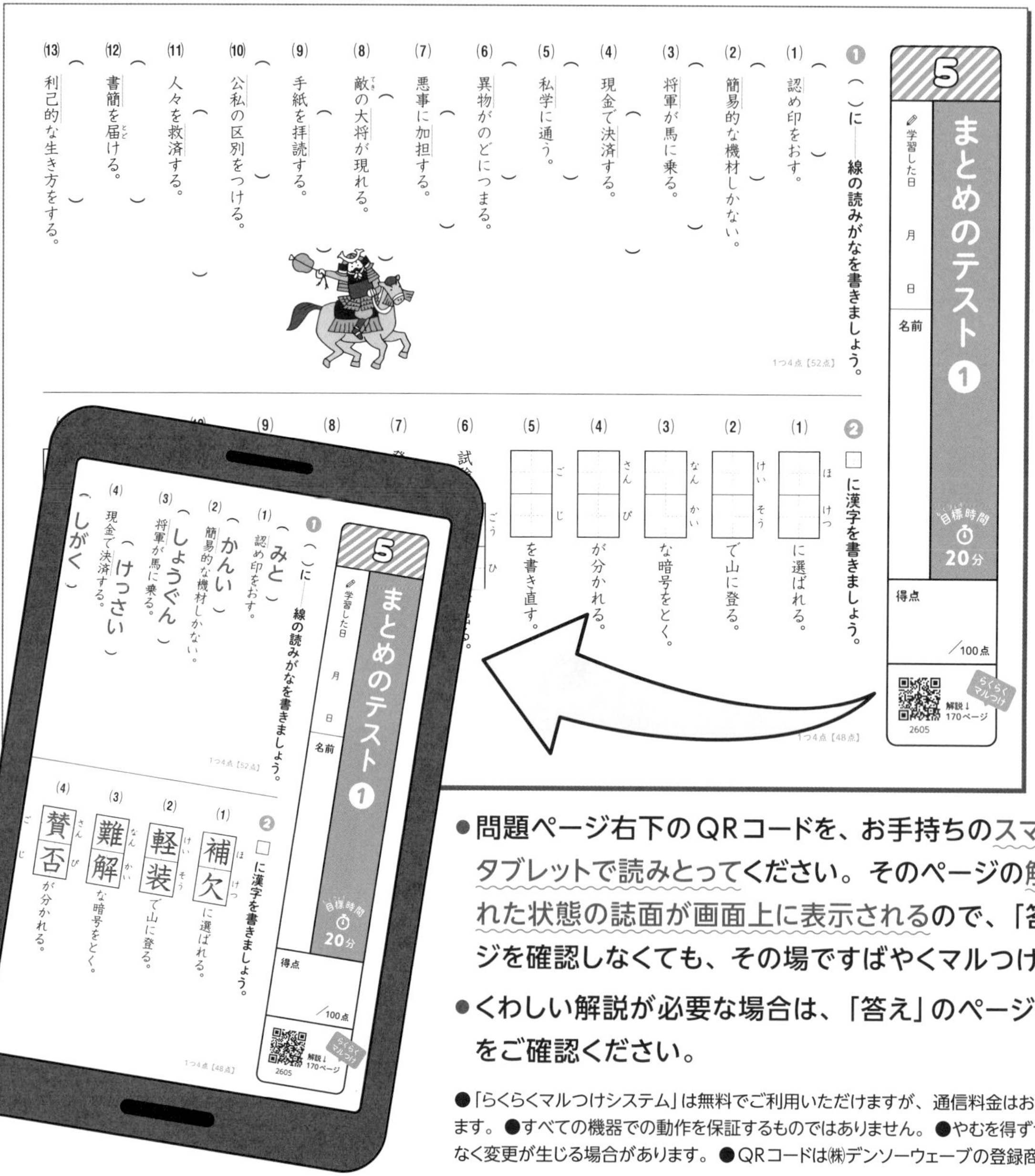

●問題ページ右下のQRコードを、お手持ちのスマートフォンやタブレットで読みとってください。そのページの解答が印字された状態の誌面が画面上に表示されるので、「答え」のページを確認しなくても、その場ですばやくマルつけができます。

●くわしい解説が必要な場合は、「答え」のページの🔈ポイントをご確認ください。

●「らくらくマルつけシステム」は無料でご利用いただけますが、通信料金はお客様のご負担となります。●すべての機器での動作を保証するものではありません。●やむを得ずサービス内容に予告なく変更が生じる場合があります。●QRコードは㈱デンソーウェーブの登録商標です。

プラスαの学習効果で成績ぐんのび!

パズル問題で考える力を育みます。

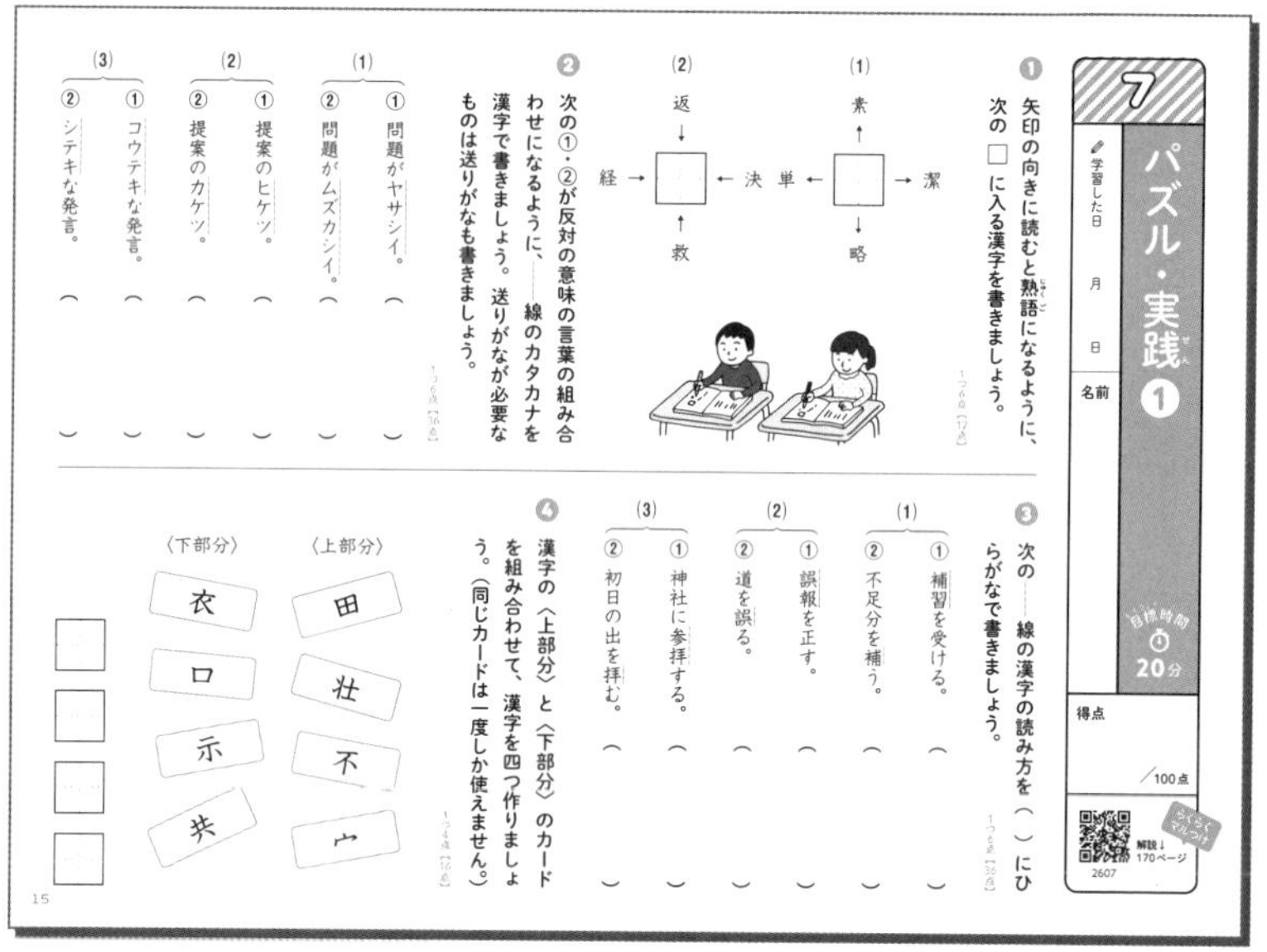

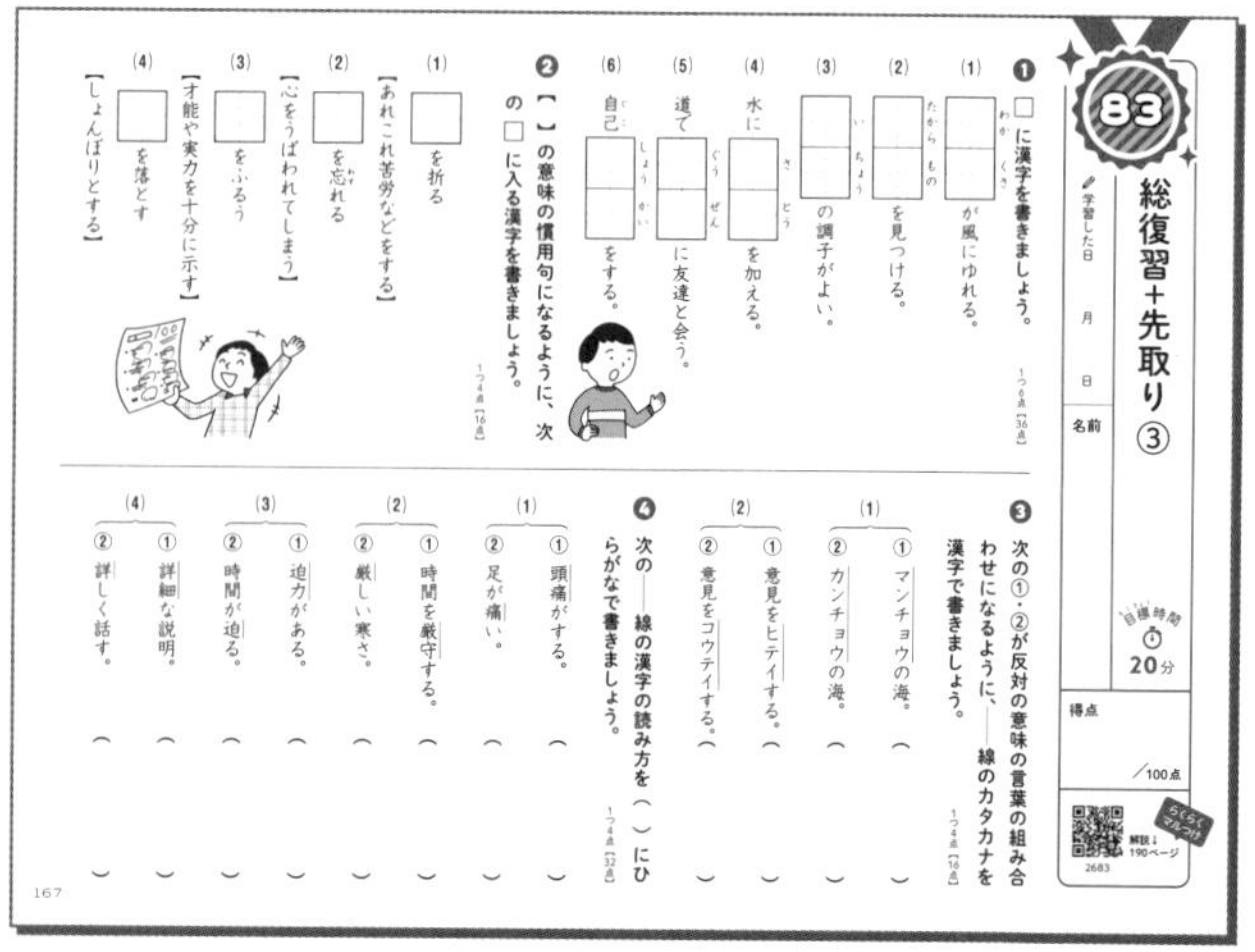

巻末の総復習＋先取り問題で、今より一歩先までがんばれます。

1 楽しい新学期

学習した日　月　日

名前

目標時間《もくひょうじかん》 20分

得点　／100点

解説↓169ページ

2601

らくらくマルつけ

私　7画

折る

読み方：音 シ　訓 わたくし　わたし

使い方：私語《しご》　私服《しふく》　私学《しがく》　私的《してき》　公私《こうし》　私事《わたくしごと》

練習

担　8画

はねる

読み方：音 タン　訓 (かつぐ)　(になう)

使い方：担任《たんにん》　分担《ぶんたん》　負担《ふたん》　担当《たんとう》　加担《かたん》　担保《たんぽ》

練習

己　3画

あける　角をつけない

読み方：音 コ　(キ)　訓 (おのれ)

使い方：自己《じこ》　利己《りこ》　知己《ちき》

練習

補　12画

とめる

読み方：音 ホ　訓 おぎなう

使い方：補助《ほじょ》　補足《ほそく》　補欠《ほけつ》　補給《ほきゅう》　補習《ほしゅう》　立候補《りっこうほ》

練習

将　10画

とめる

読み方：音 ショウ　訓 ―

使い方：将来《しょうらい》　主将《しゅしょう》　将軍《しょうぐん》　武将《ぶしょう》　大将《たいしょう》　将棋《しょうぎ》

練習

---

1 □に漢字を書きましょう。

(1) □《わたし》とクラスメイトで話す。

(2) □□《たんにん》の先生の話を聞く。

(3) □□《じこ》しょうかいをする。

(4) □□《しご》を注意される。

(5) 委員長に□□□《りっこうほ》する。

(6) クラブの□□《しゅしょう》を選ぶ。

(7) 係の仕事を□□《ぶんたん》する。

(8) 係についての説明を□《おぎな》う。

(9) □□《わたくしごと》で学校を早退《そうたい》する。

(10) □□《しょうらい》の夢を語る。

1つ8点【80点】

スパイラルコーナー　□に漢字を書きましょう。

(1) □《ひたい》にあせをかく。

(2) 児童の数が□□《げんしょう》する。

1つ10点【20点】

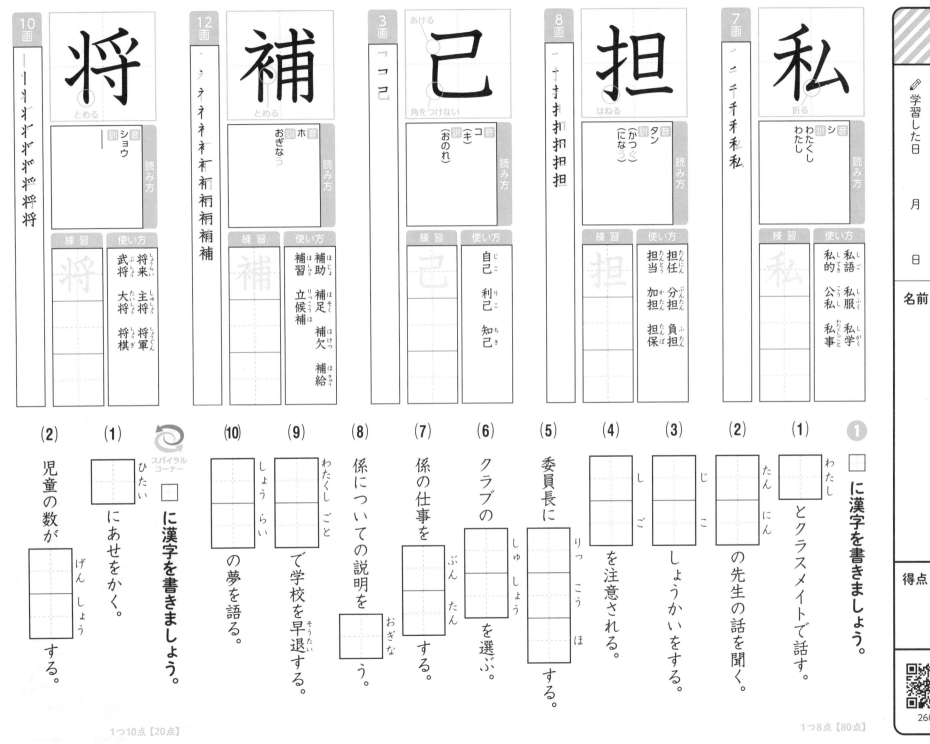

／もう1回チャレンジ!!／

1 楽しい新学期

学習した日　月　日

名前

目標《もくひょう》時間 20分

得点　／100点

解説↓ 169ページ

らくらくマルつけ

2601

私 7画

ノ 二 千 千 禾 私 私

折る

読み方	
音	シ
訓	わたくし　わたし

使い方：私語《しご》　私服《しふく》　私学《しがく》　私的《してき》　公私《こうし》　私事《わたくしごと》

練習

担 8画

一 十 扌 扌 扣 扣 担 担

はねる

読み方	
音	タン
訓	（かつぐ）（になう）

使い方：担任《たんにん》　分担《ぶんたん》　負担《ふたん》　担当《たんとう》　加担《かたん》　担保《たんぽ》

練習

己 3画

フ コ 己

あける　角をつけない

読み方	
音	コ（キ）
訓	（おのれ）

使い方：自己《じこ》　利己《りこ》　知己《ちき》

練習

補 12画

丶 ラ ネ ネ ネ 衤 衤 衤 袹 補 補 補

とめる

読み方	
音	ホ
訓	おぎなう

使い方：補助《ほじょ》　補足《ほそく》　補欠《ほけつ》　補給《ほきゅう》　補習《ほしゅう》　立候補《りっこうほ》

練習

将 10画

丨 丬 丬 丬 丬 丬 丬 将 将 将

とめる

読み方	
音	ショウ
訓	—

使い方：将来《しょうらい》　主将《しゅしょう》　将軍《しょうぐん》　武将《ぶしょう》　大将《たいしょう》　将棋《しょうぎ》

練習

---

1 □に漢字を書きましょう。

(1) □《わたし》とクラスメイトで話す。

(2) □□《たんにん》の先生の話を聞く。

(3) □□《じこ》しょうかいをする。

(4) □□《しご》を注意される。

(5) 委員長に□□□《りっこうほ》する。

(6) クラブの□□《しゅしょう》を選ぶ。

(7) 係の仕事を□□《ぶんたん》する。

(8) 係についての説明を□《おぎな》う。

(9) □□《わたくしごと》で学校を早退《そうたい》する。

(10) □□《しょうらい》の夢を語る。

1つ8点【80点】

スパイラルコーナー

□に漢字を書きましょう。

(1) □《ひたい》にあせをかく。

(2) 児童の数が□□《げんしょう》する。

1つ10点【20点】

2 勉強をする

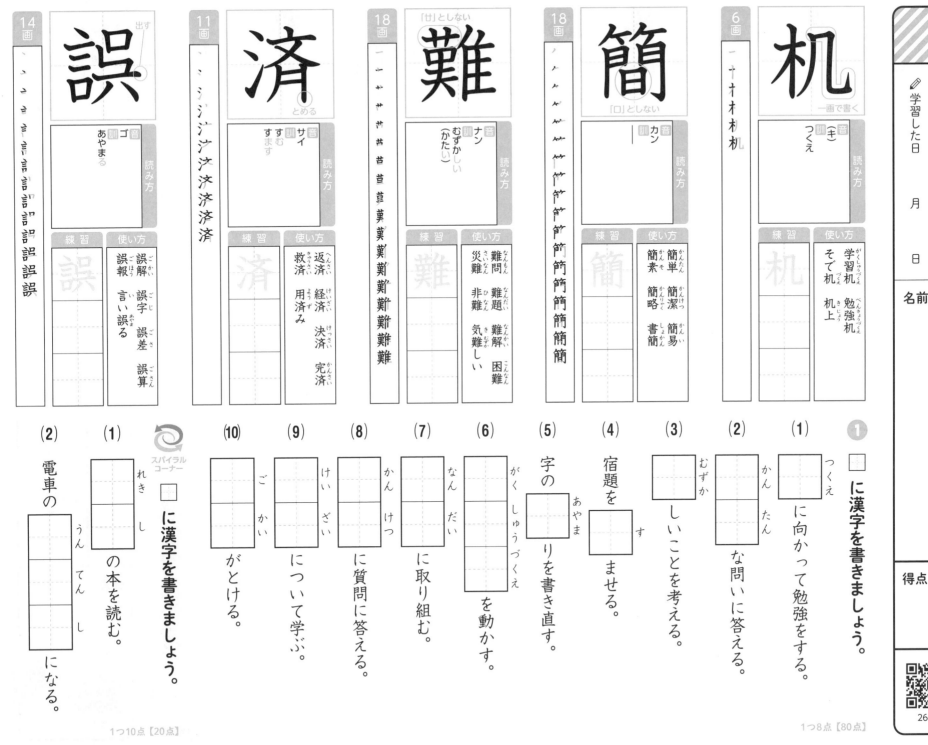

学習した日　月　日

名前

目標時間《もくひょうじかん》 20分

得点　／100点

解説↓ 169ページ

らくらくマルつけ

2602

机（6画）

一画で書く

読み方　音 （キ）　訓 つくえ

使い方　学習机《がくしゅうづくえ》　勉強机《べんきょうづくえ》　そで机《づくえ》　机上《きじょう》

簡（18画）

「口」としない

読み方　音 カン　訓 ―

使い方　簡単《かんたん》　簡潔《かんけつ》　簡易《かんい》　簡素《かんそ》　簡略《かんりゃく》　書簡《しょかん》

難（18画）

「廿」としない

読み方　音 ナン　訓 むずか(しい)　(かた(い))

使い方　難問《なんもん》　難題《なんだい》　難解《なんかい》　困難《こんなん》　災難《さいなん》　非難《ひなん》　気難《きむずか》しい

済（11画）

とめる

読み方　音 サイ　訓 す(む)　す(ます)

使い方　返済《へんさい》　経済《けいざい》　決済《けっさい》　完済《かんさい》　救済《きゅうさい》　用済《ようず》み

誤（14画）

出す

読み方　音 ゴ　訓 あやま(る)

使い方　誤解《ごかい》　誤字《ごじ》　誤差《ごさ》　誤算《ごさん》　誤報《ごほう》　言《い》い誤《あやま》る

1 □に漢字を書きましょう。

(1) □《つくえ》に向かって勉強をする。

(2) □□《かんたん》な問いに答える。

(3) □《むずか》しいことを考える。

(4) 宿題を□《す》ませる。

(5) 字の□《あやま》りを書き直す。

(6) □□□《がくしゅうづくえ》を動かす。

(7) □□《なんだい》に取り組む。

(8) □□《かんけつ》に質問に答える。

(9) □□《けいざい》について学ぶ。

(10) □□《ごかい》がとける。

1つ8点【80点】

スパイラルコーナー　□に漢字を書きましょう。

(1) □□《れきし》の本を読む。

(2) 電車の□□□《うんてんし》になる。

1つ10点【20点】

もう1回チャレンジ!!

2 勉強をする

学習した日　月　日

名前

目標《もくひょう》時間 20分

得点　／100点

解説↓ 169ページ

2602

らくらくマルつけ

机（6画）

一画で書く

一 十 オ 木 札 机

読み方　音 (キ)　訓 つくえ

使い方　学習机《がくしゅうづくえ》　勉強机《べんきょうづくえ》　そで机《づくえ》　机上《きじょう》

練習

簡（18画）

「口」としない

読み方　音 カン　訓 ―

使い方　簡単《かんたん》　簡潔《かんけつ》　簡易《かんい》　簡素《かんそ》　簡略《かんりゃく》　書簡《しょかん》

練習

難（18画）

「廿」としない

読み方　音 ナン　訓 むずかしい (かたい)

使い方　難問《なんもん》　難題《なんだい》　難解《なんかい》　困難《こんなん》　災難《さいなん》　非難《ひなん》　気難《きむず》しい

練習

済（11画）

とめる

読み方　音 サイ　訓 すむ　すます

使い方　返済《へんさい》　経済《けいざい》　決済《けっさい》　完済《かんさい》　救済《きゅうさい》　用済《ようず》み

練習

誤（14画）

出す

読み方　音 ゴ　訓 あやまる

使い方　誤解《ごかい》　誤字《ごじ》　誤差《ごさ》　誤算《ごさん》　誤報《ごほう》　言《い》い誤《あやま》る

練習

❶ □に漢字を書きましょう。

(1) □《つくえ》に向かって勉強をする。

(2) □□《かんたん》な問いに答える。

(3) □《むずか》しいことを考える。

(4) 宿題を□《す》ませる。

(5) 字の□《あやま》りを書き直す。

(6) □□□《がくしゅうづくえ》を動かす。

(7) □□《なんだい》に取り組む。

(8) □□《かんけつ》に質問に答える。

(9) □□《けいざい》について学ぶ。

(10) □□《ごかい》がとける。

1つ8点【80点】

スパイラルコーナー

□に漢字を書きましょう。

(1) □□《れきし》の本を読む。

(2) 電車の□□□《うんてんし》になる。

1つ10点【20点】

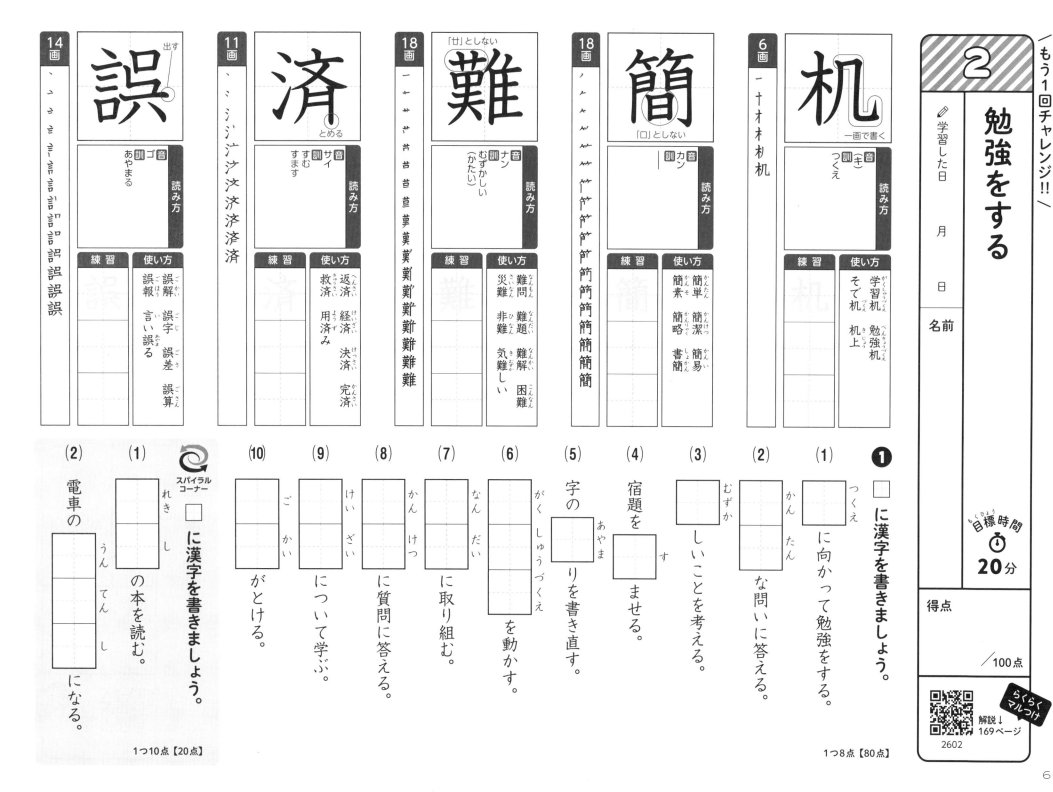

3 修学旅行

学習した日　月　日

名前

目標時間《もくひょうじかん》 20分

得点　／100点

解説↓ 169ページ

2603

らくらくマルつけ

装（12画）

装（土としない／はらう）

読み方　音 ソウ（ショウ）　訓 （よそおう）

装　丬　丬　丬　壮　壮　壮　壮　奘　奘　装　装

練習　装

使い方　服装《ふくそう》　包装《ほうそう》　軽装《けいそう》　洋装《ようそう》　装置《そうち》　装備《そうび》

班（10画）

班（はらう）

読み方　音 ハン　訓 —

一　T　干　王　玎　玎　玎　班　班　班

練習　班

使い方　班長《はんちょう》　班員《はんいん》　班別《はんべつ》　作業班《さぎょうはん》　取材班《しゅざいはん》　救護班《きゅうごはん》

拝（8画）

拝（上に出ない／のばす）

読み方　音 ハイ　訓 おがむ

一　寸　扌　扌　扌　扌　拝　拝

練習　拝

使い方　参拝《さんぱい》　拝見《はいけん》　拝読《はいどく》　拝借《はいしゃく》　拝啓《はいけい》　拝《おが》む

宗（8画）

宗（はねる）

読み方　音 シュウ（ソウ）　訓 —

丶　丷　宀　宀　宇　宇　宗　宗

練習　宗

使い方　宗教《しゅうきょう》　宗派《しゅうは》　改宗《かいしゅう》

討（10画）

討（わすれずにうつ）

読み方　音 トウ　訓 （うつ）

丶　亠　亠　言　言　言　言　言　討　討

練習　討

使い方　検討《けんとう》　討論《とうろん》　討議《とうぎ》　討《とう》ばつ

1 □に漢字を書きましょう。

(1) 旅行の□□《ふくそう》を考える。

(2) □《はん》に分かれて行動する。

(3) 寺で仏像を□《おが》む。

(4) 日程を□□《けんとう》する。

(5) 神社に□□《さんぱい》する。

(6) □□《はんちょう》のあとを歩く。

(7) おみやげを□□《ほうそう》する。

(8) さまざまな□□《しゅうきょう》がある。

(9) 旅について□《とう》論《ろん》する。

(10) いくつかの□《しゅう》派《は》に分かれる。

1つ8点【80点】

スパイラルコーナー

□に漢字を書きましょう。

(1) 電車が通り□《す》ぎる。

(2) □□《げんち》に行って確かめる。

1つ10点【20点】

3 修学旅行

学習した日　月　日

名前

目標時間《もくひょうじかん》 20分

得点　／100点

らくらくマルつけ

解説↓169ページ

2603

装（12画）

土としない

読み方　音 ソウ（ショウ）　訓 （よそおう）

練習 装

使い方　服装《ふくそう》　包装《ほうそう》　軽装《けいそう》　洋装《ようそう》　装置《そうち》　装備《そうび》

班（10画）

はらう

読み方　音 ハン　訓 ―

練習 班

使い方　班長《はんちょう》　班員《はんいん》　班別《はんべつ》　作業班《さぎょうはん》　取材班《しゅざいはん》　救護班《きゅうごはん》

拝（8画）

上に出ない　のばす

読み方　音 ハイ　訓 おがむ

練習 拝

使い方　参拝《さんぱい》　拝見《はいけん》　拝読《はいどく》　拝借《はいしゃく》　拝啓《はいけい》　拝《おが》む

宗（8画）

はねる

読み方　音 シュウ（ソウ）　訓 ―

練習 宗

使い方　宗教《しゅうきょう》　宗派《しゅうは》　改宗《かいしゅう》

討（10画）

わすれずにうつ

読み方　音 トウ　訓 （うつ）

練習 討

使い方　検討《けんとう》　討論《とうろん》　討議《とうぎ》　討《とう》ばつ

❶ □に漢字を書きましょう。

(1) 旅行の□《ふくそう》を考える。

(2) □《はん》に分かれて行動する。

(3) 寺で仏像を□《おが》む。

(4) 日程を□《けんとう》する。

(5) 神社に□《さんぱい》する。

(6) □《はんちょう》のあとを歩く。

(7) おみやげを□《ほうそう》する。

(8) さまざまな□《しゅうきょう》がある。

(9) 旅について□《とう》論《ろん》する。

(10) いくつかの□《しゅう》派《は》に分かれる。

1つ8点【80点】

スパイラルコーナー　□に漢字を書きましょう。

(1) 電車が通り□《す》ぎる。

(2) □《げんち》に行って確かめる。

1つ10点【20点】

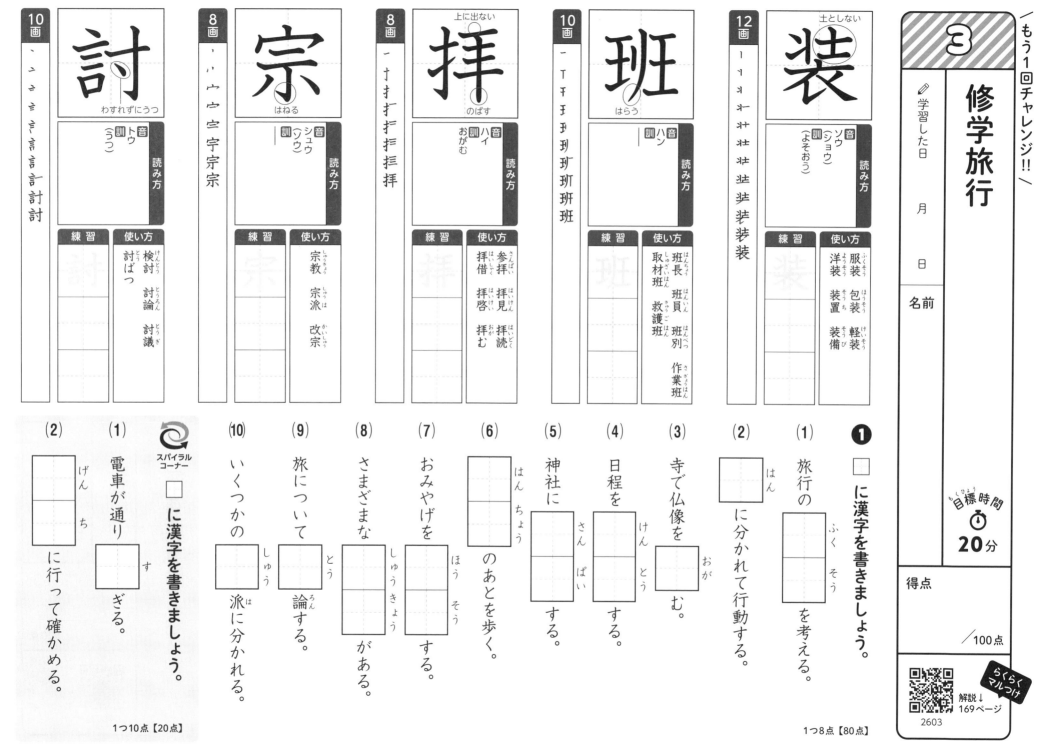

4 学級会で話し合う

学習した日　月　日
名前
目標時間《もくひょうじかん》 20分
得点　／100点
らくらくマルつけ
解説↓169ページ
2604

論（15画）
はねる
読み方　音 ロン　訓 —
使い方：結論《けつろん》　議論《ぎろん》　論理《ろんり》　論文《ろんぶん》　論外《ろんがい》　口論《こうろん》
練習

批（7画）
大きくはねる
読み方　音 ヒ　訓 —
使い方：批判《ひはん》　批評《ひひょう》　批《ひ》じゅん
練習

否（7画）
とめる
読み方　音 ヒ　訓 （いな）
使い方：否定《ひてい》　否決《ひけつ》　合否《ごうひ》　賛否《さんぴ》　安否《あんぴ》　適否《てきひ》
練習

異（11画）
とめる
読み方　音 イ　訓 こと
使い方：異常《いじょう》[異状《いじょう》]　異国《いこく》　異物《いぶつ》　異論《いろん》　異議《いぎ》　異《こと》なる
練習

認（14画）
「刀」としない
読み方　音 （ニン）　訓 みとめる
使い方：認《みと》め印《いん》　確認《かくにん》　認識《にんしき》　認可《にんか》　認定《にんてい》　容認《ようにん》
練習

1 □に漢字を書きましょう。

(1) みんなで□□《ぎろん》をする。
(2) 相手の主張を□□《ひはん》する。
(3) 意見を□□《ひてい》される。
(4) ものの見方が□《こと》なる。
(5) さまざまな考えを□《みと》める。
(6) □□《いぎ》を唱える。
(7) 話し合いの□□《けつろん》が出る。
(8) 提案を□□《ひけつ》する。
(9) 作品の□□《ひひょう》を聞く。
(10) すばらしいと□《みと》められる。

1つ8点【80点】

スパイラルコーナー

□に漢字を書きましょう。

(1) みんなで□《ゆめ》を語り合う。
(2) 友達は□□《せいかく》がよい。

1つ10点【20点】

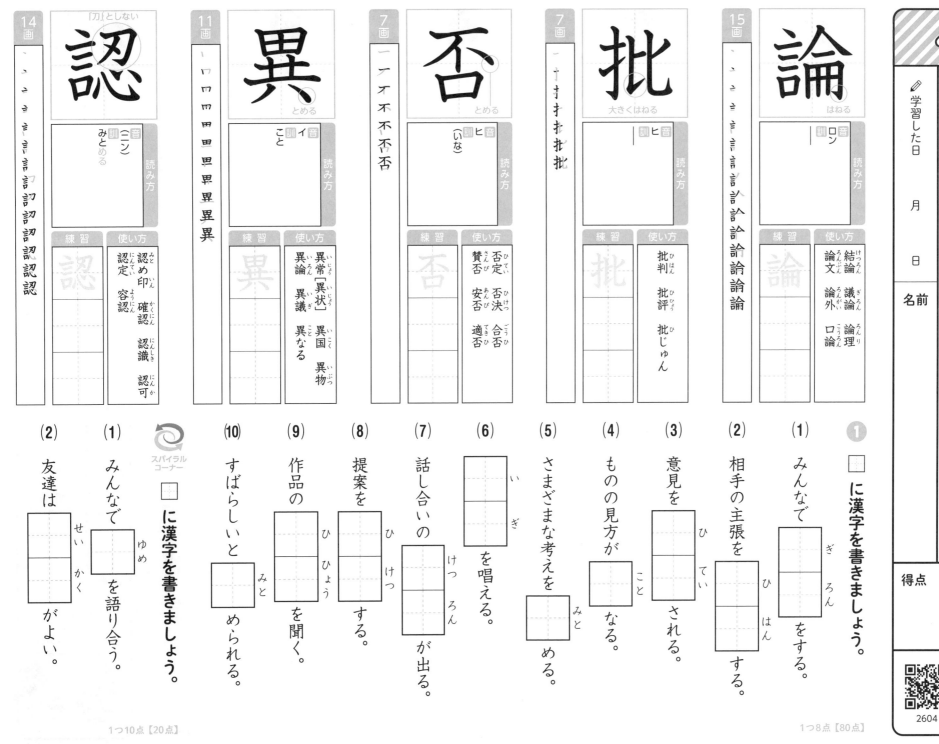

4 学級会で話し合う

学習した日　月　日

名前

目標《もくひょう》時間 20分

得点 ／100点

解説↓ 169ページ

2604

らくらくマルつけ

論 15画
はねる
読み方 音 ロン 訓
使い方 結論《けつろん》 議論《ぎろん》 論理《ろんり》 論文《ろんぶん》 論外《ろんがい》 口論《こうろん》

批 7画
大きくはねる
読み方 音 ヒ 訓
使い方 批判《ひはん》 批評《ひひょう》 批《ひ》じゅん

否 7画
とめる
読み方 音 ヒ 訓 （いな）
使い方 否定《ひてい》 否決《ひけつ》 合否《ごうひ》 賛否《さんぴ》 安否《あんぴ》 適否《てきひ》

異 11画
とめる
読み方 音 イ 訓 こと
使い方 異常《いじょう》［異状《いじょう》］ 異国《いこく》 異物《いぶつ》 異論《いろん》 異議《いぎ》 異《こと》なる

認 14画
「刀」としない
読み方 音 （ニン） 訓 みとめる
使い方 認《みと》め印《いん》 確認《かくにん》 認識《にんしき》 認可《にんか》 認定《にんてい》 容認《ようにん》

1 □に漢字を書きましょう。

(1) みんなで□《ぎろん》をする。
(2) 相手の主張を□《ひはん》する。
(3) 意見を□《ひてい》される。
(4) ものの見方が□《こと》なる。
(5) さまざまな考えを□《みと》める。
(6) □《いぎ》を唱える。
(7) 話し合いの□《けつろん》が出る。
(8) 提案を□《ひけつ》する。
(9) 作品の□《ひひょう》を聞く。
(10) すばらしいと□《みと》められる。

1つ8点【80点】

スパイラルコーナー
□に漢字を書きましょう。

(1) みんなで□《ゆめ》を語り合う。
(2) 友達は□《せいかく》がよい。

1つ10点【20点】

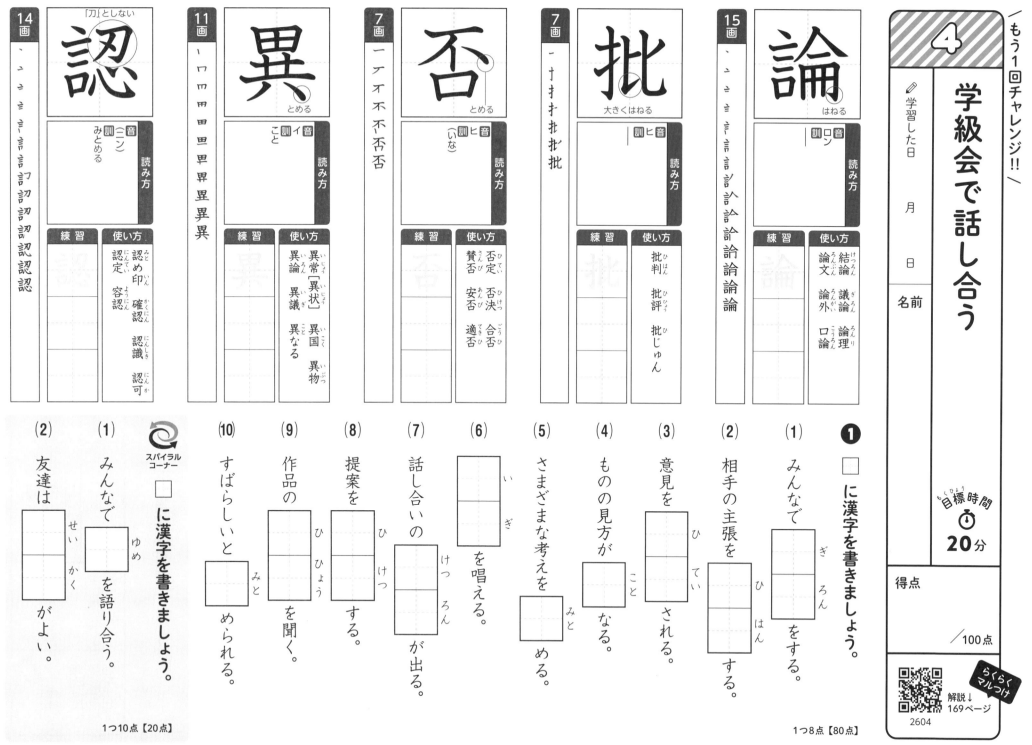

5 まとめのテスト 1

学習した日　月　日

名前

目標時間 20分

得点　／100点

らくらくマルつけ

解説↓ 170ページ

2605

1 （　）に――線の読みがなを書きましょう。

1つ4点【52点】

(1) 認め印をおす。（　　）

(2) 簡易的な機材しかない。（　　）

(3) 将軍が馬に乗る。（　　）

(4) 現金で決済する。（　　）

(5) 私学に通う。（　　）

(6) 異物がのどにつまる。（　　）

(7) 悪事に加担する。（　　）

(8) 敵《てき》の大将が現れる。（　　）

(9) 手紙を拝読する。（　　）

(10) 公私の区別をつける。（　　）

(11) 人々を救済する。（　　）

(12) 書簡を届《とど》ける。（　　）

(13) 利己的な生き方をする。（　　）

2 □に漢字を書きましょう。

1つ4点【48点】

(1) □□《ほけつ》に選ばれる。

(2) □□《けいそう》で山に登る。

(3) □□《なんかい》な暗号をとく。

(4) □□《さんぴ》が分かれる。

(5) □□《ごじ》を書き直す。

(6) 試験の□□《ごうひ》が出る。

(7) 登山の□□《そうび》をそろえる。

(8) 友達と□□《こうろん》になる。

(9) □□《さいなん》に見まわれる。

(10) セリフを言い□《あやま》る。

(11) 国語の□□《ほしゅう》を受ける。

(12) □□□《さぎょうはん》として行動する。

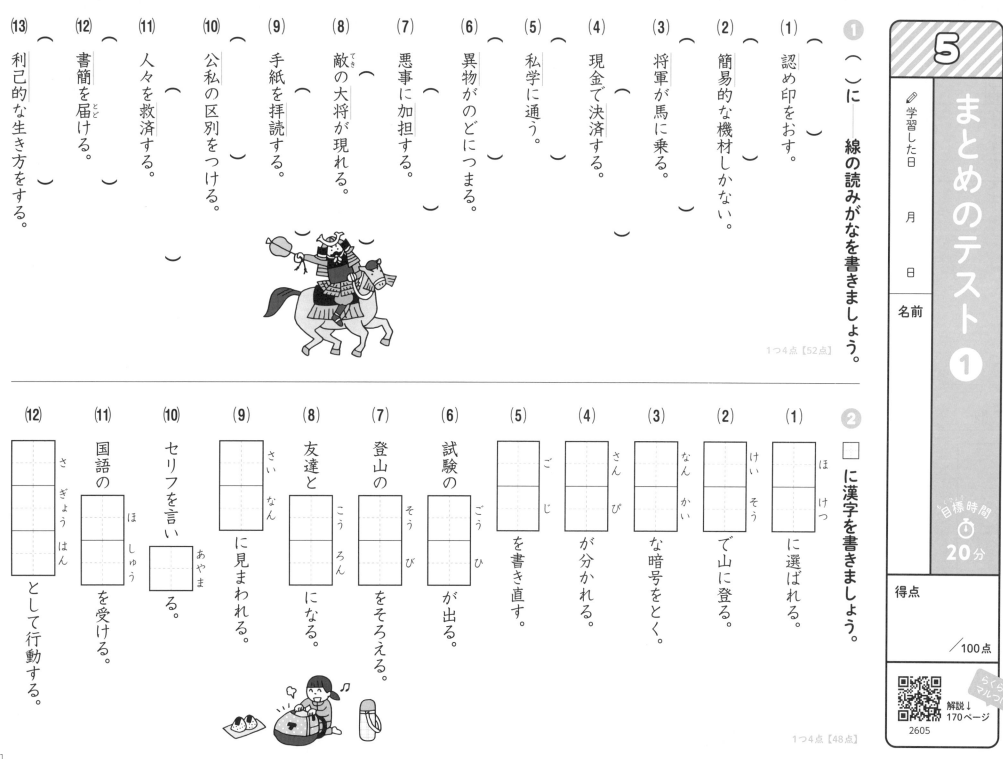

もう1回チャレンジ!!

5 まとめのテスト 1

学習した日　　月　　日

名前

目標《もくひょう》時間　20分

得点　　／100点

解説↓170ページ　2605

らくらくマルつけ

1 （　）に──線の読みがなを書きましょう。

1つ4点【52点】

(1) 認め印をおす。（　　）
(2) 簡易的な機材しかない。（　　）
(3) 将軍が馬に乗る。（　　）
(4) 現金で決済する。（　　）
(5) 私学に通う。（　　）
(6) 異物がのどにつまる。（　　）
(7) 悪事に加担する。（　　）
(8) 敵《てき》の大将が現れる。（　　）
(9) 手紙を拝読する。（　　）
(10) 公私の区別をつける。（　　）
(11) 人々を救済する。（　　）
(12) 書簡を届《とど》ける。（　　）
(13) 利己的な生き方をする。（　　）

2 □に漢字を書きましょう。

1つ4点【48点】

(1) □□《ほけつ》に選ばれる。
(2) □□《けいそう》で山に登る。
(3) □□《なんかい》な暗号をとく。
(4) □□《さんぴ》が分かれる。
(5) □□《ごじ》を書き直す。
(6) 試験の□□《ごうひ》が出る。
(7) 登山の□□《そうび》をそろえる。
(8) 友達と□□《こうろん》になる。
(9) □□《さいなん》に見まわれる。
(10) セリフを言い□《あやま》る。
(11) 国語の□□《ほしゅう》を受ける。
(12) □□□《さぎょうはん》として行動する。

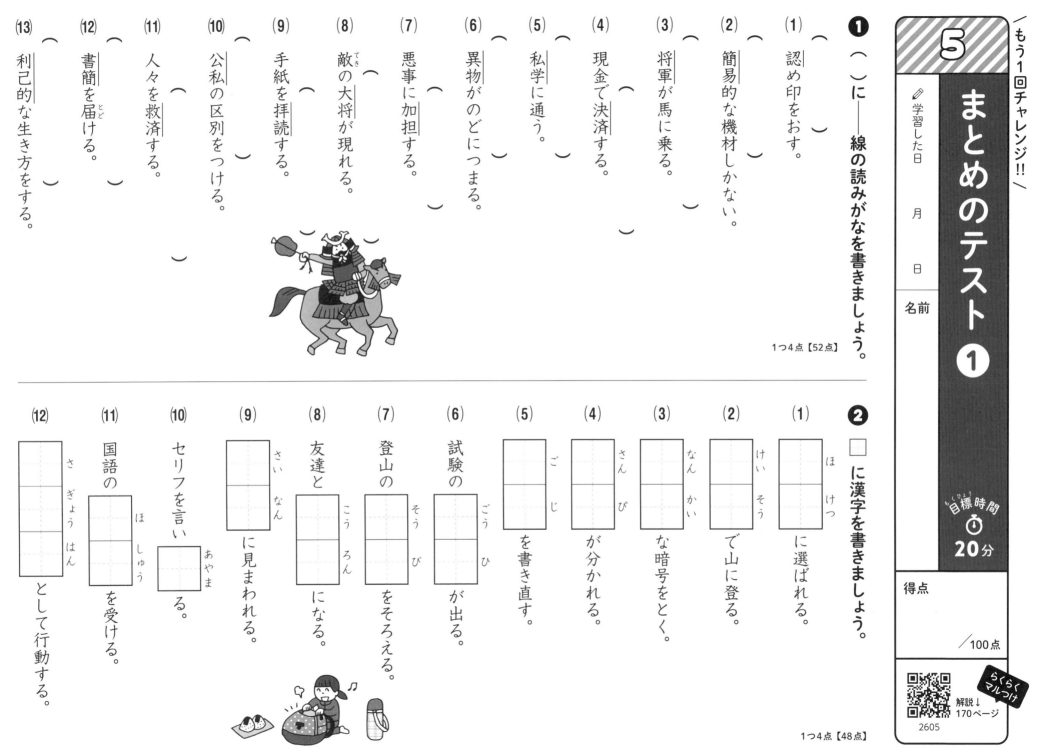

6

まとめのテスト 2

学習した日　　月　　日

名前

目標時間 20分

得点　　／100点

解説↓170ページ

2606

らくらくマルつけ

1 （　）に——線の読みがなを書きましょう。

1つ4点【52点】

(1) 説明を補足する。（　　　）
(2) 誤算が生じる。（　　　）
(3) 敵《てき》を追討する。（　　　）
(4) 難問に答える。（　　　）
(5) 班別に話し合う。（　　　）
(6) 家族の安否を確かめる。（　　　）
(7) 誤差が出る。（　　　）
(8) 安全装置を取りつける。（　　　）
(9) 仕事を補助する。（　　　）
(10) 改宗する決心をする。（　　　）
(11) 討議を重ねる。（　　　）
(12) 相手を強く非難する。（　　　）
(13) 条約に批じゅんする。（　　　）

2 □に漢字を書きましょう。

1つ4点【48点】

(1) □（しょう）棋《ぎ》のルールを学ぶ。
(2) □□（ようず）みの資料を捨《す》てる。
(3) □□（しふく）で出かける。
(4) □□（いこく）を旅する。
(5) □□（ろんぶん）を書く。
(6) □□（してき）な事情を話す。
(7) 絵画を□□（はいけん）する。
(8) 借金を□□（へんさい）する。
(9) 強い□□（ぶしょう）と戦う。
(10) 料金を□□（ふたん）する。
(11) □□□（べんきょうづくえ）を整理する。
(12) 作業を□□□（かんりゃくか）する。

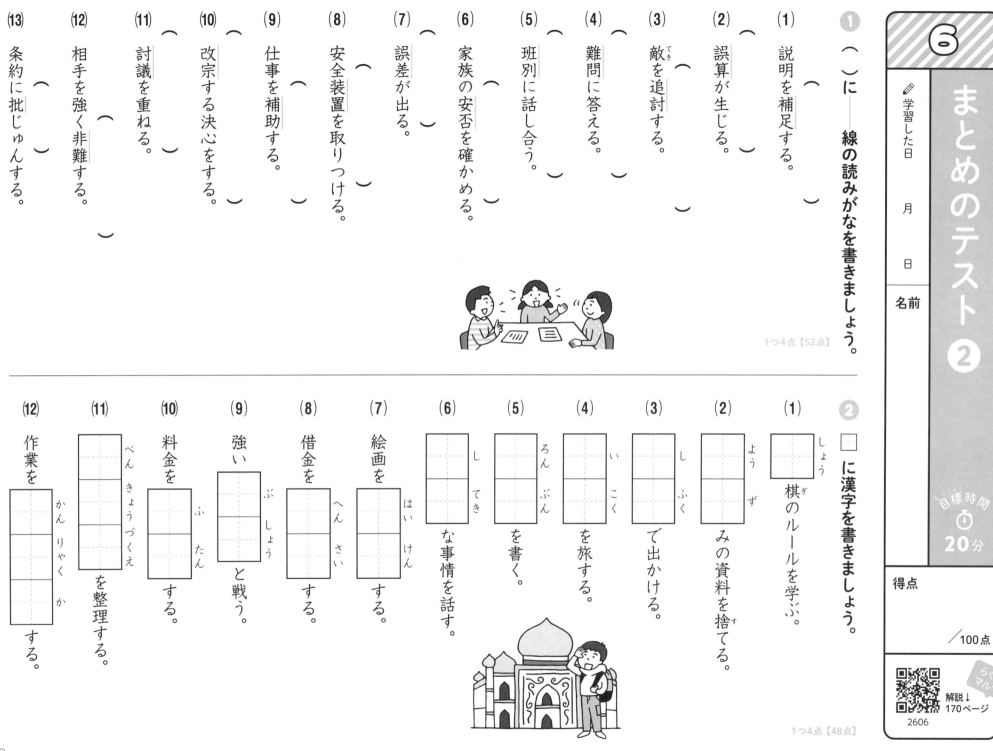

6 まとめのテスト 2

学習した日　　月　　日

名前

目標《もくひょう》時間 20分

得点　　／100点

らくらくマルつけ
解説↓ 170ページ
2606

1 （　）に――線の読みがなを書きましょう。

1つ4点【52点】

(1) 説明を補足する。（　　）

(2) 誤算が生じる。（　　）

(3) 敵《てき》を追討する。（　　）

(4) 難問に答える。（　　）

(5) 班別に話し合う。（　　）

(6) 家族の安否を確かめる。（　　）

(7) 誤差が出る。（　　）

(8) 安全装置を取りつける。（　　）

(9) 仕事を補助する。（　　）

(10) 改宗する決心をする。（　　）

(11) 討議を重ねる。（　　）

(12) 相手を強く非難する。（　　）

(13) 条約に批じゅんする。（　　）

2 □に漢字を書きましょう。

1つ4点【48点】

(1) □（しょう）棋《ぎ》のルールを学ぶ。

(2) □□（ようず）みの資料を捨《す》てる。

(3) □□（しふく）で出かける。

(4) □□（いこく）を旅する。

(5) □□（ろんぶん）を書く。

(6) □□（してき）な事情を話す。

(7) 絵画を□□（はいけん）する。

(8) 借金を□□（へんさい）する。

(9) 強い□□（ぶしょう）と戦う。

(10) 料金を□□（ふたん）する。

(11) □□□（べんきょうづくえ）を整理する。

(12) 作業を□□□（かんりゃくか）する。

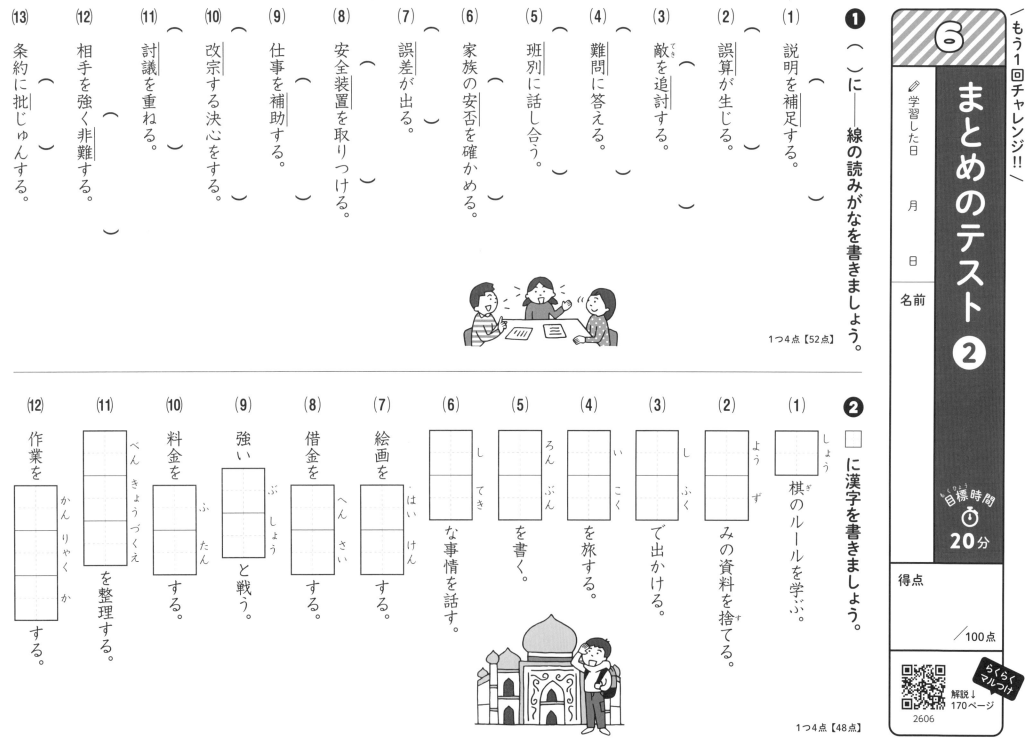

7 パズル・実践《せん》 ①

目標《もくひょう》時間 20分

学習した日　月　日

名前

得点　／100点

らくらくマルつけ　解説↓ 170ページ　2607

1 矢印の向きに読むと熟語《じゅくご》になるように、次の□に入る漢字を書きましょう。　1つ6点【12点】

(1)
素
↑
単 ← □ → 潔
↓
略

(2)
返
↓
経 → □ ← 決
↑
救

2 次の①・②が反対の意味の言葉の組み合わせになるように、――線のカタカナを漢字で書きましょう。送りがなが必要なものは送りがなも書きましょう。　1つ6点【36点】

(1) ① 問題がヤサシイ。（　　）
　 ② 問題がムズカシイ。（　　）

(2) ① 提案のヒケツ。（　　）
　 ② 提案のカケツ。（　　）

(3) ① コウテキな発言。（　　）
　 ② シテキな発言。（　　）

3 次の――線の漢字の読み方を（　）にひらがなで書きましょう。　1つ6点【36点】

(1) ① 補習を受ける。（　　）
　 ② 不足分を補う。（　　）

(2) ① 誤報を正す。（　　）
　 ② 道を誤る。（　　）

(3) ① 神社に参拝する。（　　）
　 ② 初日の出を拝む。（　　）

4 漢字の〈上部分〉と〈下部分〉のカードを組み合わせて、漢字を四つ作りましょう。（同じカードは一度しか使えません。）　1つ4点【16点】

〈上部分〉
田
壮
不
宀

〈下部分〉
衣
口
示
共

□
□
□
□

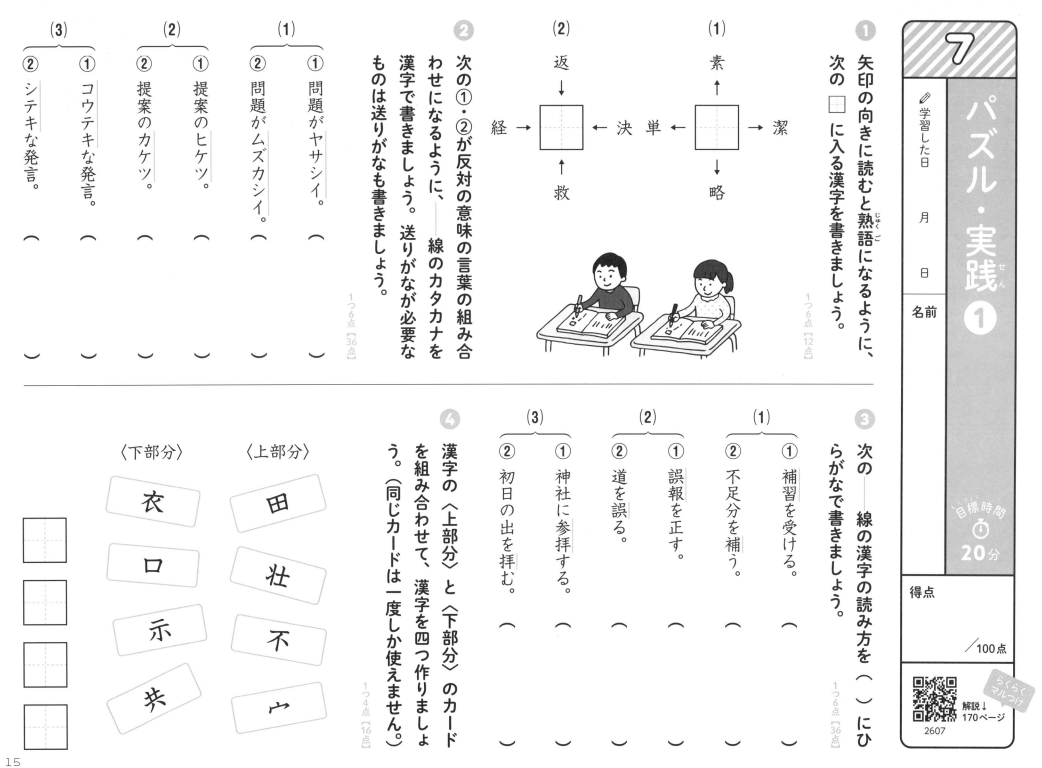

7 パズル・実践《せん》①

学習した日　月　日

名前

目標《もくひょう》時間 20分

得点　／100点

らくらくマルつけ　解説↓170ページ　2607

❶ 矢印の向きに読むと熟語《じゅくご》になるように、次の□に入る漢字を書きましょう。　1つ6点【12点】

(1)
素 ↑ □ → 潔
□ ↓ 略
単 ← □

(2)
返 ↓ □
経 → □
救 ↑ □
決 → □

❷ 次の①・②が反対の意味の言葉の組み合わせになるように、——線のカタカナを漢字で書きましょう。送りがなが必要なものは送りがなも書きましょう。　1つ6点【36点】

(1) ① 問題がヤサシイ。（　　）
② 問題がムズカシイ。（　　）

(2) ① 提案のヒケツ。（　　）
② 提案のカケツ。（　　）

(3) ① コウテキな発言。（　　）
② シテキな発言。（　　）

❸ 次の——線の漢字の読み方を（　）にひらがなで書きましょう。　1つ6点【36点】

(1) ① 補習を受ける。（　　）
② 不足分を補う。（　　）

(2) ① 誤報を正す。（　　）
② 道を誤る。（　　）

(3) ① 神社に参拝する。（　　）
② 初日の出を拝む。（　　）

❹ 漢字の〈上部分〉と〈下部分〉のカードを組み合わせて、漢字を四つ作りましょう。（同じカードは一度しか使えません。）　1つ4点【16点】

〈上部分〉
田　壮　不　宀

〈下部分〉
衣　口　示　共

□　□　□　□

8 パズル・実践《せん》②

学習した日　月　日

名前

目標《もくひょう》時間 20分

得点　／100点

解説↓ 170ページ

2608

らくらくマルつけ

1 次の――線のカタカナを漢字で書き分けましょう。 1つ6点【36点】

(1)
① ジコしょうかいの文。（　　）
② ジコが発生する。（　　）

(2)
① 番組のホウソウ。（　　）
② 商品のホウソウ。（　　）

(3)
① ケントウがつく。（　　）
② ケントウの結果。（　　）

2 次の漢字と同じ画数の漢字をあとから選び、記号で書きましょう。 1つ6点【24点】

(1) 己
ア 王　イ 公　ウ 立　エ 久　（　　）

(2) 認
ア 慣　イ 幹　ウ 解　エ 資　（　　）

(3) 批
ア 争　イ 似　ウ 任　エ 灯　（　　）

(4) 机
ア 旧　イ 弁　ウ 団　エ 永　（　　）

3 次は、ボランティアをぼ集《しゅう》するためのあるポスターです。

ボランティアぼ集《しゅう》!!

①ワタシたちといっしょに
公園をきれいにしましょう！

②ハンごとに作業を③ブンタンして、公園をきれいにしていきたいと思います。
④簡単な作業で、⑤難しくはありません。
当日は、よごれてもいい⑥服装で来てください。午前中にはすべての作業を任せる予定です。

(1) ――線①～③のカタカナを漢字に直して書きましょう。また、――線④～⑥の漢字の読みをひらがなで書きましょう。 1つ6点【36点】

①（　　）　②（　　）
③（　　）
④（　　）　⑤（　　）
⑥（　　）

(2) 右のポスターには、漢字のまちがいが一つあります。その漢字を見つけ、正しく書き直しましょう。 【4点】

□ → □

8 パズル・実践《せん》②

学習した日　月　日

名前

目標《もくひょう》時間 20分

得点　／100点

解説↓ 170ページ 2608

らくらくマルつけ

❶ 次の——線のカタカナを漢字で書き分けましょう。 1つ6点【36点】

(1) ① ジコしょうかいの文。（　　）
② ジコが発生する。（　　）

(2) ① 番組のホウソウ。（　　）
② 商品のホウソウ。（　　）

(3) ① ケントウがつく。（　　）
② ケントウの結果。（　　）

❷ 次の漢字と同じ画数の漢字をあとから選び、記号で書きましょう。 1つ6点【24点】

(1) 己
ア 王　イ 公　ウ 立　エ 久（　　）

(2) 認
ア 慣　イ 幹　ウ 解　エ 資（　　）

(3) 批
ア 争　イ 似　ウ 任　エ 灯（　　）

(4) 机
ア 旧　イ 弁　ウ 団　エ 永（　　）

❸ 次は、ボランティアをぼ集《しゅう》するためのあるポスターです。

ボランティアぼ集《しゅう》!!

①ワタシたちといっしょに
公園をきれいにしましょう！

②ハンごとに作業を③ブンタンして、公園をきれいにしていきたいと思います。
④簡単な作業で、⑤難しくはありません。
当日は、よごれてもいい⑥服装で来てください。午前中にはすべての作業を任せる予定です。

(1) ——線①～③のカタカナを漢字に直して書きましょう。また、——線④～⑥の漢字の読みをひらがなで書きましょう。 1つ6点【36点】

①（　　）　②（　　）
③（　　）
④（　　）　⑤（　　）
⑥（　　）

(2) 右のポスターには、漢字のまちがいが一つあります。その漢字を見つけ、正しく書き直しましょう。 【4点】

□ → □

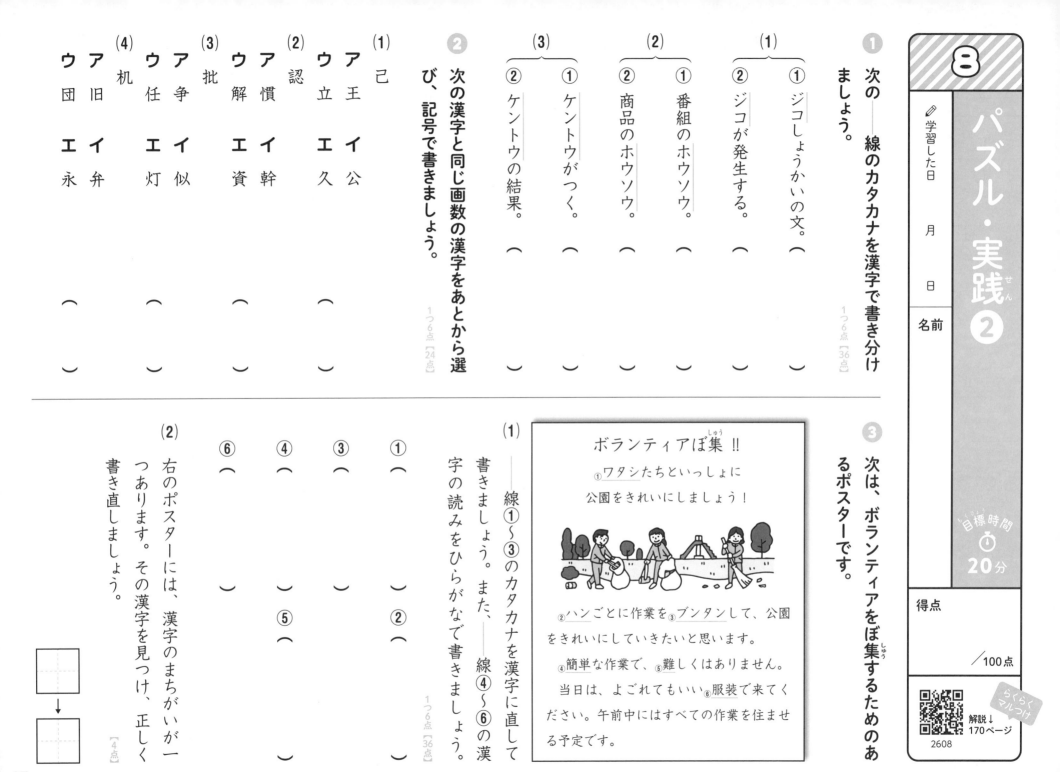

9 手伝いをする

学習した日　月　日

名前

目標時間《もくひょうじかん》 20分

得点　／100点

解説↓ 171ページ

2609

らくらくマルつけ

洗（9画）

上にはねる

読み方　音 セン　訓 あらう

使い方　洗顔《せんがん》　洗面《せんめん》　水洗《すいせん》　洗練《せんれん》　洗《せん》たく　手洗《てあら》い

練習　洗

干（3画）

長く

読み方　音 カン　訓 ほす　(ひる)

使い方　干潮《かんちょう》　干害《かんがい》　干満《かんまん》　干《かん》たく　干《かん》しょう　梅干《うめぼ》し

練習　干

捨（11画）

右上にはらう

読み方　音 シャ　訓 すてる

使い方　取捨《しゅしゃ》　取捨選択《しゅしゃせんたく》　四捨五入《ししゃごにゅう》　使《つか》い捨《す》て　切《き》り捨《す》て　捨《す》て去《さ》る

練習　捨

収（4画）

出さない

読み方　音 シュウ　訓 おさめる　おさまる

使い方　収入《しゅうにゅう》　年収《ねんしゅう》　回収《かいしゅう》　収集《しゅうしゅう》　収録《しゅうろく》　収束《しゅうそく》

練習　収

納（10画）

とめる

読み方　音 ノウ　(ナッ)(ナ)　(ナン)(トウ)　訓 おさめる　おさまる

使い方　収納《しゅうのう》　納品《のうひん》　納入《のうにゅう》　納税《のうぜい》　納期《のうき》　見納《みおさ》め

練習　納

1 □に漢字を書きましょう。

(1) よごれた服を□《あら》う。

(2) タオルを□《ほ》す。

(3) おもちゃを箱に□《おさ》める。

(4) 不用品を□《す》てる。

(5) 衣服を□□《しゅうのう》する。

(6) □《せん》たく機を使用する。

(7) ごみを□□《かいしゅう》してもらう。

(8) 注文の品を倉庫に□《おさ》める。

(9) □□《ししゃ》五入して計算する。

(10) □□《かんがい》の発生を防ぐ。

1つ8点【80点】

スパイラルコーナー　□に漢字を書きましょう。

(1) 食事作りを□□《たんとう》する。

(2) 水分を□□《ほきゅう》する。

1つ10点【20点】

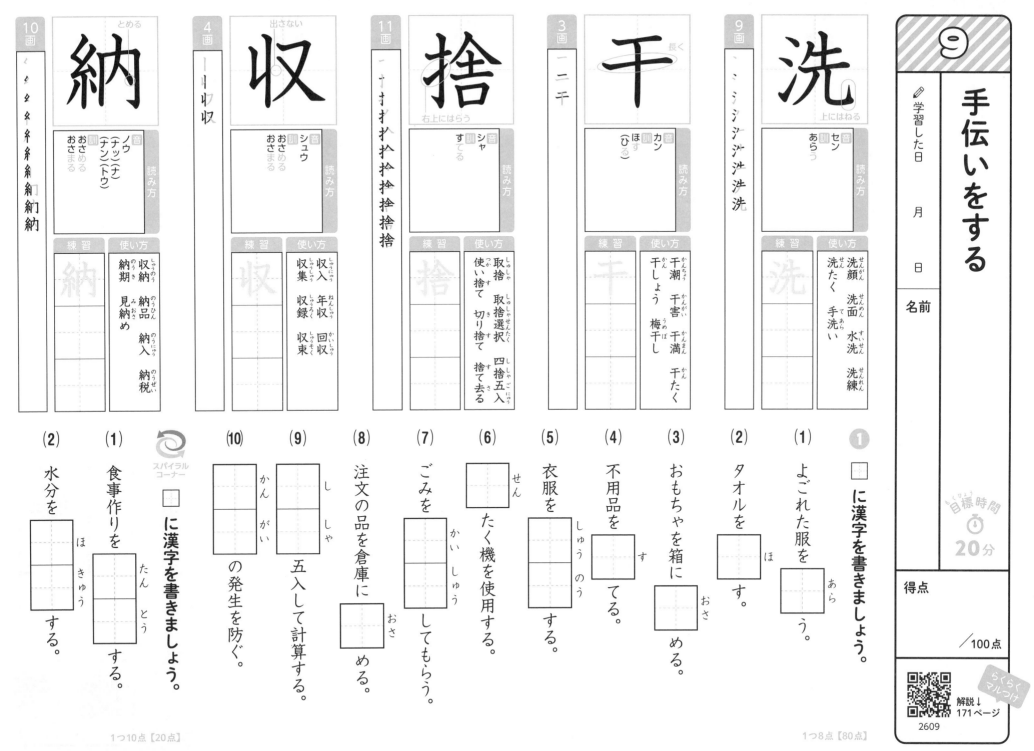

もう1回チャレンジ!!

9 手伝いをする

学習した日 月 日

名前

目標《もくひょう》時間 20分

得点 ／100点

らくらくマルつけ

解説↓ 171ページ

2609

洗 9画

上にはねる

読み方　音 セン　訓 あらう

練習

使い方　洗顔《せんがん》　洗面《せんめん》　水洗《すいせん》　洗練《せんれん》　洗《せん》たく　手洗《てあら》い

干 3画

一 二 干

長く

読み方　音 カン　訓 ほす (ひる)

練習

使い方　干潮《かんちょう》　干害《かんがい》　干満《かんまん》　干《かん》たく　干《かん》しょう　梅干《うめぼ》し

捨 11画

右上にはらう

読み方　音 シャ　訓 すてる

練習

使い方　取捨《しゅしゃ》　取捨選択《しゅしゃせんたく》　四捨五入《ししゃごにゅう》　使《つか》い捨《す》て　切《き》り捨《す》て　捨《す》て去《さ》る

収 4画

出さない

読み方　音 シュウ　訓 おさめる　おさまる

練習

使い方　収入《しゅうにゅう》　年収《ねんしゅう》　回収《かいしゅう》　収集《しゅうしゅう》　収録《しゅうろく》　収束《しゅうそく》

納 10画

とめる

読み方　音 ノウ　(ナッ)(ナ)　(ナン)(トウ)　訓 おさめる　おさまる

練習

使い方　収納《しゅうのう》　納品《のうひん》　納入《のうにゅう》　納税《のうぜい》　納期《のうき》　見納《みおさ》め

1 □に漢字を書きましょう。

(1) よごれた服を□《あら》う。

(2) タオルを□《ほ》す。

(3) おもちゃを箱に□《おさ》める。

(4) 不用品を□《す》てる。

(5) 衣服を□《しゅう》□《のう》する。

(6) □《せん》たく機を使用する。

(7) ごみを□《かい》□《しゅう》してもらう。

(8) 注文の品を倉庫に□《おさ》める。

(9) □《し》□《しゃ》五入して計算する。

(10) □《かん》□《がい》の発生を防ぐ。

1つ8点【80点】

スパイラルコーナー

□に漢字を書きましょう。

(1) 食事作りを□《たん》□《とう》する。

(2) 水分を□《ほ》□《きゅう》する。

1つ10点【20点】

10 そうじをする

学習した日　月　日

名前

目標時間 20分

得点　／100点

解説↓ 171ページ

2610

らくらくマルつけ

除（10画）

はねる

音 ジョ（ジ）

訓 のぞく

読み方

練習

使い方：除外《じょがい》　除去《じょきょ》　解除《かいじょ》　除雪車《じょせつしゃ》　除草《じょそう》ざい　取《と》り除《のぞ》く

窓（11画）

とめる

音 ソウ

訓 まど

読み方

練習

使い方：車窓《しゃそう》　船窓《せんそう》　同窓会《どうそうかい》　出窓《でまど》　窓辺《まどべ》　窓口《まどぐち》

革（9画）

出す

音 カク

訓 （かわ）

読み方

練習

使い方：革命《かくめい》　革新《かくしん》　改革《かいかく》　変革《へんかく》　皮革《ひかく》　革《かわ》ぐつ

障（14画）

まっすぐにつける

音 ショウ

訓 （さわる）

読み方

練習

使い方：故障《こしょう》　障害《しょうがい》　保障《ほしょう》　支障《ししょう》　障壁《しょうへき》　障子紙《しょうじがみ》

1 □に漢字を書きましょう。

(1) よごれを取り□《のぞ》く。

(2) □《まど》をきれいにふく。

(3) □□《ひかく》製品を手入れする。

(4) □□《こしょう》したテレビを直す。

(5) □□《じょそう》ざいをまく。

(6) □□□《しょうじがみ》を張りかえる。

(7) □□《でまど》に花をかざる。

(8) 平日を□《のぞ》いて休む。

(9) □□《かいかく》を進める。

(10) □□《しゃそう》の景色《けしき》を見る。

1つ8点【80点】

スパイラルコーナー □に漢字を書きましょう。

(1) □《つくえ》の中を整理する。

(2) □□《こんなん》に立ち向かう。

1つ10点【20点】

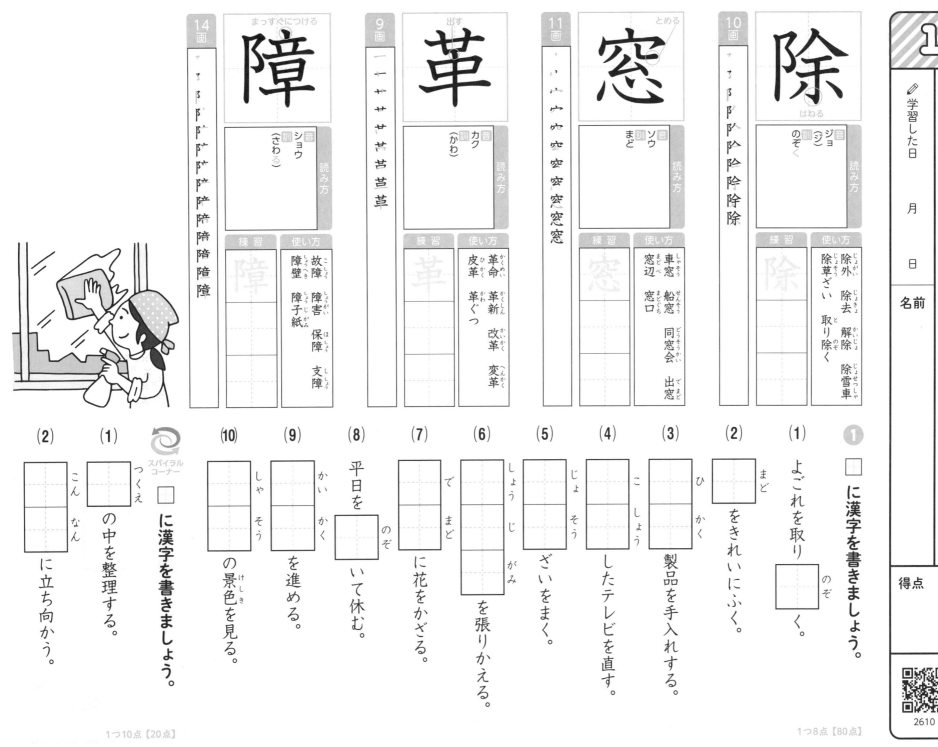

もう1回チャレンジ!!

10 そうじをする

学習した日　　月　　日

名前

目標《もくひょう》時間 20分

得点　　／100点

解説↓ 171ページ

らくらくマルつけ

2610

除（10画）

はねる

読み方：音 ジョ（ジ）　訓 のぞく

使い方：除外《じょがい》　除去《じょきょ》　解除《かいじょ》　除雪車《じょせつしゃ》　除草《じょそう》ざい　取《と》り除《のぞ》く

練習

窓（11画）

とめる

読み方：音 ソウ　訓 まど

使い方：車窓《しゃそう》　船窓《せんそう》　同窓会《どうそうかい》　出窓《でまど》　窓辺《まどべ》　窓口《まどぐち》

練習

革（9画）

出す

読み方：音 カク　訓（かわ）

使い方：革命《かくめい》　革新《かくしん》　改革《かいかく》　変革《へんかく》　皮革《ひかく》　革《かわ》ぐつ

練習

障（14画）

まっすぐにつける

読み方：音 ショウ　訓（さわる）

使い方：故障《こしょう》　障害《しょうがい》　保障《ほしょう》　支障《ししょう》　障壁《しょうへき》　障子紙《しょうじがみ》

練習

1 □に漢字を書きましょう。

(1) よごれを取り□《のぞ》く。

(2) □《まど》をきれいにふく。

(3) □□《ひかく》製品を手入れする。

(4) □□《こしょう》したテレビを直す。

(5) □□《じょそう》ざいをまく。

(6) □□□《しょうじがみ》を張りかえる。

(7) □□《でまど》に花をかざる。

(8) 平日を□《のぞ》いて休む。

(9) □□《かいかく》を進める。

(10) □□《しゃそう》の景色《けしき》を見る。

1つ8点【80点】

スパイラルコーナー

□に漢字を書きましょう。

(1) □《つくえ》の中を整理する。

(2) □□《こんなん》に立ち向かう。

1つ10点【20点】

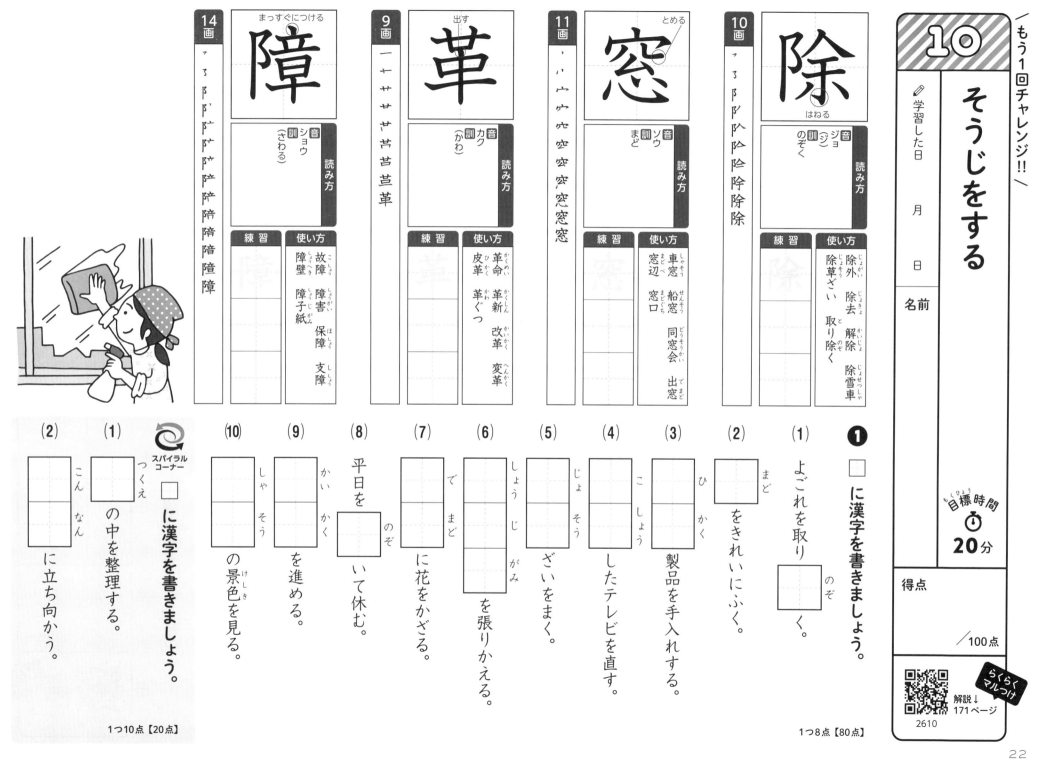

11 料理をする①

学習した日　月　日

名前

目標時間《もくひょうじかん》 20分

得点　／100点

解説↓ 171ページ

2611

らくらくマルつけ

卵（7画）
はらう

読み方　音（ラン）　訓 たまご

使い方　生卵《なまたまご》　ゆで卵《たまご》　卵焼《たまごや》き　卵形《たまごがた》　卵白《らんぱく》　産卵《さんらん》

練習　卵

割（12画）
はねる

読み方　音（カツ）　訓 わる　わり　われる　（さく）

使い方　役割《やくわり》　割合《わりあい》　割引《わりびき》　割高《わりだか》　割《わ》り算《ざん》　割《わ》り当《あ》てる

練習　割

熟（15画）
右上にはらう

読み方　音 ジュク　訓（うれる）

使い方　半熟《はんじゅく》　未熟《みじゅく》　熟語《じゅくご》　熟読《じゅくどく》　熟練《じゅくれん》　熟《じゅく》す

練習　熟

盛（11画）
上にはねる

読み方　音（セイ）（ジョウ）　訓 もる　（さかる）（さかん）

使い方　山盛《やまも》り　大盛《おおも》り　目盛《めも》り　盛《も》り土《つち》　盛大《せいだい》　盛夏《せいか》

練習　盛

穀（14画）
「士」としない

読み方　音 コク　訓 ―

使い方　穀物《こくもつ》　穀類《こくるい》　雑穀《ざっこく》　米穀《べいこく》　五穀《ごこく》　穀倉地帯《こくそうちたい》

練習　穀

---

1 □に漢字を書きましょう。

(1) なべでゆで□（たまご）を作る。
(2) 皿を落として□（わ）る。
(3) 果実がよく□（じゅく）す。
(4) サラダを皿に□（も）る。
(5) □□（こくもつ）の種類を調べる。
(6) □□（たまごや）きができあがる。
(7) □□（はんじゅく）のバナナがある。
(8) □□（やまも）りの野菜を食べる。
(9) □□（ざっこく）を調理する。
(10) □□（やくわり）を決める。

1つ8点【80点】

スパイラルコーナー

□に漢字を書きましょう。

(1) 初日の出を□（おが）む。
(2) 五人の□□（はんいん）がいる。

1つ10点【20点】

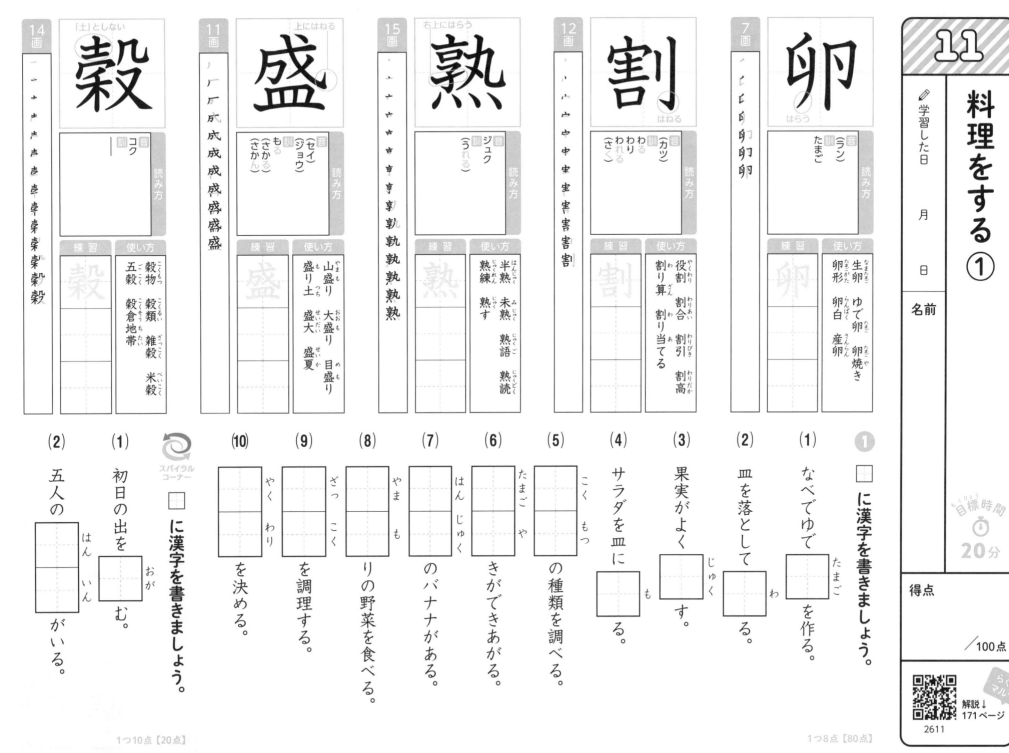

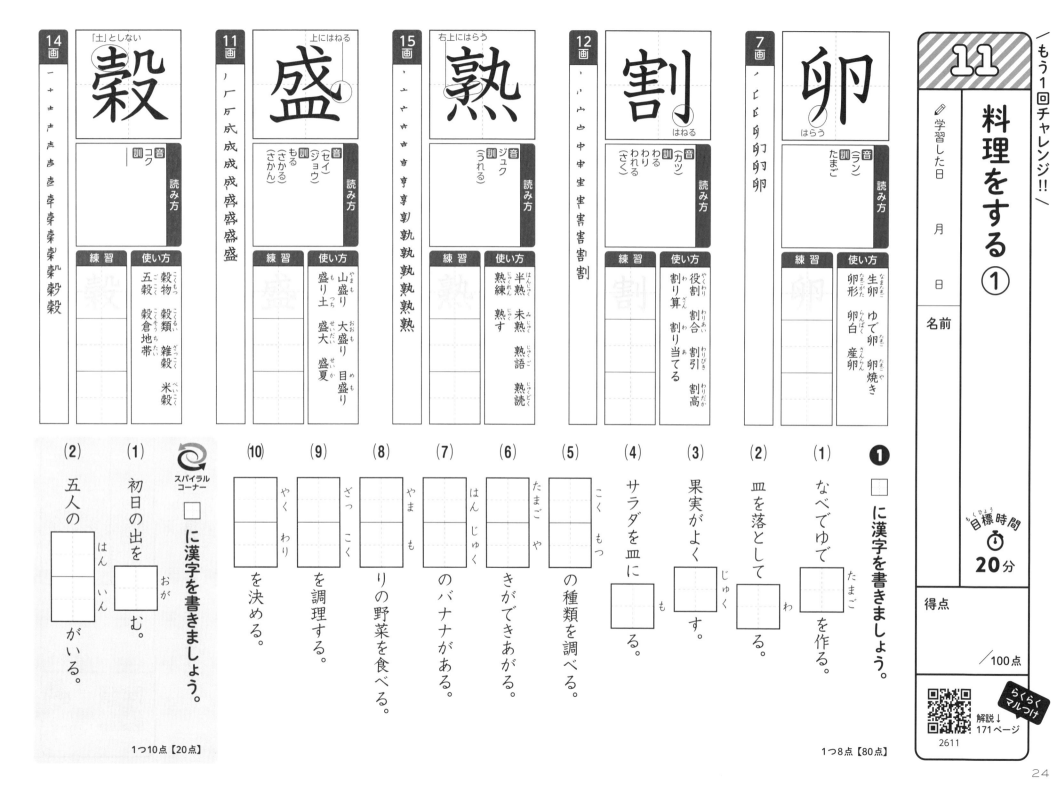

＼もう1回チャレンジ!!／

11 料理をする①

学習した日　月　日

名前

目標《もくひょう》時間 20分

得点　／100点

らくらくマルつけ　解説↓171ページ　2611

卵　7画

はらう

読み方　音 (ラン)　訓 たまご

使い方：生卵《なまたまご》　ゆで卵《たまご》　卵焼《たまごや》き　卵形《たまごがた》　卵白《らんぱく》　産卵《さんらん》

練習

割　12画

はねる

読み方　音 (カツ)　訓 わる　わり　われる　(さく)

使い方：役割《やくわり》　割合《わりあい》　割引《わりびき》　割高《わりだか》　割《わ》り算《ざん》　割《わ》り当《あ》てる

練習

熟　15画

右上にはらう

読み方　音 ジュク　訓 (うれる)

使い方：半熟《はんじゅく》　未熟《みじゅく》　熟語《じゅくご》　熟読《じゅくどく》　熟練《じゅくれん》　熟《じゅく》す

練習

盛　11画

上にはねる

読み方　音 (セイ) (ジョウ)　訓 もる　(さかる)　(さかん)

使い方：山盛《やまも》り　大盛《おおも》り　目盛《めも》り　盛《も》り土《つち》　盛大《せいだい》　盛夏《せいか》

練習

穀　14画

「士」としない

読み方　音 コク　訓 —

使い方：穀物《こくもつ》　穀類《こくるい》　雑穀《ざっこく》　米穀《べいこく》　五穀《ごこく》　穀倉地帯《こくそうちたい》

練習

---

1 □に漢字を書きましょう。

(1) なべでゆで□《たまご》を作る。

(2) 皿を落として□《わ》る。

(3) 果実がよく□《じゅく》す。

(4) サラダを皿に□《も》る。

(5) □□《こくもつ》の種類を調べる。

(6) □□《たまごや》きができあがる。

(7) □□《はんじゅく》のバナナがある。

(8) □□《やまも》りの野菜を食べる。

(9) □□《ざっこく》を調理する。

(10) □□《やくわり》を決める。

1つ8点【80点】

スパイラルコーナー　□に漢字を書きましょう。

(1) 初日の出を□《おが》む。

(2) 五人の□□《はんいん》がいる。

1つ10点【20点】

12 料理をする②

学習した日　月　日

名前

もくひょう目標時間 20分

得点　／100点

解説↓171ページ

らくらくマルつけ

2612

砂（9画）

はねる

読み方：音 サ（シャ）　訓 すな

使い方：砂場《すなば》　砂時計《すなどけい》　砂鉄《さてつ》　砂金《さきん》　砂《さ》ばく　土砂《どしゃ》

糖（16画）

つき出さない

読み方：音 トウ　訓 —

使い方：砂糖《さとう》　黒糖《こくとう》　糖分《とうぶん》　糖質《とうしつ》　製糖《せいとう》　ブドウ糖《とう》

乳（8画）

角をつけない

読み方：音 ニュウ　訓 ちち（ち）

使い方：牛乳《ぎゅうにゅう》　母乳《ぼにゅう》　乳児《にゅうじ》　乳歯《にゅうし》　乳製品《にゅうせいひん》　乳《ち》しぼり

蔵（15画）

わすれずにうつ

読み方：音 ゾウ　訓 （くら）

使い方：所蔵《しょぞう》　貯蔵《ちょぞう》　蔵書《ぞうしょ》　土蔵《どぞう》　地蔵《じぞう》　冷蔵庫《れいぞうこ》

1 □に漢字を書きましょう。

(1) □□《さとう》を加える。

(2) □□《ぎゅうにゅう》をコップに注ぐ。

(3) □□□《れいぞうこ》を開ける。

(4) ブドウは□□《とうぶん》が多い。

(5) バターは□□□《にゅうせいひん》だ。

(6) 食料を□□《ちょぞう》する。

(7) □□《にゅうじ》に食事を用意する。

(8) □《すな》時計で時間を確かめる。

(9) 牧場で□《ちち》しぼりをする。

(10) □□《せいとう》工場を見学する。

1つ8点【80点】

スパイラルコーナー □に漢字を書きましょう。

(1) □□□《ろんりてき》に考える。

(2) □□《いじょう》事態が発生する。

1つ10点【20点】

もう1回チャレンジ!!

12 料理《りょうり》をする②

学習した日　月　日

名前

目標時間《もくひょうじかん》 20分

得点　/100点

解説↓171ページ

らくらくマルつけ

2612

砂（9画）

はねる

音 サ（シャ）
訓 すな

使い方：砂糖《さとう》　黒糖は次　砂場《すなば》　砂時計《すなどけい》　砂鉄《さてつ》　砂金《さきん》　砂《さ》ばく　土砂《どしゃ》

糖（16画）

つき出さない

音 トウ
訓 ―

使い方：砂糖《さとう》　黒糖《こくとう》　糖分《とうぶん》　糖質《とうしつ》　製糖《せいとう》　ブドウ糖《とう》

乳（8画）

角をつけない

音 ニュウ
訓 ちち（ち）

使い方：牛乳《ぎゅうにゅう》　母乳《ぼにゅう》　乳児《にゅうじ》　乳歯《にゅうし》　乳製品《にゅうせいひん》　乳《ちち》しぼり

蔵（15画）

わすれずにうつ

音 ゾウ
訓（くら）

使い方：所蔵《しょぞう》　貯蔵《ちょぞう》　蔵書《ぞうしょ》　土蔵《どぞう》　地蔵《じぞう》　冷蔵庫《れいぞうこ》

❶ □に漢字を書きましょう。

(1) □□《さとう》を加える。

(2) □□《ぎゅうにゅう》をコップに注ぐ。

(3) □□□《れいぞうこ》を開ける。

(4) ブドウは□□《とうぶん》が多い。

(5) バターは□□□《にゅうせいひん》だ。

(6) 食料を□□《ちょぞう》する。

(7) □□《にゅうじ》に食事を用意する。

(8) □《すな》時計で時間を確かめる。

(9) 牧場で□《ちち》しぼりをする。

(10) □□《せいとう》工場を見学する。

1つ8点【80点】

スパイラルコーナー

□に漢字を書きましょう。

(1) □□□《ろんりてき》に考える。

(2) □□《いじょう》事態が発生する。

1つ10点【20点】

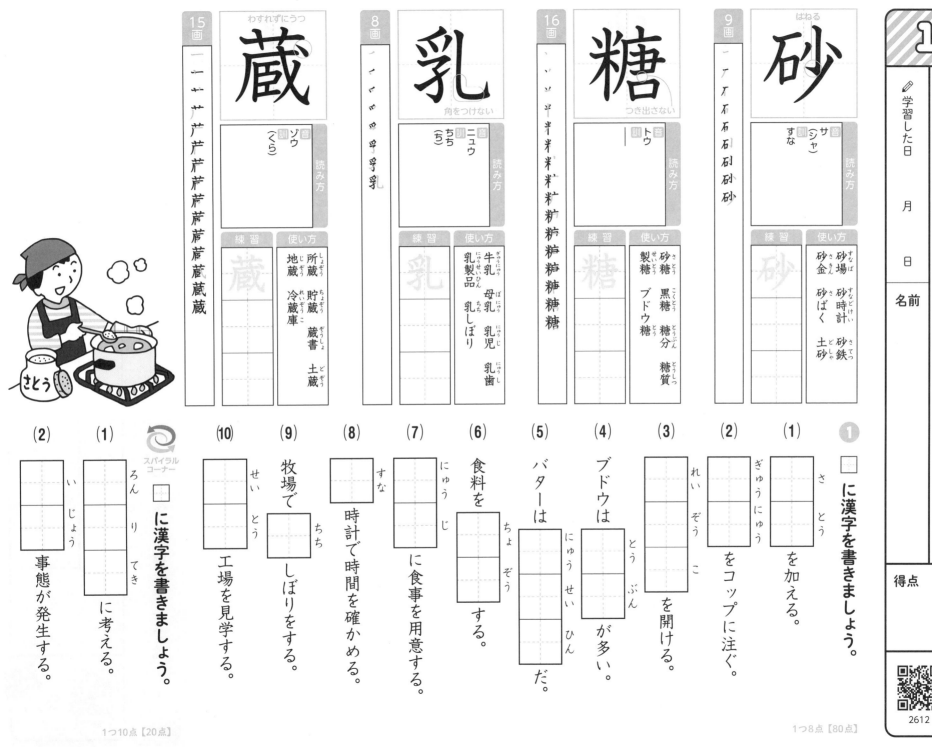

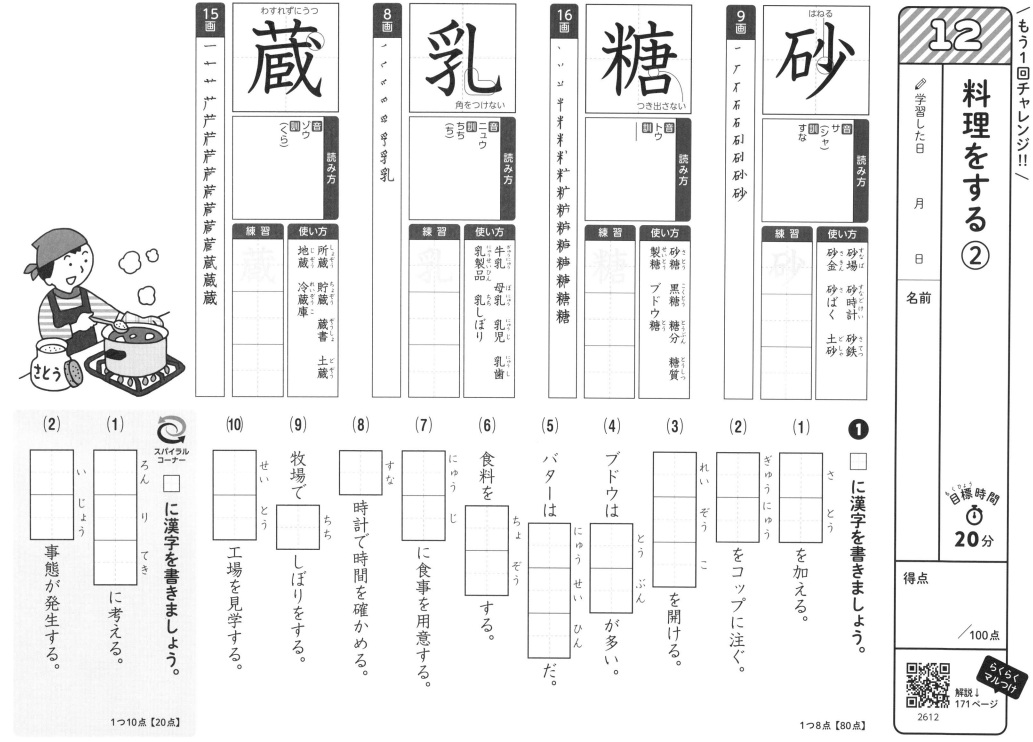

13 まとめのテスト③

学習した日　　月　　日

名前

目標《もくひょう》時間 20分

得点　　／100点

らくらくマルつけ

解説↓ 172ページ

2613

1 （　）に——線の読みがなを書きましょう。

1つ4点【52点】

(1) 仕事を割り当てる。（　　）
(2) 乳児に笑いかける。（　　）
(3) 干潮《ちょう》の海をながめる。（　　）
(4) 図書館の蔵書を読む。（　　）
(5) 水分を除去する。（　　）
(6) 船窓から外をながめる。（　　）
(7) 文化財を所蔵する。（　　）
(8) さわぎが収束する。（　　）
(9) 穀倉地帯が広がる。（　　）
(10) 駅の窓口に行く。（　　）
(11) 干満の差が大きい。（　　）
(12) 規制を解除する。（　　）
(13) 会社員の年収を調べる。（　　）

2 □に漢字を書きましょう。

1つ4点【48点】

(1) 使い□《す》ての容器を減らす。
(2) 衣服を□《て》□《あら》いする。
(3) 今年は□《み》□《おさ》めになる。
(4) □《なま》□《たまご》を食べる。
(5) □《しょう》□《がい》を乗りこえる。
(6) ブドウ□《とう》をとる。
(7) □《さ》□《てつ》を集める。
(8) まだ技術が□《み》□《じゅく》だ。
(9) 百以下の数を切り□《す》てる。
(10) 言動が□《せん》□《れん》されている。
(11) □《のう》□《ぜい》の義務を果たす。
(12) 制度を□《へん》□《かく》する。

もう1回チャレンジ!!

13 まとめのテスト③

学習した日　月　日

名前

目標《もくひょう》時間 20分

得点　／100点

らくらくマルつけ

解説↓172ページ

2613

❶ （　）に——線の読みがなを書きましょう。

1つ4点【52点】

(1) 仕事を割り当てる。（　）
(2) 乳児に笑いかける。（　）
(3) 干潮《ちょう》の海をながめる。（　）
(4) 図書館の蔵書を読む。（　）
(5) 水分を除去する。（　）
(6) 船窓から外をながめる。（　）
(7) 文化財を所蔵する。（　）
(8) さわぎが収束する。（　）
(9) 穀倉地帯が広がる。（　）
(10) 駅の窓口に行く。（　）
(11) 干満の差が大きい。（　）
(12) 規制を解除する。（　）
(13) 会社員の年収を調べる。（　）

❷ □に漢字を書きましょう。

1つ4点【48点】

(1) 使い□《す》ての容器を減らす。
(2) 衣服を□□《てあら》いする。
(3) 今年は□□《みおさ》めになる。
(4) □□《なまたまご》を食べる。
(5) □□《しょうがい》を乗りこえる。
(6) ブドウ□《とう》をとる。
(7) □□《さてつ》を集める。
(8) まだ技術が□□《みじゅく》だ。
(9) 百以下の数を切り□《す》てる。
(10) 言動が□□《せんれん》されている。
(11) □□《のうぜい》の義務を果たす。
(12) 制度を□□《へんかく》する。

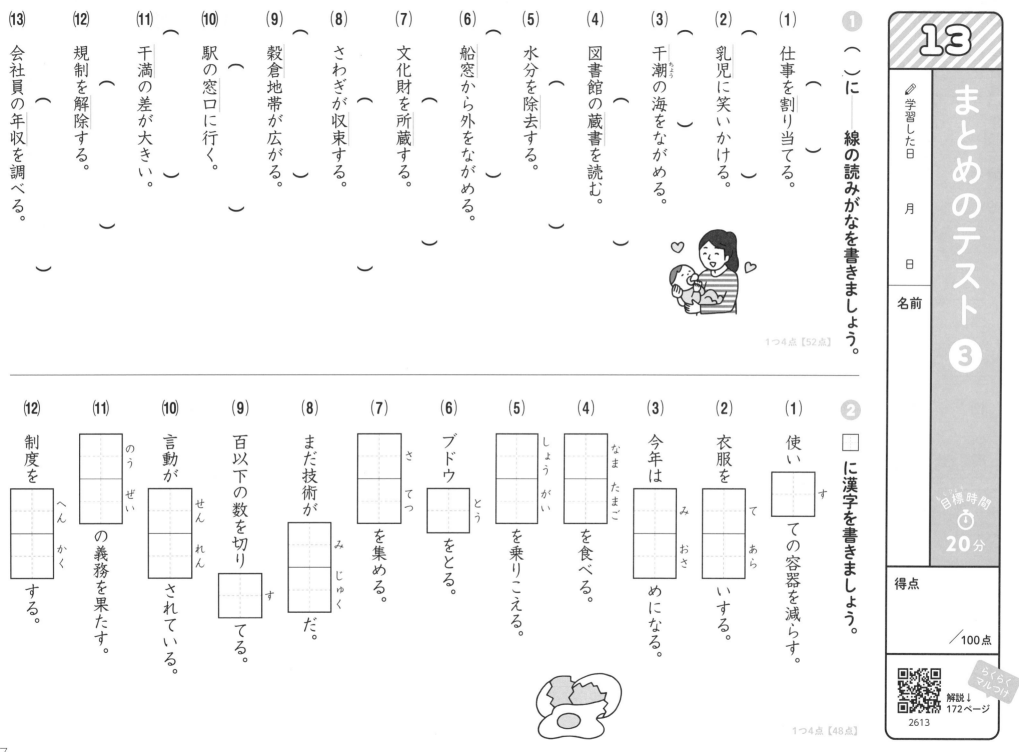

14 まとめのテスト 4

学習した日　月　日

名前

目標《もくひょう》時間 20分

得点　／100点

解説↓172ページ

らくらくマルつけ

2614

1 （　）に――線の読みがなを書きましょう。

1つ4点【52点】

(1) かきの実が熟す。（　）
(2) 計画に支障が出る。（　）
(3) 納期を確かめる。（　）
(4) 冷たい水で洗顔する。（　）
(5) 技術革新が起こる。（　）
(6) 黒糖を料理に使う。（　）
(7) 穀類を輸出する。（　）
(8) 名作を熟読する。（　）
(9) 卵形の石を拾う。（　）
(10) 商品を納入する。（　）
(11) 洗面器に水をためる。（　）
(12) 情報を取捨選択《せんたく》する。（　）
(13) 安全を保障する。（　）

2 □に漢字を書きましょう。

1つ4点【48点】

(1) 料理を□□《おおも》りにする。
(2) □□《うめぼ》しを食べる。
(3) □《わ》り算の答えを出す。
(4) □《さ》ばくを旅する。
(5) 小学生を□□《じょがい》する。
(6) 毎月□□《しゅうにゅう》を得る。
(7) □□《わりびき》された服を買う。
(8) □□《じぞう》に花を供《そな》える。
(9) 海岸を□《かん》たくする。
(10) □□《まどべ》に立つ。
(11) 番組を□□《しゅうろく》する。
(12) □□□《じょせつしゃ》が通る。

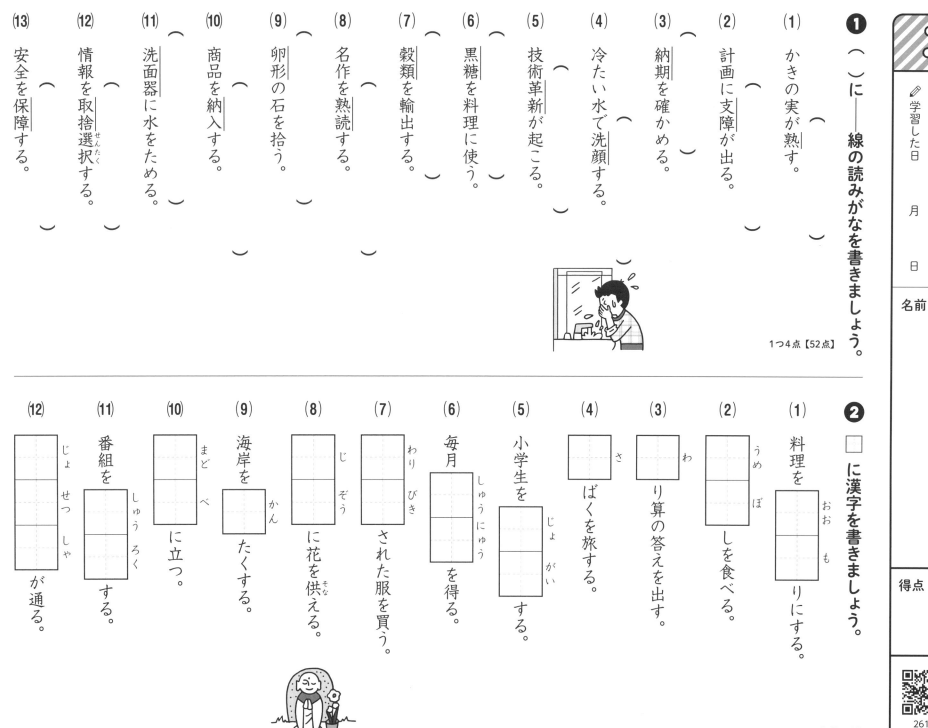

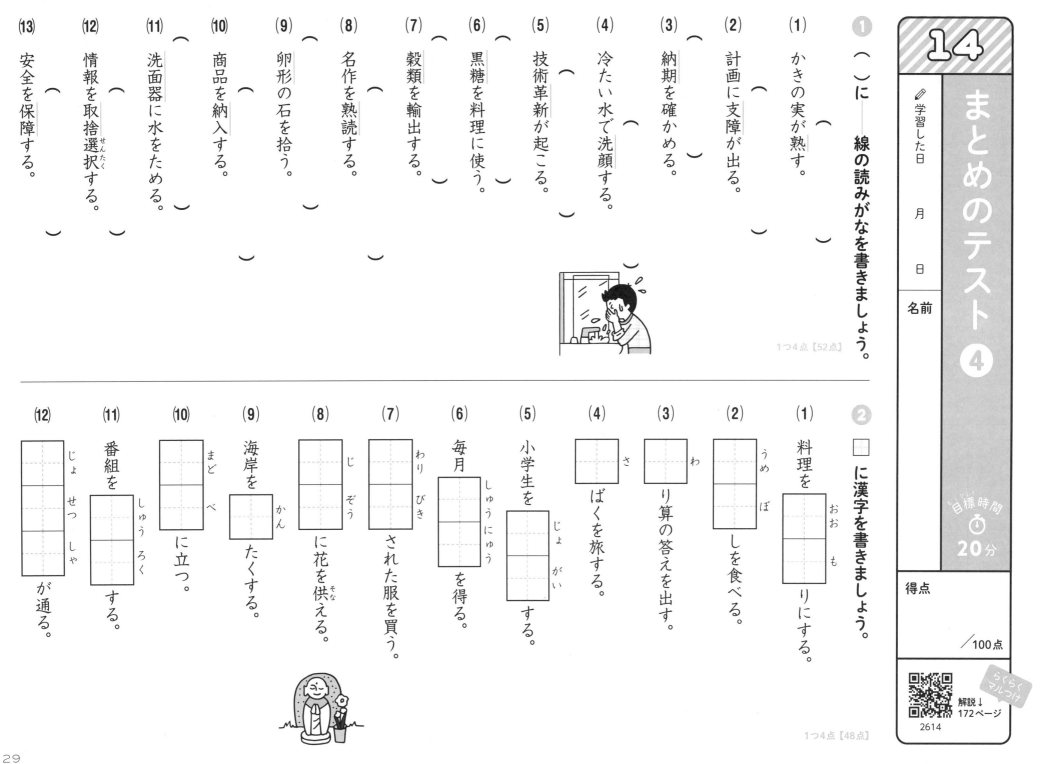

14 まとめのテスト④

学習した日　月　日

名前

目標時間《もくひょう》 20分

得点

／100点

らくらくマルつけ

解説↓172ページ

2614

1 （　）に――線の読みがなを書きましょう。

1つ4点【52点】

(1) かきの実が熟す。（　）

(2) 計画に支障が出る。（　）

(3) 納期を確かめる。（　）

(4) 冷たい水で洗顔する。（　）

(5) 技術革新が起こる。（　）

(6) 黒糖を料理に使う。（　）

(7) 穀類を輸出する。（　）

(8) 名作を熟読する。（　）

(9) 卵形の石を拾う。（　）

(10) 商品を納入する。（　）

(11) 洗面器に水をためる。（　）

(12) 情報を取捨選択《せんたく》する。（　）

(13) 安全を保障する。（　）

2 □に漢字を書きましょう。

1つ4点【48点】

(1) 料理を□□《おおも》りにする。

(2) □□《うめぼ》しを食べる。

(3) □《わ》り算の答えを出す。

(4) □《さ》ばくを旅する。

(5) 小学生を□□《じょがい》する。

(6) 毎月□□《しゅうにゅう》を得る。

(7) □□《わりびき》された服を買う。

(8) □□《じぞう》に花を供《そな》える。

(9) 海岸を□《かん》たくする。

(10) □□《まどべ》に立つ。

(11) 番組を□□《しゅうろく》する。

(12) □□□《じょせつしゃ》が通る。

15

パズル・実践《せん》 ③

目標《もくひょう》時間 20分

学習した日　　月　　日

名前

得点　　／100点

解説↓ 172ページ

2615

らくらくマルつけ

1 矢印の向きに読むと熟語《じゅくご》になるように、次の□に入る漢字を書きましょう。　1つ6点【12点】

(1)

改 ↓ □

変 ↑ □

□ → 命

新 ← □

(2)

冷 ↓ □

貯 ↑ □

地 → □

土 ← □

2 次の①・②が反対の意味の言葉の組み合わせになるように、――線のカタカナを漢字で書きましょう。送りがなが必要なものは送りがなも書きましょう。　1つ6点【36点】

(1) ① 物をヒロウ。（　　）　② 物をステル。（　　）

(2) ① カン潮《ちょう》の海。（　　）　② マン潮の海。（　　）

(3) ① 毎月のシュウニュウ。（　　）　② 毎月のシシュツ。（　　）

3 次の――線の漢字の読み方を（　）にひらがなで書きましょう。　1つ4点【32点】

(1) ① 除雪作業を行う。（　　）　② 水分を除く。（　　）

(2) ① 毎朝洗顔する。（　　）　② 水で手を洗う。（　　）

(3) ① 車窓をのぞく。（　　）　② 窓辺に立つ。（　　）

(4) ① 牛乳を飲む。（　　）　② 乳しぼりをする。（　　）

4 二つの漢字を足し算すると一つの漢字ができるように、次の□に入る漢字を書きましょう。　1つ5点【20点】

(1) 糸 ＋ 内 ＝ □

(2) 成 ＋ 皿 ＝ □

(3) 石 ＋ 少 ＝ □

(4) 不 ＋ 口 ＝ □

15 パズル・実践《せん》③

学習した日　月　日

名前

目標《もくひょう》時間 20分

得点　／100点

解説↓172ページ

2615

らくらくマルつけ

❶ 矢印の向きに読むと熟語《じゅくご》になるように、次の□に入る漢字を書きましょう。 1つ6点【12点】

(1)
改
↓
新 ← □ → 命
↑
変

(2)
冷
↓
地 → □ ← 土
↑
貯

❷ 次の①・②が反対の意味の言葉の組み合わせになるように、――線のカタカナを漢字で書きましょう。送りがなが必要なものは送りがなも書きましょう。 1つ6点【36点】

(1)
① 物をヒロウ。（　　）
② 物をステル。（　　）

(2)
① カン潮《ちょう》の海。（　　）
② マン潮の海。（　　）

(3)
① 毎月のシュウニュウ。（　　）
② 毎月のシシュツ。（　　）

❸ 次の――線の漢字の読み方を（　）にひらがなで書きましょう。 1つ4点【32点】

(1)
① 除雪作業を行う。（　　）
② 水分を除く。（　　）

(2)
① 毎朝洗顔する。（　　）
② 水で手を洗う。（　　）

(3)
① 車窓をのぞく。（　　）
② 窓辺に立つ。（　　）

(4)
① 牛乳を飲む。（　　）
② 乳しぼりをする。（　　）

❹ 二つの漢字を足し算すると一つの漢字ができるように、次の□に入る漢字を書きましょう。 1つ5点【20点】

(1) 糸 ＋ 内 ＝ □
(2) 成 ＋ 皿 ＝ □
(3) 石 ＋ 少 ＝ □
(4) 不 ＋ 口 ＝ □

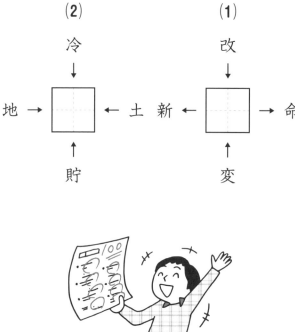

16 パズル・実践《せん》④

学習した日　月　日

名前

目標《もくひょう》時間 20分

得点　／100点

解説↓ 172ページ

2616

らくらくマルつけ

1 次の——線のカタカナを漢字で書き分けましょう。　1つ5点【50点】

(1)
① 税金をオサめる。（　　）
② 商品をオサめる。（　　）
③ 学問をオサめる。（　　）

(2)
① トウブンを減らす。（　　）
② トウブンに分ける。（　　）
③ トウブンは続ける。（　　）

(3)
① ごみのカイシュウ。（　　）
② 建物のカイシュウ。（　　）

(4)
① 製品のホショウ。（　　）
② 安全のホショウ。（　　）

2 次の漢字の画数を数字で書きましょう。　1つ5点【10点】

(1) 熟……（　　）画

(2) 穀…（　　）画

3 次は、料理の作り方を説明したある本の一部です。

おいしいクッキーの作り方

1．ふるった小麦粉に、バターと①砂糖を加えて混ぜる。

2．1に②卵を③割り入れ、④ギュウニュウを加えて混ぜる。

3．2の生地《きじ》を⑤レイゾウコでしばらくねかせる。

4．3の生地をクッキーの型でぬいて、オーブンで焼く。

5．熱がさめたら、皿に⑥モりつける。

※使った道具はよく洗っておくこと！

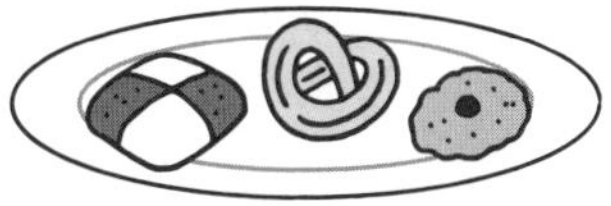

(1) ——線①〜③の漢字の読みをひらがなで書きましょう。また、——線④〜⑥のカタカナを漢字に直して書きましょう。　1つ6点【36点】

①（　　）　②（　　）

③（　　）

④（　　）　⑤（　　）

⑥（　　）

(2) ══線「洗」と同じ画数の漢字を次から選び、記号で書きましょう。【4点】

ア 除　イ 捨

ウ 革　エ 窓

（　　）

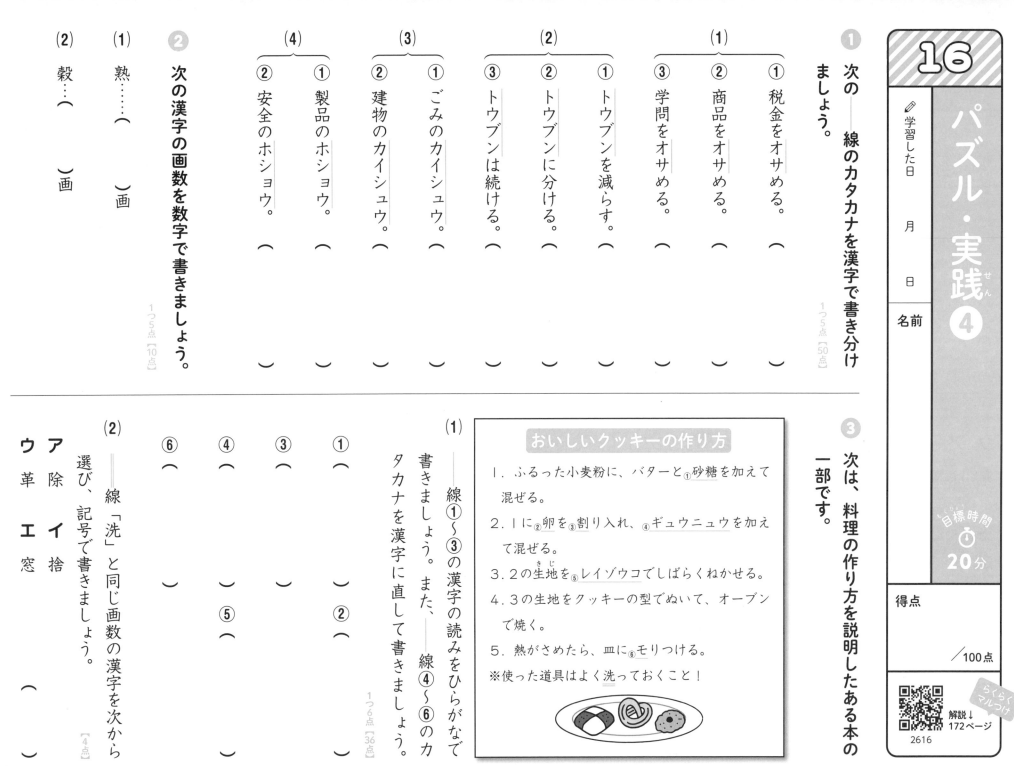

16 パズル・実践《せん》④

学習した日　月　日

名前

目標《もくひょう》時間 20分

得点 ／100点

らくらくマルつけ 解説↓ 172ページ

2616

❶ 次の――線のカタカナを漢字で書き分けましょう。 1つ5点【50点】

(1)
① 税金をオサめる。（　　）
② 商品をオサめる。（　　）
③ 学問をオサめる。（　　）

(2)
① トウブンを減らす。（　　）
② トウブンに分ける。（　　）
③ トウブンは続ける。（　　）

(3)
① ごみのカイシュウ。（　　）
② 建物のカイシュウ。（　　）

(4)
① 製品のホショウ。（　　）
② 安全のホショウ。（　　）

❷ 次の漢字の画数を数字で書きましょう。 1つ5点【10点】

(1) 熟……（　　）画

(2) 穀…（　　）画

❸ 次は、料理の作り方を説明したある本の一部です。

おいしいクッキーの作り方

1．ふるった小麦粉に、バターと①砂糖を加えて混ぜる。

2．1に②卵を③割り入れ、④ギュウニュウを加えて混ぜる。

3．2の生地《きじ》を⑤レイゾウコでしばらくねかせる。

4．3の生地をクッキーの型でぬいて、オーブンで焼く。

5．熱がさめたら、皿に⑥モりつける。

※使った道具はよく洗っておくこと！

(1) ――線①～③の漢字の読みをひらがなで書きましょう。また、――線④～⑥のカタカナを漢字に直して書きましょう。 1つ6点【36点】

①（　　）　②（　　）

③（　　）

④（　　）　⑤（　　）

⑥（　　）

(2) ═線「洗」と同じ画数の漢字を次から選び、記号で書きましょう。 【4点】

ア 除　イ 捨

ウ 革　エ 窓

（　　）

17 買い物に行こう

学習した日　月　日

名前

目標時間《もくひょうじかん》 20分

得点

／100点

らくらくマルつけ
解説↓ 173ページ
2617

値　10画

まっすぐ下につける

読み方
音 チ
訓 ね　（あたい）

使い方
価値《かち》　数値《すうち》　平均値《へいきんち》　値札《ねふだ》
値上《ねあ》げ　値打《ねう》ち

練習　値

段　9画

出す

読み方
音 ダン
訓 ―

使い方
値段《ねだん》　階段《かいだん》　手段《しゅだん》
段落《だんらく》　段階《だんかい》　初段《しょだん》

練習　段

銭　14画

はねる

読み方
音 セン
訓 （ぜに）

使い方
金銭《きんせん》　古銭《こせん》　銭湯《せんとう》　つり銭《せん》
さい銭《せん》　小銭《こぜに》

練習　銭

閉　11画

はねる

読み方
音 ヘイ
訓 とじる　しめる　しまる　（とざす）

使い方
閉店《へいてん》　閉門《へいもん》　閉館《へいかん》　開閉《かいへい》
密閉《みっぺい》　閉会式《へいかいしき》　開《あ》け閉《し》め

練習　閉

優　17画

「百」としない

読み方
音 ユウ
訓 （やさしい）　（すぐれる）

使い方
優勝《ゆうしょう》　優先《ゆうせん》　優勢《ゆうせい》
優良《ゆうりょう》　優美《ゆうび》　名優《めいゆう》

練習　優

1 □に漢字を書きましょう。

(1) □《ねだん》を確かめる。

(2) つり□《せん》をわたす。

(3) □《へいてん》の時間になる。

(4) 会計を□《ゆうせん》する。

(5) 入口の戸を□《し》める。

(6) 商品の□《かち》が高い。

(7) □《ゆうしょう》を祝う品を買う。

(8) □《かいだん》をかけ上がる。

(9) 急いで門を□《と》じる。

(10) 帰りに□《せんとう》に寄る。

1つ8点【80点】

スパイラルコーナー

□に漢字を書きましょう。

(1) 切手を□《しゅうしゅう》する。

(2) 食事の前に手を□《あら》う。

1つ10点【20点】

17 買い物に行こう

学習した日　月　日

名前

目標《もくひょう》時間　20分

得点　／100点

解説↓173ページ

らくらくマルつけ

2617

値（10画）

まっすぐ下につける

読み方：音 チ　訓 ね　（あたい）

使い方：価値《かち》　数値《すうち》　平均値《へいきんち》　値札《ねふだ》　値上《ねあ》げ　値打《ねう》ち

段（9画）

出す

読み方：音 ダン　訓 ―

使い方：値段《ねだん》　階段《かいだん》　手段《しゅだん》　段落《だんらく》　段階《だんかい》　初段《しょだん》

銭（14画）

はねる

読み方：音 セン　訓 （ぜに）

使い方：金銭《きんせん》　古銭《こせん》　銭湯《せんとう》　つり銭《せん》　さい銭《せん》　小銭《こぜに》

閉（11画）

はねる

読み方：音 ヘイ　訓 とじる　しめる　しまる　（とざす）

使い方：閉店《へいてん》　閉門《へいもん》　閉館《へいかん》　開閉《かいへい》　密閉《みっぺい》　閉会式《へいかいしき》　開《あ》け閉《し》め

優（17画）

「百」としない

読み方：音 ユウ　訓 （やさしい）（すぐれる）

使い方：優勝《ゆうしょう》　優先《ゆうせん》　優勢《ゆうせい》　優良《ゆうりょう》　優美《ゆうび》　名優《めいゆう》

練習

❶ □に漢字を書きましょう。　1つ8点【80点】

(1) □□《ねだん》を確かめる。

(2) つり□《せん》をわたす。

(3) □□《へいてん》の時間になる。

(4) 会計を□□《ゆうせん》する。

(5) 入口の戸を□《し》める。

(6) 商品の□□《かち》が高い。

(7) □□《ゆうしょう》を祝う品を買う。

(8) □□《かいだん》をかけ上がる。

(9) 急いで門を□《と》じる。

(10) 帰りに□□《せんとう》に寄る。

スパイラルコーナー　□に漢字を書きましょう。　1つ10点【20点】

(1) 切手を□□《しゅうしゅう》する。

(2) 食事の前に手を□《あら》う。

18 友達の家に行こう

学習した日　月　日

名前

目標《もくひょう》時間 20分

得点　／100点

らくらくマルつけ

解説↓ 173ページ

2618

宅 6画

左下にはらう

読み方　音 タク　訓 ―

使い方：自宅《じたく》　住宅《じゅうたく》　帰宅《きたく》　在宅《ざいたく》　宅地《たくち》　宅配便《たくはいびん》

練習

訪 11画

はねる

読み方　音 ホウ　訓 たずねる（おとずれる）

使い方：訪問《ほうもん》　来訪《らいほう》　歴訪《れきほう》　再訪《さいほう》　訪問客《ほうもんきゃく》　探訪《たんぼう》

練習

誕 15画

「L」としない

読み方　音 タン　訓 ―

使い方：誕生《たんじょう》　生誕《せいたん》　降誕《こうたん》　誕生日《たんじょうび》　誕生会《たんじょうかい》　生誕祭《せいたんさい》

練習

届 8画

出す

読み方　音 ―　訓 とどける　とどく

使い方：届《とど》け出《で》　届《とど》け先《さき》　欠席届《けっせきとどけ》　無届《むとどけ》　行《い》き届《とど》く　送《おく》り届《とど》ける

練習

模 14画

とめる

読み方　音 モ　ボ　訓 ―

使い方：模型《もけい》　模様《もよう》　模写《もしゃ》　模造紙《もぞうし》　模《も》はん　規模《きぼ》

練習

1 □に漢字を書きましょう。

(1) □□《じたく》を早めに出る。

(2) 友達の家を□□《ほうもん》する。

(3) □□□《たんじょうかい》に招かれる。

(4) プレゼントを□《とど》けに行く。

(5) 飛行機の□□《もけい》をもらう。

(6) □□□《たくはいびん》で荷物を送る。

(7) □《とど》け先を確かめる。

(8) となりの店を□《たず》ねる。

(9) □□□《せいたんさい》が行われる。

(10) 計画の□□《きぼ》が大きい。

1つ8点【80点】

スパイラルコーナー

□に漢字を書きましょう。

(1) □□《かくめい》が起こる。

(2) □□□《どうそうかい》に参加する。

1つ10点【20点】

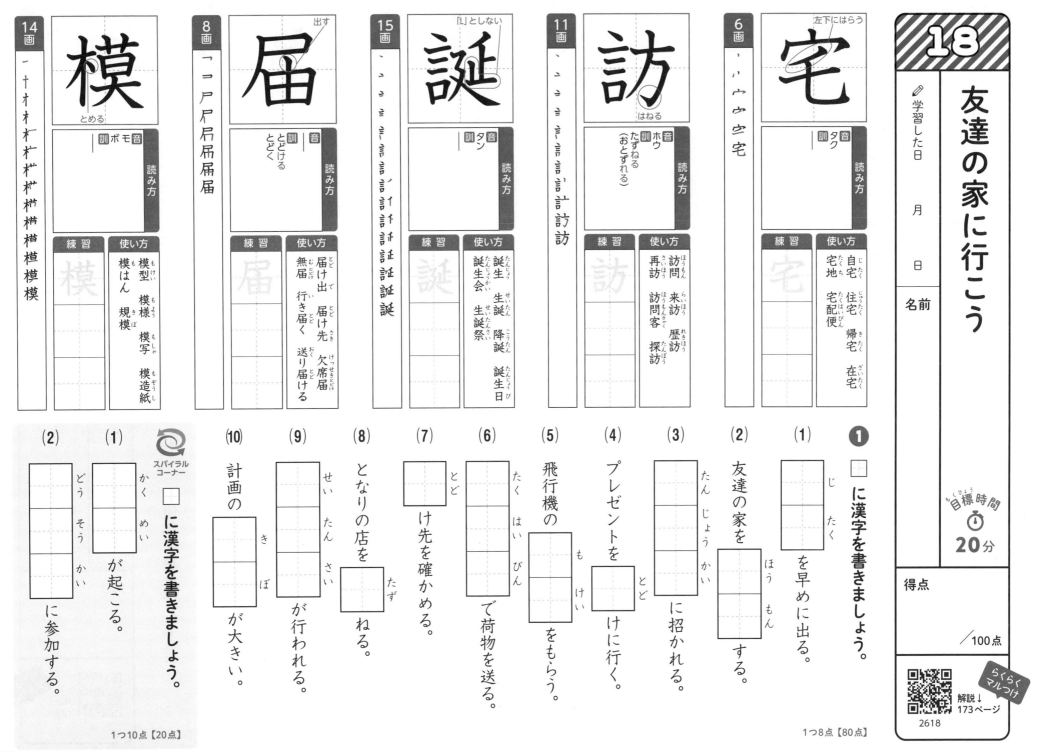

もう1回チャレンジ!!

18 友達の家に行こう

学習した日　月　日

名前

目標時間《もくひょうじかん》 20分

得点　／100点

解説↓ 173ページ

らくらくマルつけ

2618

宅（6画）

左下にはらう

読み方　音 タク　訓

使い方：自宅《じたく》　住宅《じゅうたく》　帰宅《きたく》　在宅《ざいたく》　宅地《たくち》　宅配便《たくはいびん》

練習

訪（11画）

はねる

読み方　音 ホウ　訓 たずねる（おとずれる）

使い方：訪問《ほうもん》　来訪《らいほう》　歴訪《れきほう》　再訪《さいほう》　訪問客《ほうもんきゃく》　探訪《たんぼう》

練習

誕（15画）

「L」としない

読み方　音 タン　訓

使い方：誕生《たんじょう》　生誕《せいたん》　降誕《こうたん》　誕生日《たんじょうび》　誕生会《たんじょうかい》　生誕祭《せいたんさい》

練習

届（8画）

出す

読み方　音　訓 とどける　とどく

使い方：届《とど》け出《で》　届《とど》け先《さき》　欠席届《けっせきとどけ》　無届《むとどけ》　行《い》き届《とど》く　送《おく》り届《とど》ける

練習

模（14画）

とめる

読み方　音 ボ モ　訓

使い方：模型《もけい》　模様《もよう》　模写《もしゃ》　模造紙《もぞうし》　模《も》はん　規模《きぼ》

練習

1 □に漢字を書きましょう。

1つ8点【80点】

(1) □□《じたく》を早めに出る。

(2) 友達の家を□□《ほうもん》する。

(3) □□□《たんじょうかい》に招かれる。

(4) プレゼントを□《とど》けに行く。

(5) 飛行機の□□《もけい》をもらう。

(6) □□□《たくはいびん》で荷物を送る。

(7) □《とど》け先を確かめる。

(8) となりの店を□《たず》ねる。

(9) □□□《せいたんさい》が行われる。

(10) 計画の□□《きぼ》が大きい。

スパイラルコーナー

□に漢字を書きましょう。

1つ10点【20点】

(1) □□《かくめい》が起こる。

(2) □□□《どうそうかい》に参加する。

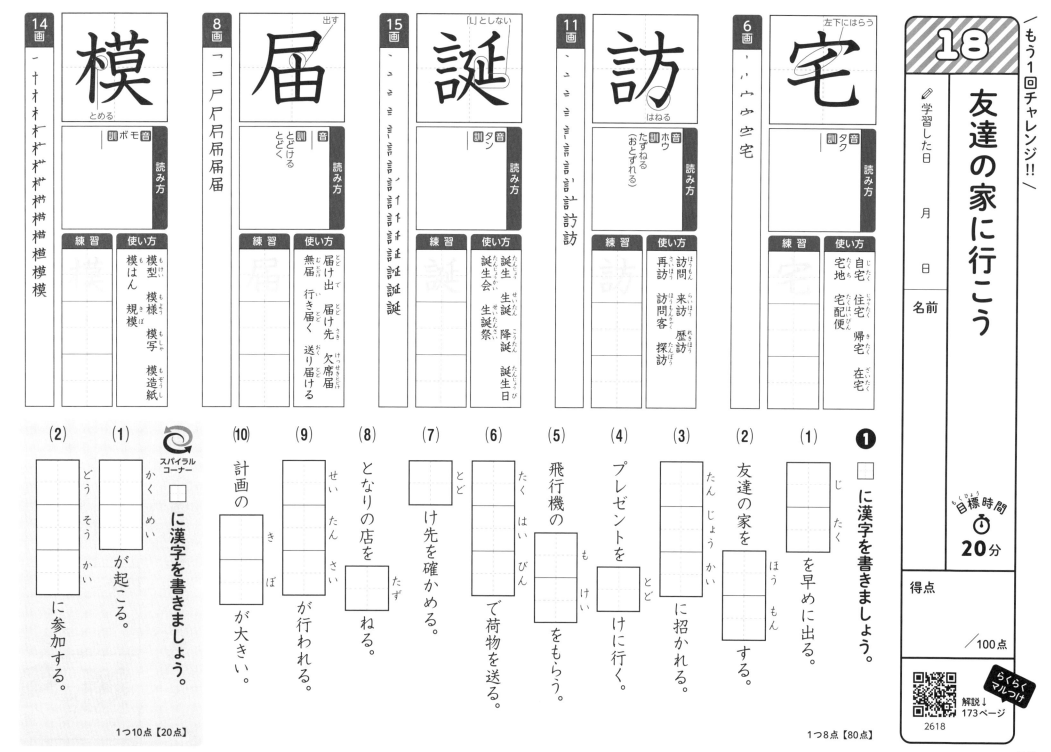

19 公園で遊ぼう

学習した日　月　日

名前

目標時間《もくひょうじかん》 20分

得点　／100点

らくらくマルつけ　解説↓ 173ページ
2619

若（8画）

長く

読み方　音 (ジャク) (ニャク)　訓 わかい (もしくは)

使い方　若者《わかもの》　若手《わかて》　若葉《わかば》　若草《わかくさ》　若返《わかがえ》る　若干《じゃっかん》

練習　若

幼（5画）

はねる

読み方　音 ヨウ　訓 おさない

使い方　幼児《ようじ》　幼少《ようしょう》　幼年《ようねん》　幼稚園《ようちえん》　幼虫《ようちゅう》　幼《おさな》なじみ

練習　幼

供（8画）

とめる

読み方　音 キョウ (ク)　訓 そなえる　とも

使い方　供給《きょうきゅう》　提供《ていきょう》　供述《きょうじゅつ》　試供品《しきょうひん》　供《そな》え物《もの》　子供《こども》

練習　供

敵（15画）

はねる

読み方　音 テキ　訓 (かたき)

使い方　強敵《きょうてき》　無敵《むてき》　天敵《てんてき》　宿敵《しゅくてき》　敵意《てきい》　敵対《てきたい》

練習　敵

棒（12画）

つき出す

読み方　音 ボウ　訓 ―

使い方　鉄棒《てつぼう》　金棒《かなぼう》　相棒《あいぼう》　棒線《ぼうせん》　棒切《ぼうき》れ　棒読《ぼうよ》み

練習　棒

---

1 □に漢字を書きましょう。

(1) □□《わかもの》が集まる。

(2) □□《ようじ》と手をつなぐ。

(3) □□《こども》たちが走り回る。

(4) □《てき》と味方に分かれて遊ぶ。

(5) □□《てつぼう》の練習をする。

(6) □《おさな》い妹と公園に行く。

(7) 地面に□《ぼう》で線を引く。

(8) お墓の前に花を□《そな》える。

(9) 木々に□□《わかば》がしげる。

(10) 物資を□□《きょうきゅう》する。

1つ8点【80点】

スパイラルコーナー　□に漢字を書きましょう。

(1) □□《わりあい》を計算する。

(2) □□《じゅくご》の意味を調べる。

1つ10点【20点】

＼もう1回チャレンジ!!／

19 公園で遊ぼう

学習した日　　月　　日

名前

目標《もくひょう》時間 20分

得点　　／100点

らくらくマルつけ

解説↓ 173ページ

2619

若

8画

一 十 廾 ナ 学 芏 若 若

長く

（ジャク）（ニャク）
わかい（もしくは）

読み方　音 （ジャク）（ニャク）　訓 わかい（もしくは）

練習

使い方　若者《わかもの》　若手《わかて》　若葉《わかば》　若草《わかくさ》　若返《わかがえ》る　若干《じゃっかん》

幼

5画

く 幺 幺 幻 幼

はねる

読み方　音 ヨウ　訓 おさない

練習

使い方　幼児《ようじ》　幼少《ようしょう》　幼年《ようねん》　幼稚園《ようちえん》　幼虫《ようちゅう》　幼《おさな》なじみ

供

8画

ノ イ 仁 什 仕 供 供 供

とめる

読み方　音 キョウ （ク）　訓 そなえる　とも

練習

使い方　供給《きょうきゅう》　提供《ていきょう》　供述《きょうじゅつ》　試供品《しきょうひん》　供《そな》え物《もの》　子供《こども》

敵

15画

丶 亠 ㇐ 产 产 产 商 商 商 商 商 啇 啇 敵 敵

はねる

読み方　音 テキ　訓 （かたき）

練習

使い方　強敵《きょうてき》　無敵《むてき》　天敵《てんてき》　宿敵《しゅくてき》　敵意《てきい》　敵対《てきたい》

棒

12画

一 十 才 木 朩 栐 栐 栐 棒 棒 棒 棒

つき出す

読み方　音 ボウ　訓 ―

練習

使い方　鉄棒《てつぼう》　金棒《かなぼう》　相棒《あいぼう》　棒線《ぼうせん》　棒切《ぼうき》れ　棒読《ぼうよ》み

1 □に漢字を書きましょう。

(1) □□《わかもの》が集まる。

(2) □□《ようじ》と手をつなぐ。

(3) □□《こども》たちが走り回る。

(4) □《てき》と味方に分かれて遊ぶ。

(5) □□《てつぼう》の練習をする。

(6) □《おさな》い妹と公園に行く。

(7) 地面に□《ぼう》で線を引く。

(8) お墓の前に花を□《そな》える。

(9) 木々に□□《わかば》がしげる。

(10) 物資を□□《きょうきゅう》する。

1つ8点【80点】

スパイラルコーナー

□に漢字を書きましょう。

(1) □□《わりあい》を計算する。

(2) □□《じゅくご》の意味を調べる。

1つ10点【20点】

20 探検《たんけん》に出発しよう

学習した日　月　日

名前

目標《もくひょう》時間 20分

得点　／100点

解説↓ 173ページ

らくらくマルつけ

2620

探

11画

とめる

一 十 扌 扌 扌 扌 扌 押 挥 探 探

読み方

音 タン

訓 さがす　(さぐる)

使い方

探検《たんけん》[探険《たんけん》]　探求《たんきゅう》　探知《たんち》　探査《たんさ》　探《たん》てい　探《さが》し物《もの》

練習

探

穴

5画

はらう

丶 丶 宀 穴 穴

読み方

音 (ケツ)

訓 あな

使い方

岩穴《いわあな》　巣穴《すあな》　横穴《よこあな》　毛穴《けあな》　穴倉《あなぐら》　落《お》とし穴《あな》

練習

穴

宝

8画

点の位置に注意

丶 丶 宀 宀 宁 宇 宝 宝

読み方

音 ホウ

訓 たから

使い方

宝石《ほうせき》　財宝《ざいほう》　家宝《かほう》　国宝《こくほう》　宝物《たからもの》《ほうもつ》　宝探《たからさが》し

練習

宝

専

9画

点をつけない

一 厂 戸 戸 亩 亩 亩 専 専

読み方

音 セン

訓 (もっぱら)

使い方

専用《せんよう》　専念《せんねん》　専業《せんぎょう》　専属《せんぞく》　専任《せんにん》　専門家《せんもんか》

練習

専

1 □に漢字を書きましょう。

(1) 各地を□《たんけん》する。

(2) 落とし□《あな》に落ちる。

(3) □《たからもの》を見つける。

(4) □《せんもんか》に話を聞く。

(5) □《ざいほう》をかくす。

(6) 森から出る道を□《さが》す。

(7) 動物の□《すあな》を見つける。

(8) 仲間と□《たからさが》しをする。

(9) □《せんよう》の道具を使う。

(10) 月面□《たんさ》に出発する。

1つ8点【80点】

スパイラルコーナー

□に漢字を書きましょう。

(1) 公園の□《すなば》で遊ぶ。

(2) □《にゅうし》がぬける。

1つ10点【20点】

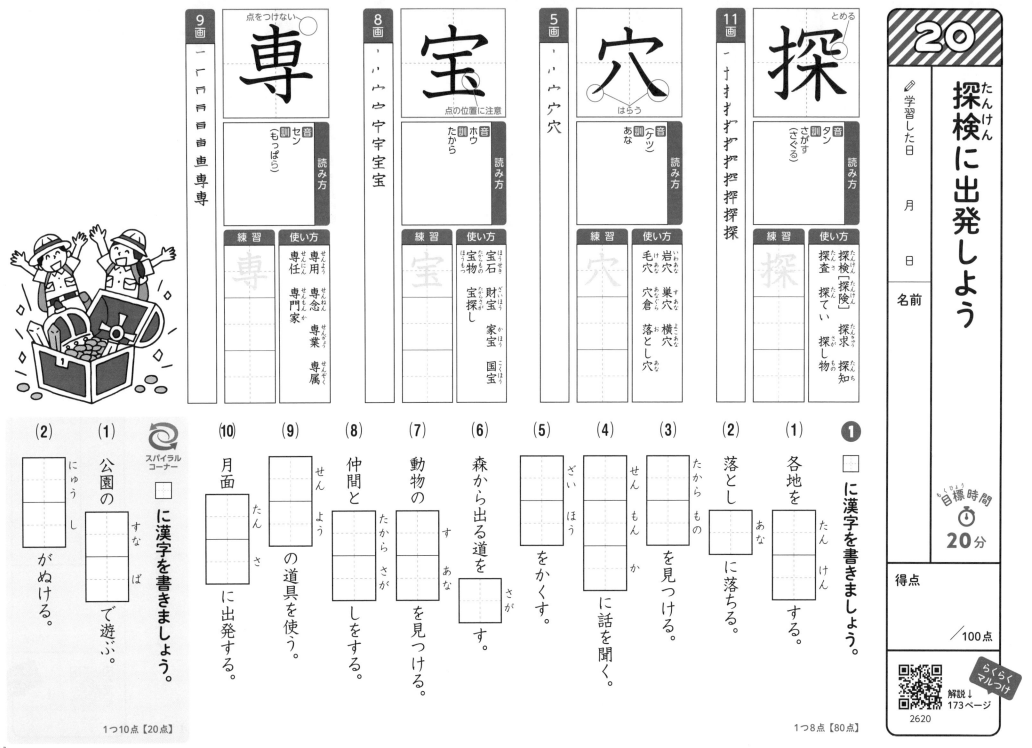

もう1回チャレンジ!!

20 探検《たんけん》に出発しよう

学習した日　月　日

名前

目標《もくひょう》時間 20分

得点

/100点

解説↓173ページ

2620

らくらくマルつけ

探（11画）

とめる

読み方
音 タン
訓 さがす（さぐる）

使い方
探検《たんけん》［探険《たんけん》］　探求《たんきゅう》　探知《たんち》
探査《たんさ》　探《たん》てい　探《さが》し物《もの》

穴（5画）

はらう

読み方
音（ケツ）
訓 あな

使い方
岩穴《いわあな》　巣穴《すあな》　横穴《よこあな》
毛穴《けあな》　穴倉《あなぐら》　落《お》とし穴《あな》

宝（8画）

点の位置に注意

読み方
音 ホウ
訓 たから

使い方
宝石《ほうせき》　財宝《ざいほう》　家宝《かほう》　国宝《こくほう》
宝物《たからもの》《ほうもつ》　宝探《たからさが》し

専（9画）

点をつけない

読み方
音 セン
訓（もっぱら）

使い方
専用《せんよう》　専念《せんねん》　専業《せんぎょう》　専属《せんぞく》
専任《せんにん》　専門家《せんもんか》

1 □に漢字を書きましょう。

(1) 各地を□《たんけん》する。
(2) 落とし□《あな》に落ちる。
(3) □《たからもの》を見つける。
(4) □《せんもんか》に話を聞く。
(5) □《ざいほう》をかくす。
(6) 森から出る道を□《さが》す。
(7) 動物の□《すあな》を見つける。
(8) 仲間と□《たからさが》しをする。
(9) □《せんよう》の道具を使う。
(10) 月面□《たんさ》に出発する。

1つ8点【80点】

スパイラルコーナー　□に漢字を書きましょう。

(1) 公園の□《すなば》で遊ぶ。
(2) □《にゅうし》がぬける。

1つ10点【20点】

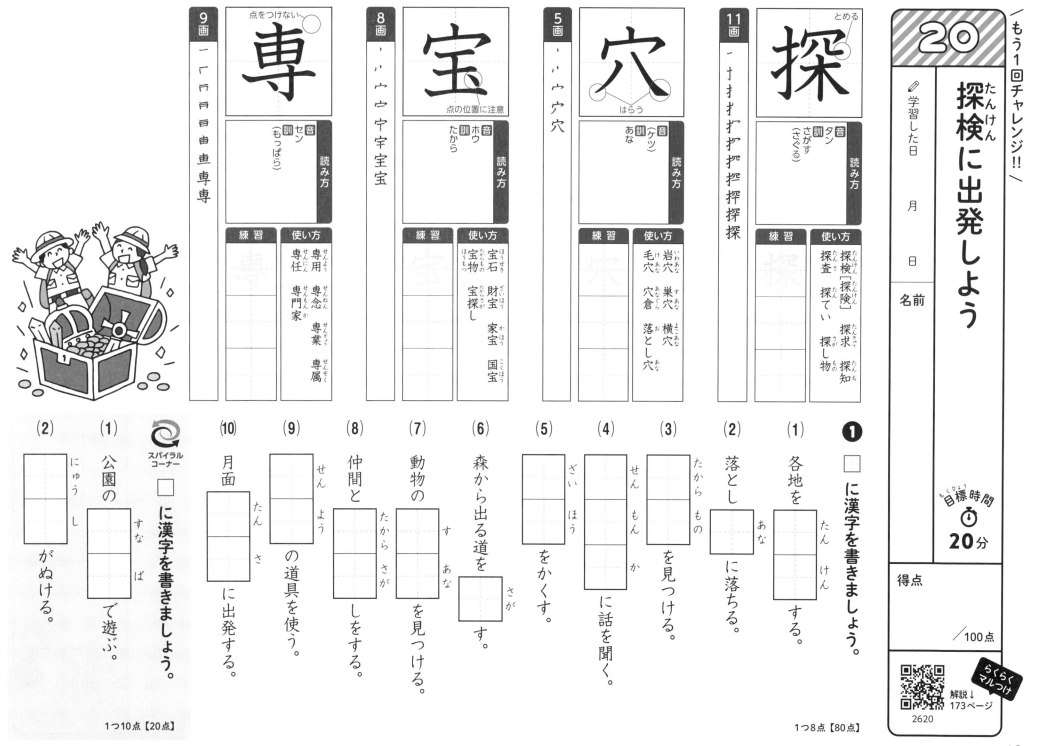

21 まとめのテスト ⑤

学習した日　月　日

名前

目標《もくひょう》時間 20分

得点　／100点

らくらくマルつけ

解説↓ 174ページ

2621

1 （　）に――線の読みがなを書きましょう。

(1) 絵画を模写する。（　）
(2) 敵対するチームに勝つ。（　）
(3) 金属を探知する。（　）
(4) 古銭が見つかる。（　）
(5) 名優が映画《えいが》に出る。（　）
(6) 急に客が来訪する。（　）
(7) とても値打ちがある。（　）
(8) 穴倉の中に入る。（　）
(9) 平均値を計算する。（　）
(10) 宿敵が登場する。（　）
(11) 金銭のやりとりをする。（　）
(12) 模造紙に文字を書く。（　）
(13) がけに横穴をほる。（　）

1つ4点【52点】

2 □に漢字を書きましょう。

(1) □《わかくさ》が風にゆれる。
(2) 時間通りに□《きたく》する。
(3) □《だんらく》の要点をまとめる。
(4) □《へいかん》が決定する。
(5) □《ようしょう》のころを思い出す。
(6) □《せんぎょう》の作家になる。
(7) 資金を□《ていきょう》する。
(8) 友人は良い□《あいぼう》だ。
(9) □《けっせきとどけ》を出す。
(10) 気持ちが□《わかがえ》る。
(11) 新しい□《じゅうたく》を建てる。
(12) □《へいかいしき》を行う。

1つ4点【48点】

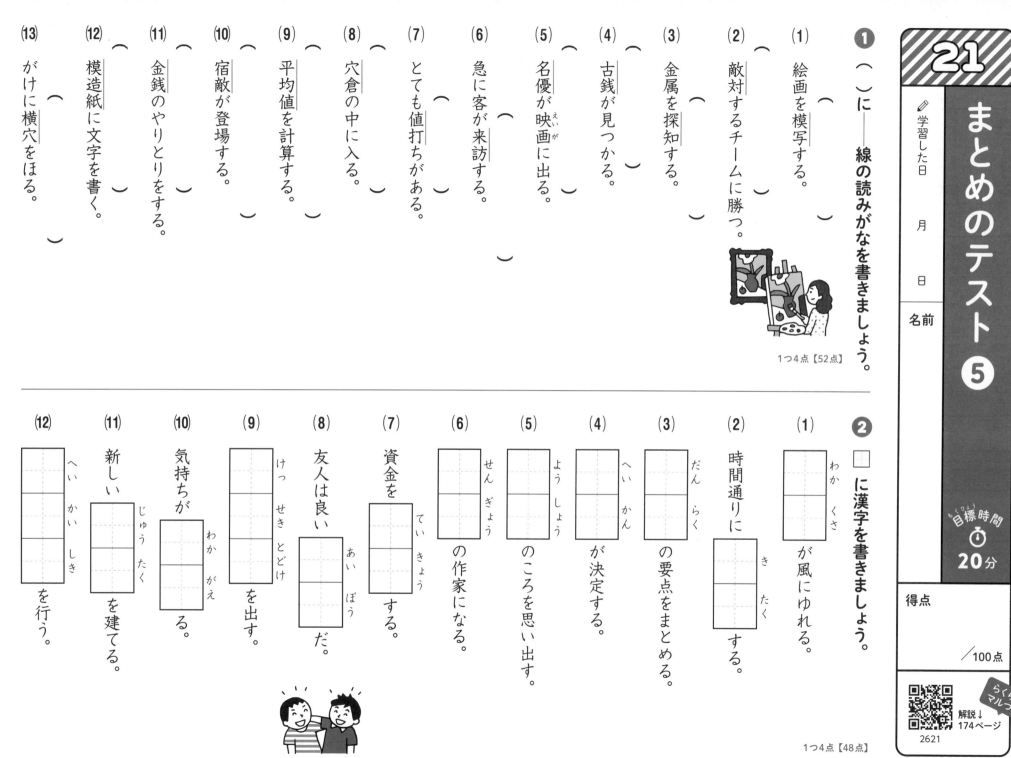

もう1回チャレンジ!!

21 まとめのテスト⑤

学習した日　月　日

名前

目標時間《もくひょうじかん》 20分

得点　／100点

解説↓ 174ページ

2621

らくらくマルつけ

❶ （　）に——線の読みがなを書きましょう。

(1) 絵画を模写する。（　　）

(2) 敵対するチームに勝つ。（　　）

(3) 金属を探知する。（　　）

(4) 古銭が見つかる。（　　）

(5) 名優が映画《えいが》に出る。（　　）

(6) 急に客が来訪する。（　　）

(7) とても値打ちがある。（　　）

(8) 穴倉の中に入る。（　　）

(9) 平均値を計算する。（　　）

(10) 宿敵が登場する。（　　）

(11) 金銭のやりとりをする。（　　）

(12) 模造紙に文字を書く。（　　）

(13) がけに横穴をほる。（　　）

1つ4点【52点】

❷ □に漢字を書きましょう。

(1) □《わかくさ》が風にゆれる。

(2) 時間通りに□《きたく》する。

(3) □《だんらく》の要点をまとめる。

(4) □《へいかん》が決定する。

(5) □《ようしょう》のころを思い出す。

(6) □《せんぎょう》の作家になる。

(7) 資金を□《ていきょう》する。

(8) 友人は良い□《あいぼう》だ。

(9) □《けっせきとどけ》を出す。

(10) 気持ちが□《わかがえ》る。

(11) 新しい□《じゅうたく》を建てる。

(12) □《へいかいしき》を行う。

1つ4点【48点】

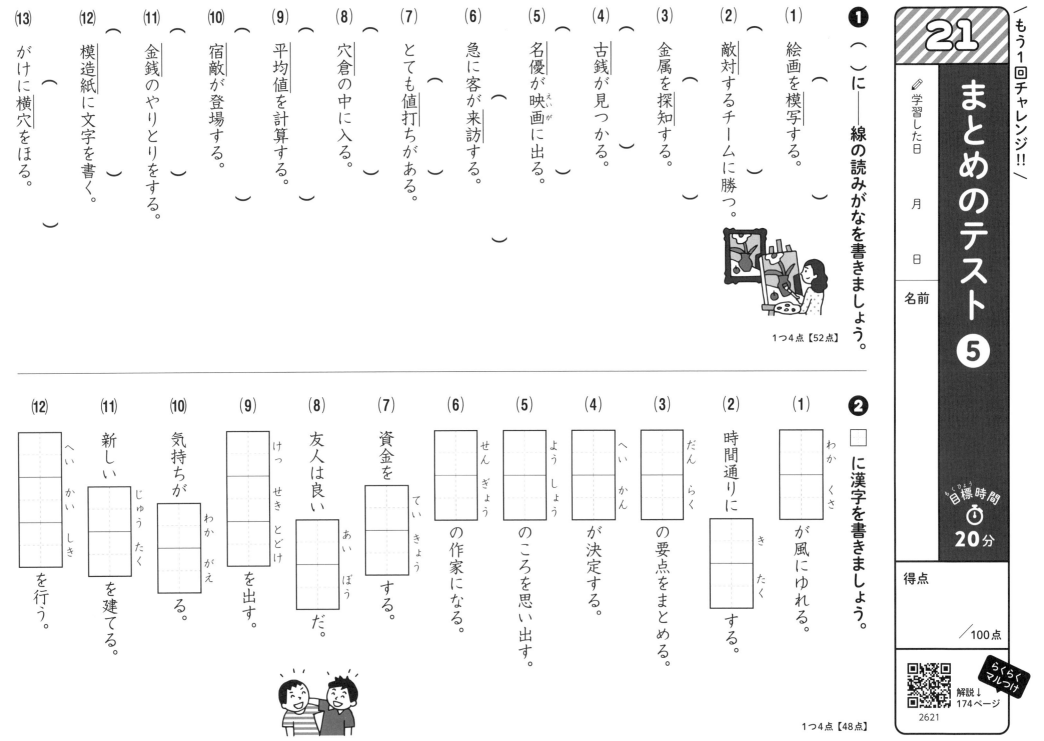

22

まとめのテスト６

学習した日　　月　　日

名前

目標《もくひょう》時間　20分

得点　　／100点

解説↓174ページ

らくらくマルつけ

2622

1 （　）に――線の読みがなを書きましょう。

1つ4点【52点】

(1) 幼なじみと遊ぶ。（　　）

(2) 書道の初段をとる。（　　）

(3) 若手の選手が成長する。（　　）

(4) 犯人の供述を聞く。（　　）

(5) ペンで棒線を引く。（　　）

(6) 専任の係員が案内する。（　　）

(7) 在宅か確かめる。（　　）

(8) 理想を探求する。（　　）

(9) 幼年期を海外で過ごす。（　　）

(10) 山道で棒切れを拾う。（　　）

(11) 容器を密《みっ》閉する。（　　）

(12) 探ていに調査をたのむ。（　　）

(13) 墓に供え物をする。（　　）

2 □に漢字を書きましょう。

1つ4点【48点】

(1) □《む》□《とどけ》で外出する。

(2) 商品の□《ね》□《あ》げをする。

(3) 強い□《てき》□《い》を感じる。

(4) 白組が□《ゆう》□《せい》になる。

(5) 長期休みの□《とど》け出をする。

(6) 各国を□《れき》□《ほう》する。

(7) □《ほう》□《せき》を手に入れる。

(8) 生命が□《たん》□《じょう》する。

(9) □《む》□《てき》の状態になる。

(10) □《すう》□《ち》を確かめる。

(11) □《こく》□《ほう》を保管する。

(12) □《いわ》□《あな》の中を調べる。

＼もう1回チャレンジ!!／

22 まとめのテスト⑥

学習した日　月　日

名前

目標《もくひょう》時間　20分

得点　／100点

解説↓174ページ　2622　らくらくマルつけ

❶ （　）に──線の読みがなを書きましょう。

1つ4点【52点】

(1) 幼なじみと遊ぶ。（　）

(2) 書道の初段をとる。（　）

(3) 若手の選手が成長する。（　）

(4) 犯人の供述を聞く。（　）

(5) ペンで棒線を引く。（　）

(6) 専任の係員が案内する。（　）

(7) 在宅か確かめる。（　）

(8) 理想を探求する。（　）

(9) 幼年期を海外で過ごす。（　）

(10) 山道で棒切れを拾う。（　）

(11) 容器を密《みっ》閉する。（　）

(12) 探ていに調査をたのむ。（　）

(13) 墓に供え物をする。（　）

❷ □に漢字を書きましょう。

1つ4点【48点】

(1) □《む》□《とどけ》で外出する。

(2) 商品の□《ね》□《あ》げをする。

(3) 強い□《てき》□《い》を感じる。

(4) 白組が□《ゆう》□《せい》になる。

(5) 長期休みの□《とど》け出をする。

(6) 各国を□《れき》□《ほう》する。

(7) □《ほう》□《せき》を手に入れる。

(8) 生命が□《たん》□《じょう》する。

(9) □《む》□《てき》の状態になる。

(10) □《すう》□《ち》を確かめる。

(11) □《こく》□《ほう》を保管する。

(12) □《いわ》□《あな》の中を調べる。

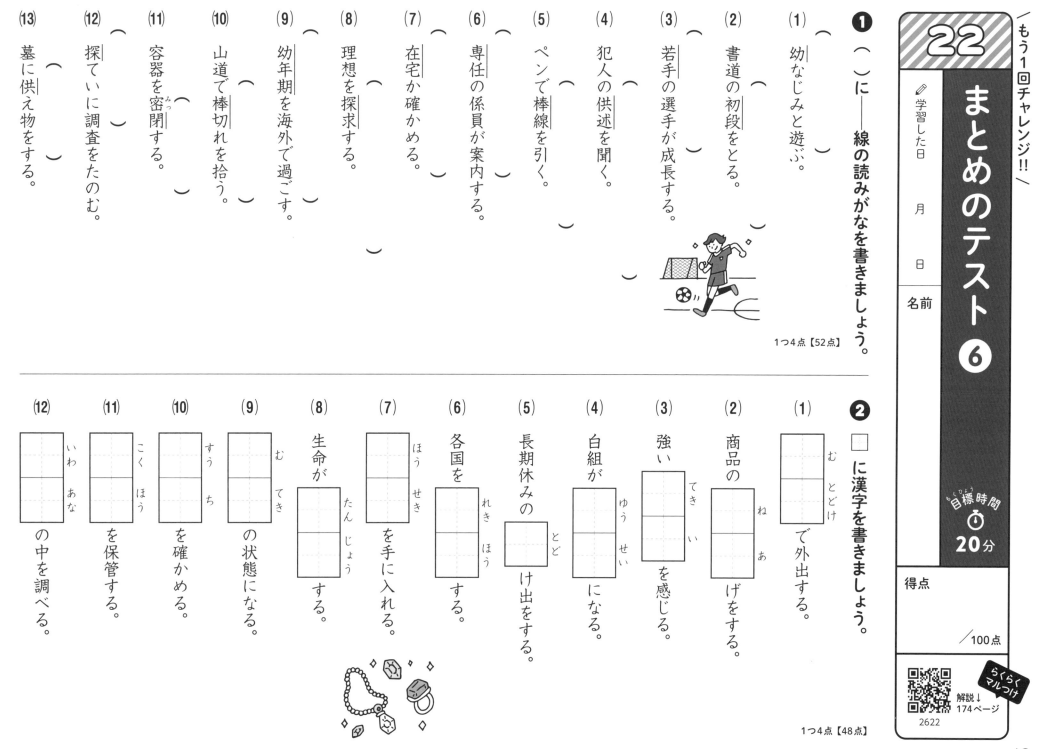

23 パズル・実践《せん》 5

学習した日　月　日

名前

目標《もくひょう》時間 20分

得点　／100点

解説↓ 174ページ

らくらくマルつけ

2623

1 熟語《じゅくご》のしりとりが完成するように、次の□にあてはまる漢字を書きましょう。

1つ5点【30点】

(1) わかて　□手
(2) てんてき　天□
(3) きぼ　□□
(4) ぼうよみ　□読み
(5) みっぺい　密《みっ》□
(6) いわあな　□□

2 次の——線のカタカナを、漢字と送りがなで書きましょう。

1つ5点【25点】

(1) 門をトジル。（　　）
(2) 荷物をトドケル。（　　）
(3) 本をサガス。（　　）
(4) 友人をタズネル。（　　）
(5) 妹はオサナイ。（　　）

3 次の——線の漢字の読み方を（　）にひらがなで書きましょう。

1つ5点【30点】

(1)
① 価値がある。（　　）
② 値札をつける。（　　）

(2)
① 物資の供給。（　　）
② お供を連れる。（　　）

(3)
① 美しい宝石。（　　）
② 宝物を見つける。（　　）

4 次の三つの□には、同じ部分が入ります。あてはまるものをあとの□から選んで書きましょう。

1つ5点【15点】

(1) □戋　□同　□竟（　　）
(2) □延　□方　□舌（　　）
(3) 亩□　道□　文□（　　）

糸　寸　言　金　立

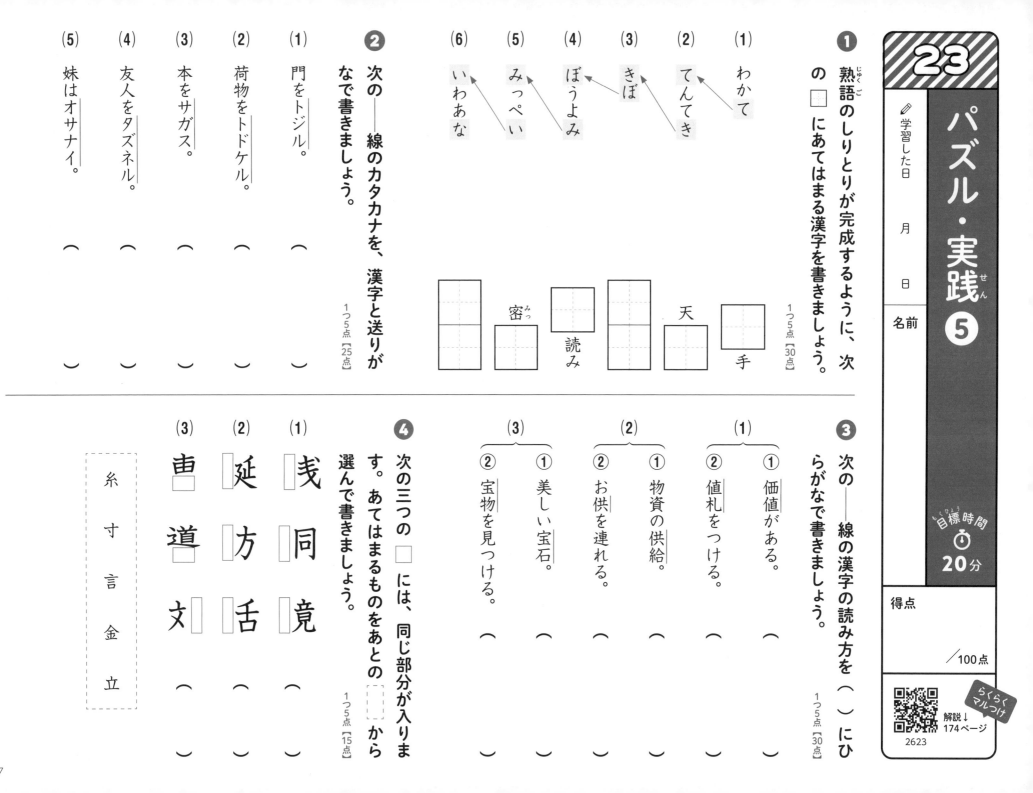

もう1回チャレンジ!!

23 パズル・実践《せん》⑤

学習した日　月　日

名前

目標《もくひょう》時間 20分

得点　／100点

らくらくマルつけ
解説↓174ページ
2623

1 熟語《じゅくご》のしりとりが完成するように、次の□にあてはまる漢字を書きましょう。　1つ5点【30点】

(1) わかて　□手
(2) てんてき　天□
(3) きぼ　□□
(4) ぼうよみ　□読み
(5) みっぺい　密《みっ》□
(6) いわあな　□□

2 次の——線のカタカナを、漢字と送りがなで書きましょう。　1つ5点【25点】

(1) 門をトジル。（　）
(2) 荷物をトドケル。（　）
(3) 本をサガス。（　）
(4) 友人をタズネル。（　）
(5) 妹はオサナイ。（　）

3 次の——線の漢字の読み方を（　）にひらがなで書きましょう。　1つ5点【30点】

(1) ① 価値がある。（　）
② 値札をつける。（　）
(2) ① 物資の供給。（　）
② お供を連れる。（　）
(3) ① 美しい宝石。（　）
② 宝物を見つける。（　）

4 次の三つの□には、同じ部分が入ります。あてはまるものをあとの[ ]から選んで書きましょう。　1つ5点【15点】

(1) □戋　□同　□竟（　）
(2) □延　□方　□舌（　）
(3) 由□　道□　文□（　）

[糸　寸　言　金　立]

24 パズル・実践《せん》⑥

学習した日　月　日

名前

目標《もくひょう》時間 20分

得点　／100点

らくらくマルつけ　解説↓ 175ページ　2624

❶ 次の――線のカタカナを漢字で書き分けましょう。　1つ6点【24点】

(1) ① 花をソナえる。（　　）
② 災害にソナえる。（　　）

(2) ① 木がネをのばす。（　　）
② 高いネがつく。（　　）

❷ 次の――線の「テキ」にあてはまる漢字を線で結びましょう。　1つ6点【24点】

(1) 快テキに過ごす。・　　・敵
(2) 強テキと戦う。・　　・笛
(3) 汽テキが聞こえる。・　　・的
(4) 目テキを果たす。・　　・適

❸ 次の漢字の筆順が正しいほうを選び、記号を書きましょう。　1つ6点【12点】

(1) 若
ア 一 十 艹 ナ 芏 若
イ 一 十 艹 苎 芏 若
（　　）

(2) 専
ア 一 十 巾 市 亩 専
イ 一 厂 冂 冃 亩 専
（　　）

❹ 次は、ある少年が作った島の地図です。

①タカラを求めて
島を②タンケンしよう！
資料館から出発！

※閉館《へいかん》時刻《じこく》は午後６時
③ジュウタクガイを
通って……

注意
歩行者④優先道路は工事中！
道に⑤段差あり！
落とし⑥穴に気をつけて！

ここが
かくし場所！

(1) ――線①～③のカタカナを漢字に直して書きましょう。また、――線④～⑥の漢字の読みをひらがなで書きましょう。　1つ6点【36点】

①（　　）　②（　　）
③（　　）
④（　　）　⑤（　　）
⑥（　　）

(2) ＝＝線「閉館」と反対の意味の熟語《じゅくご》を□に書きましょう。　【4点】

もう1回チャレンジ!!

24 パズル・実践《せん》⑥

学習した日　月　日

名前

目標《もくひょう》時間 20分

得点　／100点

解説↓ 175ページ

らくらくマルつけ

2624

❶ 次の――線のカタカナを漢字で書き分けましょう。 1つ6点【24点】

(1) ① 花をソナえる。（　　）
② 災害にソナえる。（　　）

(2) ① 木がネをのばす。（　　）
② 高いネがつく。（　　）

❷ 次の――線の「テキ」にあてはまる漢字を線で結びましょう。 1つ6点【24点】

(1) 快テキに過ごす。・　・敵
(2) 強テキと戦う。・　・笛
(3) 汽テキが聞こえる。・　・的
(4) 目テキを果たす。・　・適

❸ 次の漢字の筆順が正しいほうを選び、記号を書きましょう。 1つ6点【12点】

(1) 若
ア 一 十 廾 芀 芐 若（　　）
イ 一 十 廾 丗 芐 若（　　）

(2) 専
ア 一 十 廾 市 叀 専（　　）
イ 一 𠂆 冂 冃 叀 専（　　）

❹ 次は、ある少年が作った島の地図です。

①タカラを求めて

島を②タンケンしよう！

資料館から出発！

※閉館時刻《へいかんじこく》は午後６時

③ジュウタクガイを

通って……

注意

歩行者④優先道路は工事中！

道に⑤段差あり！

落とし⑥穴に気をつけて！

ここが

かくし場所！

(1) ――線①〜③のカタカナを漢字に直して書きましょう。また、――線④〜⑥の漢字の読みをひらがなで書きましょう。 1つ6点【36点】

①（　　）　②（　　）
③（　　）
④（　　）　⑤（　　）
⑥（　　）

(2) ＝＝線「閉館」と反対の意味の熟語《じゅくご》を□に書きましょう。 【4点】

□□

25 登山をしよう

学習した日　月　日

名前

目標時間《もくひょうじかん》 20分

得点　／100点

らくらくマルつけ　解説↓175ページ

2625

漢字	画数	読み方	使い方
頂（とめる）	11画	音 チョウ　訓 いただく　いただき	頂上《ちょうじょう》　山頂《さんちょう》　頂点《ちょうてん》　登頂《とうちょう》　頂角《ちょうかく》　頂《いただ》き物《もの》
樹（右上にはらう）	16画	音 ジュ　訓 ―	樹木《じゅもく》　樹氷《じゅひょう》　樹立《じゅりつ》　果樹園《かじゅえん》　落葉樹《らくようじゅ》　街路樹《がいろじゅ》
泉（左下にはらう）	9画	音 セン　訓 いずみ	温泉《おんせん》　源泉《げんせん》　泉水《せんすい》　鉱泉《こうせん》　間欠泉《かんけつせん》
紅（長く）	9画	音 コウ　（ク）　訓 べに　（くれない）	紅茶《こうちゃ》　紅葉《こうよう》［黄葉《こうよう》］　紅白《こうはく》　口紅《くちべに》　紅色《べにいろ》　紅花《べにばな》
垂（長く）	8画	音 スイ　訓 たれる　たらす	垂直《すいちょく》　垂線《すいせん》　けん垂《すい》　雨垂《あまだ》れ

1 □に漢字を書きましょう。

(1) □□《さんちょう》にたどり着く。

(2) □□《じゅもく》が生える。

(3) □《いずみ》の水を飲む。

(4) もみじが□□《こうよう》する。

(5) □□《すいちょく》ながけを登る。

(6) 山の□《いただき》で記念写真をとる。

(7) 空が□□《べにいろ》に染《そ》まる。

(8) 雪を□《いただ》く山を見る。

(9) 屋根から雨が□《た》れる。

(10) □□《おんせん》につかる。

1つ8点【80点】

スパイラルコーナー

□に漢字を書きましょう。

(1) 移動□□《しゅだん》を考える。

(2) とびらを□□《かいへい》する。

1つ10点【20点】

もう1回チャレンジ!!

25 登山をしよう

学習した日　月　日

名前

目標《もくひょう》時間 20分

得点

／100点

解説↓175ページ

らくらくマルつけ

2625

頂

11画

とめる

読み方
音 チョウ
訓 いただく いただき

使い方
頂上《ちょうじょう》 山頂《さんちょう》 頂点《ちょうてん》 登頂《とうちょう》
頂角《ちょうかく》 頂《いただ》き物《もの》

練習

樹

16画

右上にはらう

読み方
音 ジュ
訓 —

使い方
樹木《じゅもく》 樹氷《じゅひょう》 樹立《じゅりつ》 果樹園《かじゅえん》
落葉樹《らくようじゅ》 街路樹《がいろじゅ》

練習

泉

9画

左下にはらう

読み方
音 セン
訓 いずみ

使い方
温泉《おんせん》 源泉《げんせん》 泉水《せんすい》 鉱泉《こうせん》
間欠泉《かんけつせん》

練習

紅

9画

長く

読み方
音 コウ （ク）
訓 べに （くれない）

使い方
紅茶《こうちゃ》 紅葉《こうよう》［黄葉《こうよう》］ 紅白《こうはく》
口紅《くちべに》 紅色《べにいろ》 紅花《べにばな》

練習

垂

8画

長く

読み方
音 スイ
訓 たれる たらす

使い方
垂直《すいちょく》 垂線《すいせん》 けん垂《すい》
雨垂《あまだ》れ

練習

❶ □に漢字を書きましょう。

(1) □《さんちょう》にたどり着く。
(2) □《じゅもく》が生える。
(3) □《いずみ》の水を飲む。
(4) もみじが□《こうよう》する。
(5) □《すいちょく》ながけを登る。
(6) 山の□《いただき》で記念写真をとる。
(7) 空が□《べにいろ》に染《そ》まる。
(8) 雪を□《いただ》く山を見る。
(9) 屋根から雨が□《た》れる。
(10) □《おんせん》につかる。

1つ8点【80点】

スパイラルコーナー

□に漢字を書きましょう。

(1) 移動□《しゅだん》を考える。
(2) とびらを□《かいへい》する。

1つ10点【20点】

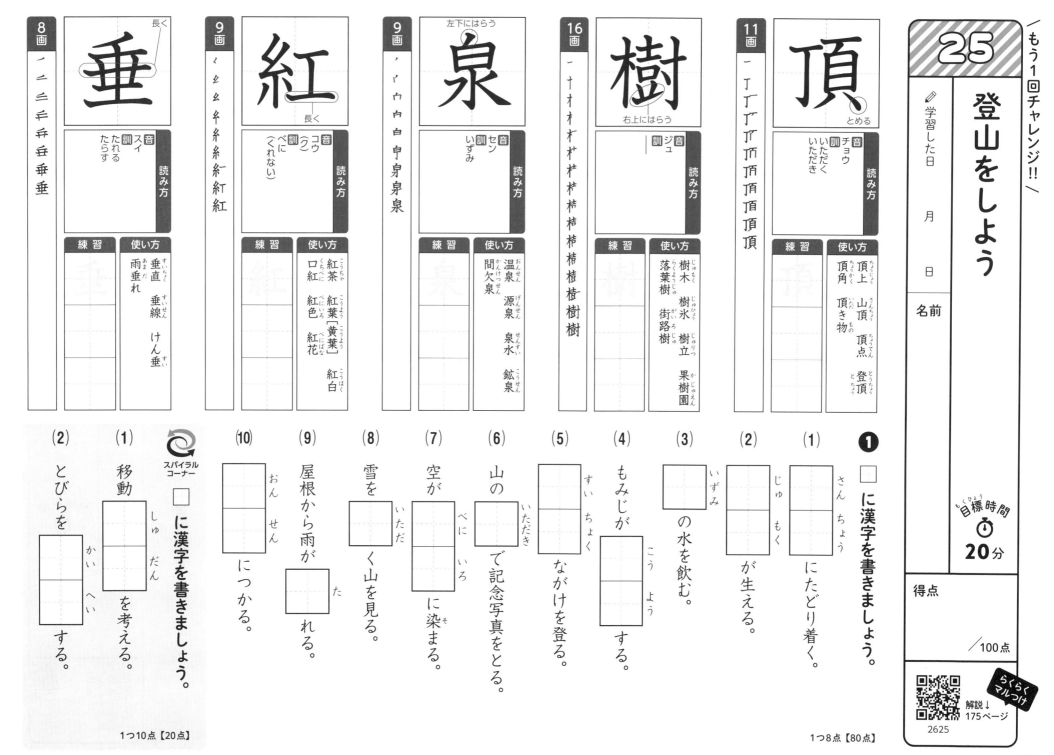

26 海岸へ行こう

学習した日　月　日

名前

目標時間《もくひょうじかん》 20分

得点　／100点

らくらくマルつけ
解説↓175ページ
2626

暖（13画）

少し長く

読み方
音 ダン
訓 あたたか　あたたかい　あたたまる　あたためる

使い方
温暖《おんだん》　暖冬《だんとう》　暖流《だんりゅう》　暖色《だんしょく》　暖《だん》ぼう　寒暖計《かんだんけい》　生暖《なまあたた》かい

練習

潮（15画）

とめる

読み方
音 チョウ
訓 しお

使い方
潮流《ちょうりゅう》　満潮《まんちょう》　風潮《ふうちょう》　潮風《しおかぜ》　潮時《しおどき》　引《ひ》き潮《しお》

練習

沿（8画）

はらう

読み方
音 エン
訓 そう

使い方
沿岸《えんがん》　沿道《えんどう》　沿線《えんせん》　沿革《えんかく》　海沿《うみぞ》い　山沿《やまぞ》い

練習

乱（7画）

上にはねる

読み方
音 ラン
訓 みだれる　みだす

使い方
混乱《こんらん》　散乱《さんらん》　反乱《はんらん》　乱暴《らんぼう》　取《と》り乱《みだ》す　さき乱《みだ》れる

練習

降（10画）

つき出す

読み方
音 コウ
訓 おりる　おろす　ふる

使い方
降下《こうか》　降参《こうさん》　降雨《こうう》　以降《いこう》　乗降客《じょうこうきゃく》　雨降《あめふ》り　乗《の》り降《お》り

練習

❶ □に漢字を書きましょう。

(1) □□《だんりゅう》にいる魚を調べる。

(2) 快い□□《しおかぜ》がふく。

(3) 海□《ぞ》いの道を歩く。

(4) 海上の雲が□《みだ》れる。

(5) □《ふ》った雨が海に流れる。

(6) □□《えんがん》で魚をとる。

(7) 一日二回□□《まんちょう》になる。

(8) 貝がらが□□《さんらん》する。

(9) □《あたた》かい一日になる。

(10) 昼□□《いこう》は気温が下がる。

1つ8点【80点】

スパイラルコーナー　□に漢字を書きましょう。

(1) 家まで送り□《とど》ける。

(2) 水玉□□《もよう》の服を着る。

1つ10点【20点】

/もう1回チャレンジ!!/

26 海岸へ行こう

学習した日　月　日

名前

目標《もくひょう》時間 20分

得点　/100点

らくらくマルつけ　解説↓175ページ

2626

暖（13画）

少し長く

読み方：音 ダン　訓 あたたか　あたたかい　あたたまる　あたためる

筆順：…暖

練習

使い方：温暖《おんだん》　暖冬《だんとう》　暖流《だんりゅう》　暖色《だんしょく》　暖《だん》ぼう　寒暖計《かんだんけい》　生暖《なまあたた》かい

潮（15画）

とめる

読み方：音 チョウ　訓 しお

筆順：…潮

練習

使い方：潮流《ちょうりゅう》　満潮《まんちょう》　風潮《ふうちょう》　潮風《しおかぜ》　潮時《しおどき》　引《ひ》き潮《しお》

沿（8画）

はらう

読み方：音 エン　訓 そう

筆順：…沿

練習

使い方：沿岸《えんがん》　沿道《えんどう》　沿線《えんせん》　沿革《えんかく》　海沿《うみぞ》い　山沿《やまぞ》い

乱（7画）

上にはねる

読み方：音 ラン　訓 みだれる　みだす

筆順：…乱

練習

使い方：混乱《こんらん》　散乱《さんらん》　反乱《はんらん》　乱暴《らんぼう》　取《と》り乱《みだ》す　さき乱《みだ》れる

降（10画）

つき出す

読み方：音 コウ　訓 おりる　おろす　ふる

筆順：…降

練習

使い方：降下《こうか》　降参《こうさん》　降雨《こうう》　以降《いこう》　乗降客《じょうこうきゃく》　雨降《あめふ》り　乗《の》り降《お》り

1 □に漢字を書きましょう。

(1) □□《だんりゅう》にいる魚を調べる。

(2) 快い□□《しおかぜ》がふく。

(3) 海□《ぞ》いの道を歩く。

(4) 海上の雲が□《みだ》れる。

(5) □《ふ》った雨が海に流れる。

(6) □□《えんがん》で魚をとる。

(7) 一日二回□□《まんちょう》になる。

(8) 貝がらが□□《さんらん》する。

(9) □《あたた》かい一日になる。

(10) 昼□□《いこう》は気温が下がる。

1つ8点【80点】

スパイラルコーナー

□に漢字を書きましょう。

(1) 家まで送り□《とど》ける。

(2) 水玉□□《もよう》の服を着る。

1つ10点【20点】

27 川の流れに注意しよう

学習した日　月　日

名前

目標《もくひょう》時間　20分

得点　／100点

解説↓175ページ

2627

らくらくマルつけ

激（16画）

はらう

音　ゲキ
訓　はげしい

使い方：感激《かんげき》　急激《きゅうげき》　過激《かげき》　激流《げきりゅう》　激動《げきどう》　激痛《げきつう》　激《はげ》しさ

練習：激

姿（9画）

少し出す

音　シ
訓　すがた

使い方：姿勢《しせい》　容姿《ようし》　勇姿《ゆうし》　姿見《すがたみ》　後《うし》ろ姿《すがた》　晴《は》れ姿《すがた》

練習：姿

危（6画）

はねる　上にはねる

音　キ
訓　あぶない　（あやうい）　（あやぶむ）

使い方：危機《きき》　危険《きけん》　危害《きがい》　危《き》とく　危《き》ぐ　危《あぶ》なっかしい

練習：危

至（6画）

長く

音　シ
訓　いたる

使い方：至急《しきゅう》　至難《しなん》　至上《しじょう》　夏至《げし》　冬至《とうじ》　思《おも》い至《いた》る

練習：至

翌（11画）

はねる

音　ヨク
訓　—

使い方：翌日《よくじつ》　翌月《よくげつ》　翌週《よくしゅう》　翌年《よくねん》《よくとし》　翌朝《よくあさ》《よくちょう》　翌々日《よくよくじつ》

練習：翌

1　☐に漢字を書きましょう。

(1) 川の流れが☐《はげ》しい。

(2) 魚の☐《すがた》が見える。

(3) 泳ぐには☐☐《きけん》がある。

(4) 川の上流から海に☐《いた》る。

(5) ☐☐《よくじつ》も川遊びをする。

(6) ☐☐《きゅうげき》に水がにごる。

(7) ☐☐《しせい》に注意して泳ぐ。

(8) 深い川は☐《あぶ》ない。

(9) ☐☐《しきゅう》岸辺に上がる。

(10) ☐☐《よくあさ》には晴れた。

1つ8点【80点】

スパイラルコーナー

☐に漢字を書きましょう。

(1) チョウの☐☐《ようちゅう》を観察する。

(2) ☐☐《きょうてき》が登場する。

1つ10点【20点】

もう1回チャレンジ!!

27 川の流れに注意しよう

学習した日　月　日

名前

目標《もくひょう》時間 20分

得点　／100点

らくらくマルつけ

解説↓175ページ

2627

激

16画

はらう

読み方　音 ゲキ　訓 はげしい

使い方　感激《かんげき》　急激《きゅうげき》　過激《かげき》　激流《げきりゅう》　激動《げきどう》　激痛《げきつう》　激《はげ》しさ

練習

姿

9画

少し出す

読み方　音 シ　訓 すがた

使い方　姿勢《しせい》　容姿《ようし》　勇姿《ゆうし》　姿見《すがたみ》　後《うし》ろ姿《すがた》　晴《は》れ姿《すがた》

練習

危

6画

はねる　上にはねる

読み方　音 キ　訓 あぶない　（あやうい）　（あやぶむ）

使い方　危機《きき》　危険《きけん》　危害《きがい》　危《き》とく　危《き》ぐ　危《あぶ》なっかしい

練習

至

6画

長く

読み方　音 シ　訓 いたる

使い方　至急《しきゅう》　至難《しなん》　至上《しじょう》　夏至《げし》　冬至《とうじ》　思《おも》い至《いた》る

練習

翌

11画

はねる

読み方　音 ヨク　訓 ―

使い方　翌日《よくじつ》　翌月《よくげつ》　翌週《よくしゅう》　翌年《よくねん》　翌朝《よくあさ》《よくちょう》　翌々日《よくよくじつ》

練習

---

❶ □に漢字を書きましょう。

(1) 川の流れが□《はげ》しい。

(2) 魚の□《すがた》が見える。

(3) 泳ぐには□□《きけん》がある。

(4) 川の上流から海に□《いた》る。

(5) □□《よくじつ》も川遊びをする。

(6) □□《きゅうげき》に水がにごる。

(7) □□《しせい》に注意して泳ぐ。

(8) 深い川は□《あぶ》ない。

(9) □□《しきゅう》岸辺に上がる。

(10) □□《よくあさ》には晴れた。

1つ8点【80点】

スパイラルコーナー

□に漢字を書きましょう。

(1) チョウの□□《ようちゅう》を観察する。

(2) □□《きょうてき》が登場する。

1つ10点【20点】

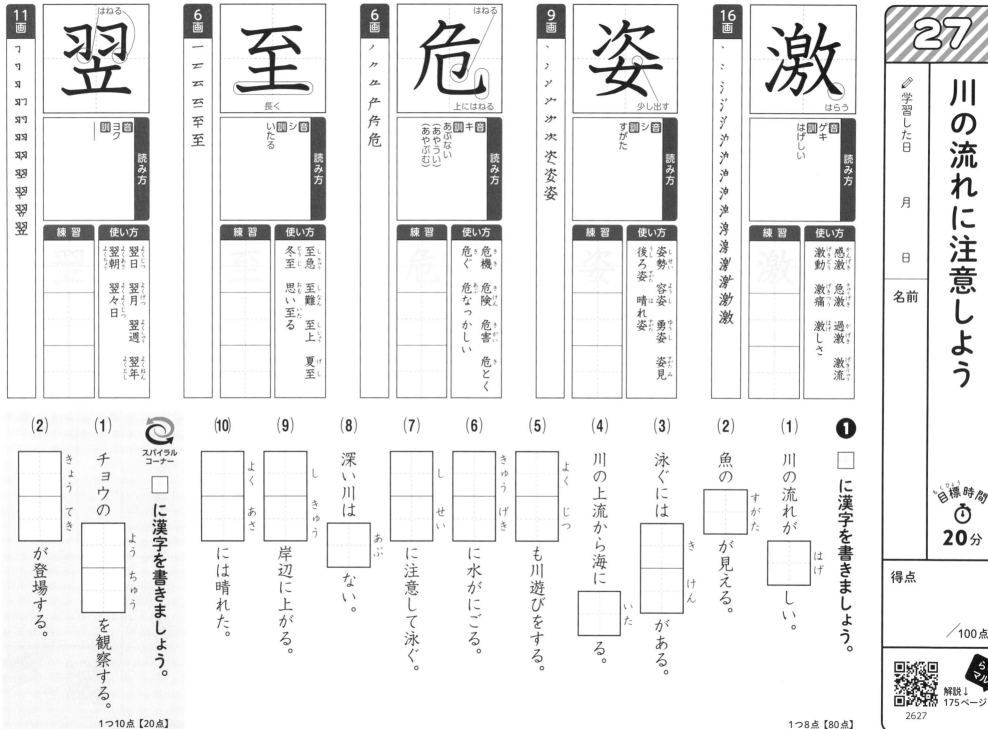

28 高原でのキャンプ

学習した日　月　日

名前

目標時間《もくひょうじかん》 20分

得点　／100点

解説↓ 176ページ

2628

らくらくマルつけ

暮　14画　はなす

読み方　音 (ボ)　訓 くれる　くらす

練習　暮

使い方　夕暮《ゆうぐ》れ　日暮《ひぐ》れ　暮《く》らし　明《あ》け暮《く》れ　年《とし》の暮《く》れ　お歳暮《せいぼ》

晩　12画　角をつけない

読み方　音 バン　訓 ―

練習　晩

使い方　今晩《こんばん》　毎晩《まいばん》　晩秋《ばんしゅう》　晩年《ばんねん》　晩《ばん》ご飯《はん》　晩《ばん》さん会《かい》

灰　6画　とめる

読み方　音 (カイ)　訓 はい

練習　灰

使い方　灰色《はいいろ》　灰皿《はいざら》　遺灰《いはい》　降灰《こうはい》　火山灰《かざんばい》　石灰《せっかい》

磁　14画　形に注意

読み方　音 ジ　訓 ―

練習　磁

使い方　磁石《じしゃく》　磁力《じりょく》　磁気《じき》　磁場《じば》　磁器《じき》　電磁波《でんじは》

---

1 □に漢字を書きましょう。

(1) 高原でのんびり□《く》らす。

(2) □《ばん》ご飯の準備をする。

(3) 炭が燃えて□《はい》になる。

(4) 方位□□《じしゃく》が北を指す。

(5) □□《ゆうぐ》れ時をむかえる。

(6) □□《こんばん》の天気を確かめる。

(7) 空が□□《はいいろ》に見える。

(8) 日が□《く》れて暗くなる。

(9) □□《ばんしゅう》の山が美しい。

(10) □□《じりょく》の強さを測る。

1つ8点【80点】

スパイラルコーナー □に漢字を書きましょう。

(1) □《さが》し物が見つかる。

(2) 仕事に□□《せんねん》する。

1つ10点【20点】

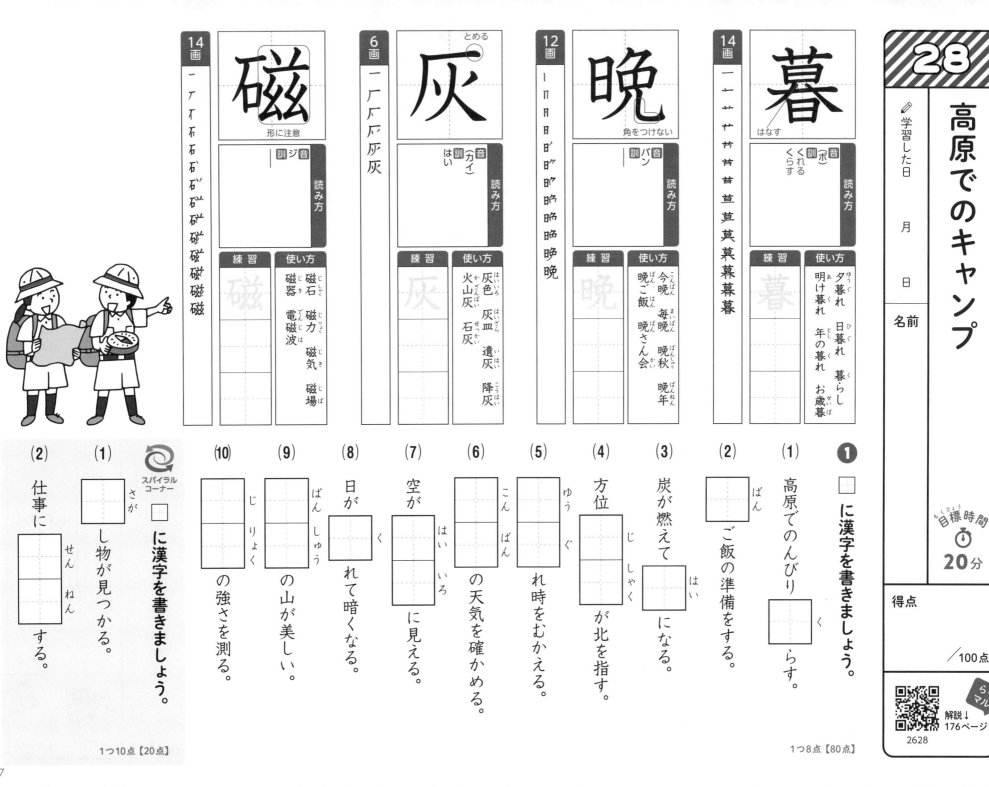

28 高原でのキャンプ

学習した日　月　日

名前

目標《もくひょう》時間 20分

得点　／100点

らくらくマルつけ

解説↓176ページ

2628

14画 **暮**

はなす

読み方　音 (ボ)　訓 くれる　くらす

一 十 艹 艹 芇 苩 苩 莒 莫 莫 莫 慕 暮 暮 暮

練習

使い方　夕暮《ゆうぐ》れ　日暮《ひぐ》れ　暮《く》らし　明《あ》け暮《く》れ　年《とし》の暮《く》れ　お歳暮《せいぼ》

12画 **晩**

角をつけない

読み方　音 バン　訓 ―

丨 冂 日 日 日' 日ク 日ク 昈 晗 晗 晚 晩

練習

使い方　今晩《こんばん》　毎晩《まいばん》　晩秋《ばんしゅう》　晩年《ばんねん》　晩《ばん》ご飯《はん》　晩《ばん》さん会《かい》

6画 **灰**

とめる

読み方　音 (カイ)　訓 はい

一 厂 厂 厉 灰 灰

練習

使い方　灰色《はいいろ》　灰皿《はいざら》　遺灰《いはい》　降灰《こうはい》　火山灰《かざんばい》　石灰《せっかい》

14画 **磁**

形に注意

読み方　音 ジ　訓 ―

一 ア 不 石 石 石' 石'' 矿 矿 砬 砬 磁 磁 磁

練習

使い方　磁石《じしゃく》　磁力《じりょく》　磁気《じき》　磁場《じば》　磁器《じき》　電磁波《でんじは》

❶ □に漢字を書きましょう。

(1) 高原でのんびり□《く》らす。

(2) □《ばん》ご飯の準備をする。

(3) 炭が燃えて□《はい》になる。

(4) 方位□□《じしゃく》が北を指す。

(5) □□《ゆうぐ》れ時をむかえる。

(6) □□《こんばん》の天気を確かめる。

(7) 空が□□《はいいろ》に見える。

(8) 日が□《く》れて暗くなる。

(9) □□《ばんしゅう》の山が美しい。

(10) □□《じりょく》の強さを測る。

1つ8点【80点】

スパイラルコーナー

□に漢字を書きましょう。

(1) □《さが》し物が見つかる。

(2) 仕事に□□《せんねん》する。

1つ10点【20点】

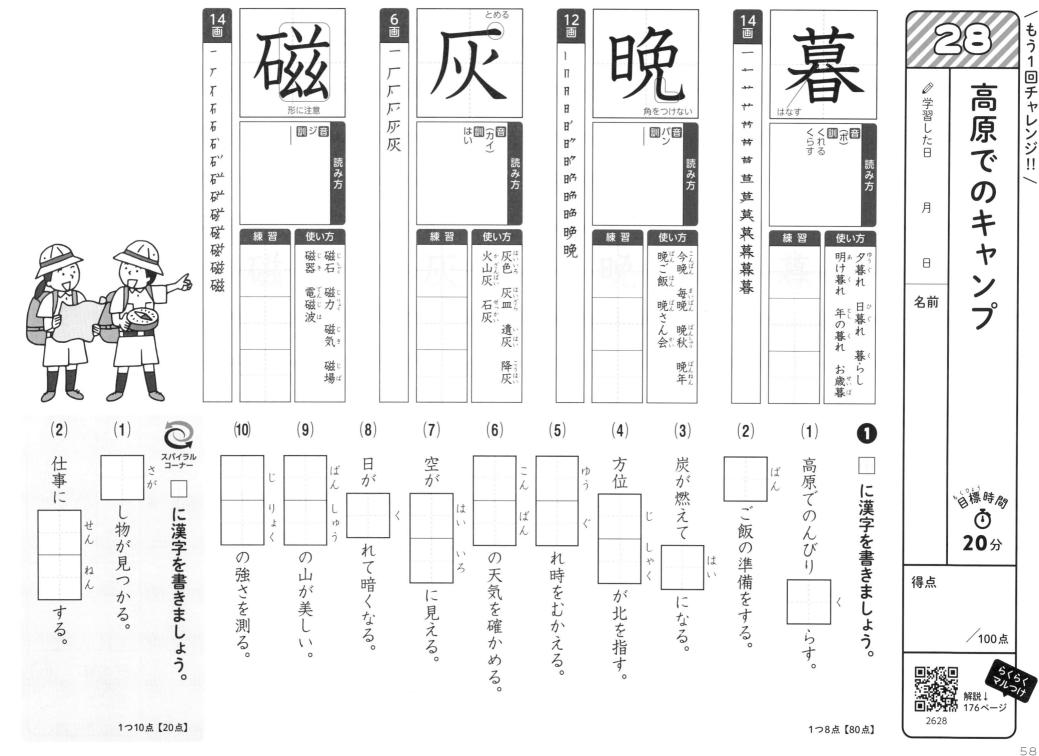

29 まとめのテスト 7

学習した日　月　日

名前

目標《もくひょう》時間 20分

得点　／100点

らくらくマルつけ

解説↓ 176ページ

2629

1 （　）に――線の読みがなを書きましょう。

1つ4点【52点】

(1) 大きな音がして取り乱す。（　）

(2) 年の暮れをむかえる。（　）

(3) 定規で垂線を引く。（　）

(4) 新記録を樹立する。（　）

(5) 紅白の組に分かれる。（　）

(6) 反乱が起こる。（　）

(7) 昨年は暖冬だった。（　）

(8) 激動の時代を生きぬく。（　）

(9) 沿道からおうえんする。（　）

(10) 紅花を育てる。（　）

(11) 翌週の予定を調べる。（　）

(12) 寒暖計で温度を計る。（　）

(13) 果樹園を見学する。（　）

2 □に漢字を書きましょう。

1つ4点【48点】

(1) 晴れ□《すがた》を見せる。

(2) 新たな事実に思い□《いた》る。

(3) □□《あめふ》りの一日となる。

(4) 山の□□《ちょうじょう》をめざす。

(5) 鉄が□□《じき》を帯びる。

(6) □□《かげき》な運動をさける。

(7) 選手の□□《ゆうし》に感動する。

(8) 計画が□□《きき》をむかえる。

(9) □□《こんばん》は月がきれいだ。

(10) 富士山□□《とうちょう》に成功する。

(11) □□《げきりゅう》をボートで下る。

(12) □□□《じょうこうきゃく》の数を調べる。

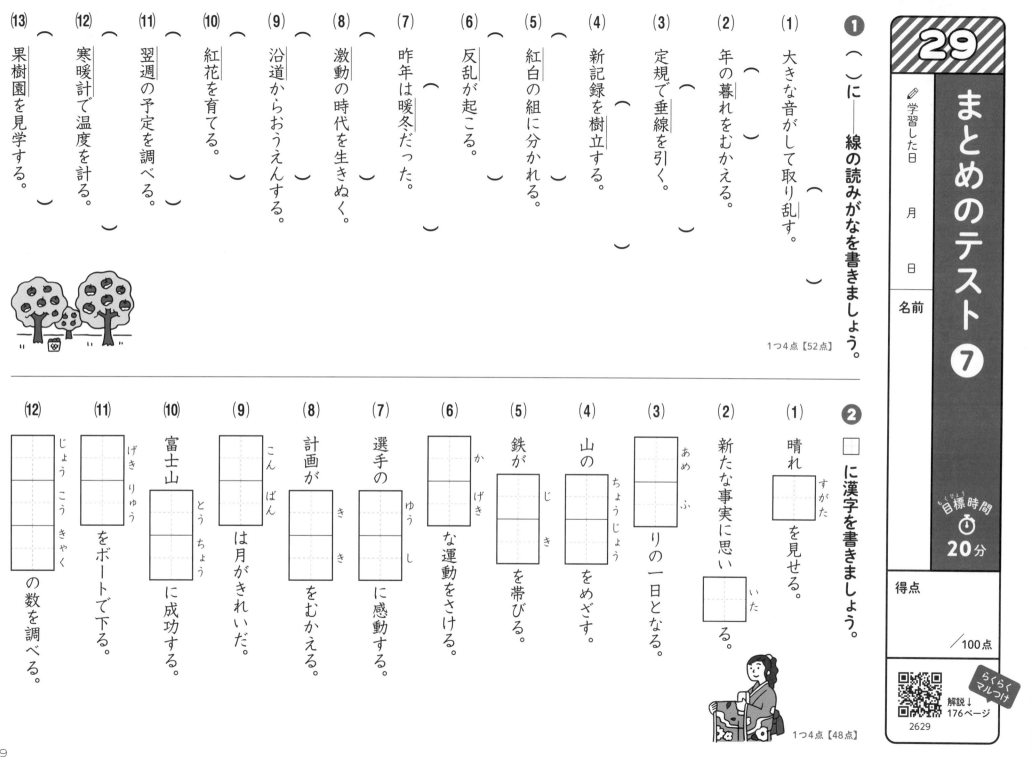

もう1回チャレンジ!!

29 まとめのテスト⑦

学習した日　　月　　日

名前

目標時間《もくひょうじかん》 20分

得点　　／100点

解説↓ 176ページ

2629

らくらくマルつけ

❶ （　）に――線の読みがなを書きましょう。

1つ4点【52点】

(1) 大きな音がして取り乱す。（　　）

(2) 年の暮れをむかえる。（　　）

(3) 定規で垂線を引く。（　　）

(4) 新記録を樹立する。（　　）

(5) 紅白の組に分かれる。（　　）

(6) 反乱が起こる。（　　）

(7) 昨年は暖冬だった。（　　）

(8) 激動の時代を生きぬく。（　　）

(9) 沿道からおうえんする。（　　）

(10) 紅花を育てる。（　　）

(11) 翌週の予定を調べる。（　　）

(12) 寒暖計で温度を計る。（　　）

(13) 果樹園を見学する。（　　）

❷ □に漢字を書きましょう。

1つ4点【48点】

(1) 晴れ□《すがた》を見せる。

(2) 新たな事実に思い□《いた》る。

(3) □《あめ》□《ふ》りの一日となる。

(4) 山の□《ちょう》□《じょう》をめざす。

(5) 鉄が□《じ》□《き》を帯びる。

(6) □《か》□《げき》な運動をさける。

(7) 選手の□《ゆう》□《し》に感動する。

(8) 計画が□《き》□《き》をむかえる。

(9) □《こん》□《ばん》は月がきれいだ。

(10) 富士山□《とう》□《ちょう》に成功する。

(11) □《げき》□《りゅう》をボートで下る。

(12) □《じょう》□《こう》□《きゃく》の数を調べる。

30 まとめのテスト 8

✎学習した日　　月　　日

名前

目標《もくひょう》時間　20分

得点　　／100点

らくらくマルつけ

解説↓176ページ

2630

1 （　）に――線の読みがなを書きましょう。

1つ4点【52点】

(1) 海沿いの道を進む。（　）
(2) 頂き物のお礼を言う。（　）
(3) 雨垂れの音を聞く。（　）
(4) 冬至にかぼちゃを食べる。（　）
(5) 川の源《げん》泉をたどる。（　）
(6) 磁場の強さを測る。（　）
(7) 作家の晩年を知る。（　）
(8) 相手に危害を加える。（　）
(9) 至上の喜びを感じる。（　）
(10) 姿見に全身を映《うつ》す。（　）
(11) 組織の頂点に立つ。（　）
(12) 機体が降下する。（　）
(13) 電磁波を測定する。（　）

2 □に漢字を書きましょう。

1つ4点【48点】

(1) 引き□《しお》のはま辺を歩く。
(2) 桜の花がさき□《みだ》れる。
(3) 南国は気候が□□《おんだん》だ。
(4) □□《よくげつ》の予定を立てる。
(5) □□《はいざら》を片《かた》づける。
(6) □□《ひぐ》れの時間になる。
(7) 時代の□□《ふうちょう》に逆らう。
(8) 新しい□□《くちべに》を買う。
(9) 部屋の□《だん》ぼうをつける。
(10) □□《らんぼう》な言い方をする。
(11) □□□《かざんばい》が積もる。
(12) □□□《らくようじゅ》が色づく。

もう1回チャレンジ!!

30 まとめのテスト 8

学習した日　月　日

名前

目標時間《もくひょうじかん》 20分

得点

／100点

解説↓ 176ページ

2630

らくらくマルつけ

1 （ ）に——線の読みがなを書きましょう。

1つ4点【52点】

(1) 海沿いの道を進む。（ ）

(2) 頂き物のお礼を言う。（ ）

(3) 雨垂れの音を聞く。（ ）

(4) 冬至にかぼちゃを食べる。（ ）

(5) 川の源《げん》泉をたどる。（ ）

(6) 磁場の強さを測る。（ ）

(7) 作家の晩年を知る。（ ）

(8) 相手に危害を加える。（ ）

(9) 至上の喜びを感じる。（ ）

(10) 姿見に全身を映《うつ》す。（ ）

(11) 組織の頂点に立つ。（ ）

(12) 機体が降下する。（ ）

(13) 電磁波を測定する。（ ）

2 □に漢字を書きましょう。

1つ4点【48点】

(1) 引き□《しお》のはま辺を歩く。

(2) 桜の花がさき□《みだ》れる。

(3) 南国は気候が□□《おんだん》だ。

(4) □□《よくげつ》の予定を立てる。

(5) □□《はいざら》を片《かた》づける。

(6) □□《ひぐ》れの時間になる。

(7) 時代の□□《ふうちょう》に逆らう。

(8) 新しい□□《くちべに》を買う。

(9) 部屋の□《だん》ぼうをつける。

(10) □□《らんぼう》な言い方をする。

(11) □□□《かざんばい》が積もる。

(12) □□□《らくようじゅ》が色づく。

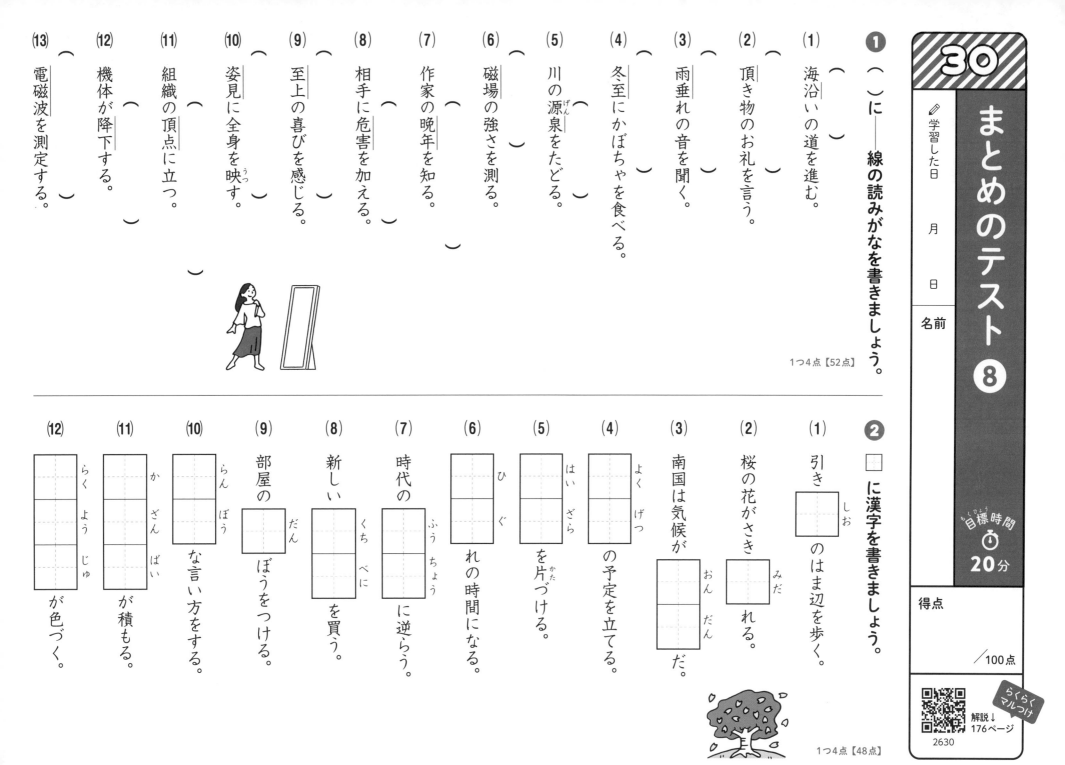

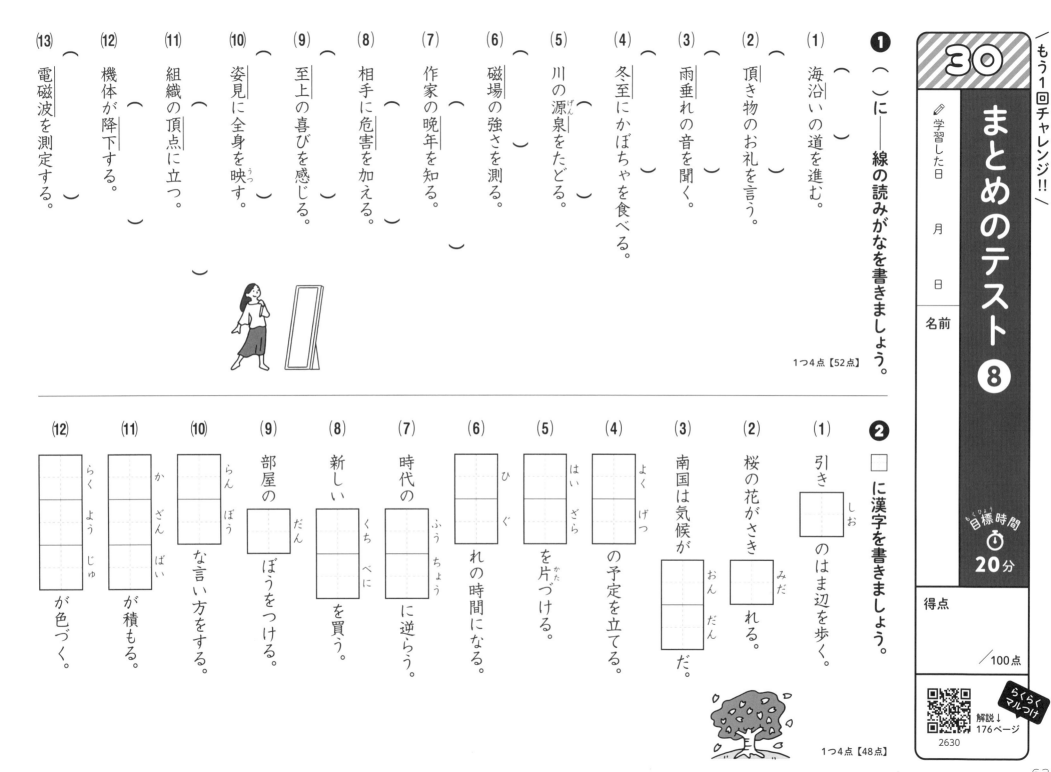

31 パズル・実践《せん》 ⑦

学習した日　月　日

名前

目標《もくひょう》時間 20分

得点　／100点

らくらくマルつけ

解説↓ 176ページ

2631

❶ 矢印の向きに読むと熟語《じゅくご》になるように、次の□に入る漢字を書きましょう。 1つ6点【12点】

(1) 反　散　混 → □

(2) 感　急　過 → □

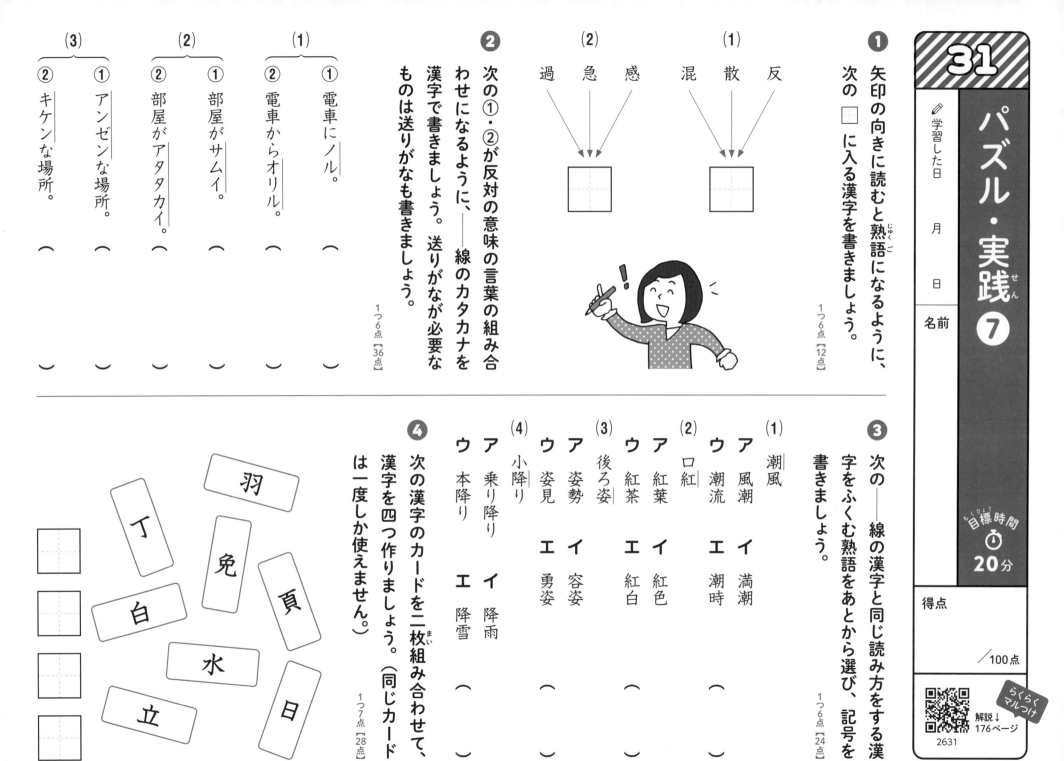

❷ 次の①・②が反対の意味の言葉の組み合わせになるように、——線のカタカナを漢字で書きましょう。送りがなが必要なものは送りがなも書きましょう。 1つ6点【36点】

(1) ① 電車にノル。（　　）
② 電車からオリル。（　　）

(2) ① 部屋がサムイ。（　　）
② 部屋がアタタカイ。（　　）

(3) ① アンゼンな場所。（　　）
② キケンな場所。（　　）

❸ 次の——線の漢字と同じ読み方をする漢字をふくむ熟語をあとから選び、記号を書きましょう。 1つ6点【24点】

(1) 潮風（　　）
ア 風潮　イ 満潮
ウ 潮流　エ 潮時

(2) 口紅（　　）
ア 紅葉　イ 紅色
ウ 紅茶　エ 紅白

(3) 後ろ姿（　　）
ア 姿勢　イ 容姿
ウ 姿見　エ 勇姿

(4) 小降り（　　）
ア 乗り降り　イ 降雨
ウ 本降り　エ 降雪

❹ 次の漢字のカードを二枚組《まい》み合わせて、漢字を四つ作りましょう。（同じカードは一度しか使えません。） 1つ7点【28点】

羽　丁　免　頁　白　水　日　立

□
□
□
□

もう1回チャレンジ!!

31 パズル・実践《せん》⑦

学習した日　月　日

名前

目標《もくひょう》時間　20分

得点　／100点

らくらくマルつけ

解説↓176ページ

2631

❶ 矢印の向きに読むと熟語《じゅくご》になるように、次の□に入る漢字を書きましょう。　1つ6点【12点】

(1) 反　散　混　→　□

(2) 感　急　過　→　□

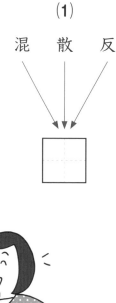

❷ 次の①・②が反対の意味の言葉の組み合わせになるように、――線のカタカナを漢字で書きましょう。送りがなが必要なものは送りがなも書きましょう。　1つ6点【36点】

(1) ① 電車にノル。（　　）
② 電車からオリル。（　　）

(2) ① 部屋がサムイ。（　　）
② 部屋がアタタカイ。（　　）

(3) ① アンゼンな場所。（　　）
② キケンな場所。（　　）

❸ 次の――線の漢字と同じ読み方をする漢字をふくむ熟語をあとから選び、記号を書きましょう。　1つ6点【24点】

(1) 潮風　**ア** 風潮　**イ** 満潮　**ウ** 潮流　**エ** 潮時　（　　）

(2) 口紅　**ア** 紅葉　**イ** 紅色　**ウ** 紅茶　**エ** 紅白　（　　）

(3) 後ろ姿　**ア** 姿勢　**イ** 容姿　**ウ** 姿見　**エ** 勇姿　（　　）

(4) 小降り　**ア** 乗り降り　**イ** 降雨　**ウ** 本降り　**エ** 降雪　（　　）

❹ 次の漢字のカードを二枚《まい》組み合わせて、漢字を四つ作りましょう。（同じカードは一度しか使えません。）　1つ7点【28点】

羽　丁　免　頁　白　水　立　日

□　□　□　□

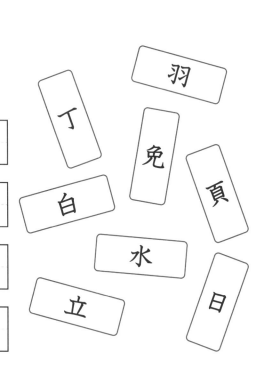

32

パズル・実践《せん》 8

学習した日　月　日

名前

目標《もくひょう》時間 20分

得点

／100点

解説↓177ページ

らくらくマルつけ

2632

1 次の文には、漢字のまちがいが一つずつあります。その漢字を見つけ、正しく書き直しましょう。

全部できて1つ8点【32点】

(1) 大雨《おおあめ》のため、屋根《やね》から水《みず》が乗《た》れる。　□→□

(2) 日《ひ》が墓《く》れて、空《そら》が暗《くら》くなってきた。　□→□

(3) 引《ひ》き朝《しお》になると向《む》こう岸《ぎし》にわたれる。　□→□

(4) 運動会《うんどうかい》の習日《よくじつ》は、学校《がっこう》が休《やす》みだ。　□→□

2 次の漢字の画数を数字で書きましょう。

1つ7点【28点】

(1) 灰……（　　）画

(2) 磁……（　　）画

(3) 晩……（　　）画

(4) 至……（　　）画

---

3 次は、ある観光スポットのホームページの一部です。

ひのき村自然公園紅葉情報

10月中ごろには①落葉樹が②紅葉して見ごろをむかえます。③山頂からは、海に④ソった地形を見ることができます。⑤ユウグれには美しい空を見ることができます。また、ふもとには⑥オンセンがあり、つかれた体をいやすこともできます。

※冬場は積雪があり、単独での登山は危ぶないのでひかえてください。

(1) ——線①～③の漢字の読みをひらがなで書きましょう。また、——線④～⑥のカタカナを漢字に直して書きましょう。

1つ6点【36点】

①（　　）　②（　　）

③（　　）

④（　　）　⑤（　　）

⑥（　　）

(2) 右のホームページには、送りがながまちがっている漢字が一つあります。その漢字を見つけ、送りがなをふくめて正しく書き直しましょう。

【4点】

（　　）→（　　）

＼もう1回チャレンジ!!／

32

パズル・実践《せん》 8

学習した日　月　日

名前

目標《もくひょう》時間 20分

得点　／100点

らくらくマルつけ

解説↓177ページ

2632

❶ 次の文には、漢字のまちがいが一つずつあります。その漢字を見つけ、正しく書き直しましょう。

全部できて1つ8点【32点】

(1) 大雨《おおあめ》のため、屋根《やね》から水《みず》が乗《た》れる。 □→□

(2) 日《ひ》が墓《く》れて、空《そら》が暗《くら》くなってきた。 □→□

(3) 引《ひ》き朝《しお》になると向《む》こう岸《ぎし》にわたれる。 □→□

(4) 運動会《うんどうかい》の習日《よくじつ》は、学校《がっこう》が休《やす》みだ。 □→□

❷ 次の漢字の画数を数字で書きましょう。

1つ7点【28点】

(1) 灰……（　）画

(2) 磁……（　）画

(3) 晩……（　）画

(4) 至……（　）画

❸ 次は、ある観光スポットのホームページの一部です。

ひのき村自然公園紅葉情報

10月中ごろには①落葉樹が②紅葉して見ごろをむかえます。③山頂からは、海に④ソった地形を見ることができます。⑤ユウグれには美しい空を見ることができます。また、ふもとには⑥オンセンがあり、つかれた体をいやすこともできます。

※冬場は積雪があり、単独での登山は危ぶないのでひかえてください。

(1) ——線①〜③の漢字の読みをひらがなで書きましょう。また、——線④〜⑥のカタカナを漢字に直して書きましょう。

1つ6点【36点】

①（　）　②（　）

③（　）

④（　）　⑤（　）

⑥（　）

(2) 右のホームページには、送りがながまちがっている漢字が一つあります。その漢字を見つけ、送りがなをふくめて正しく書き直しましょう。

【4点】

（　）→（　）

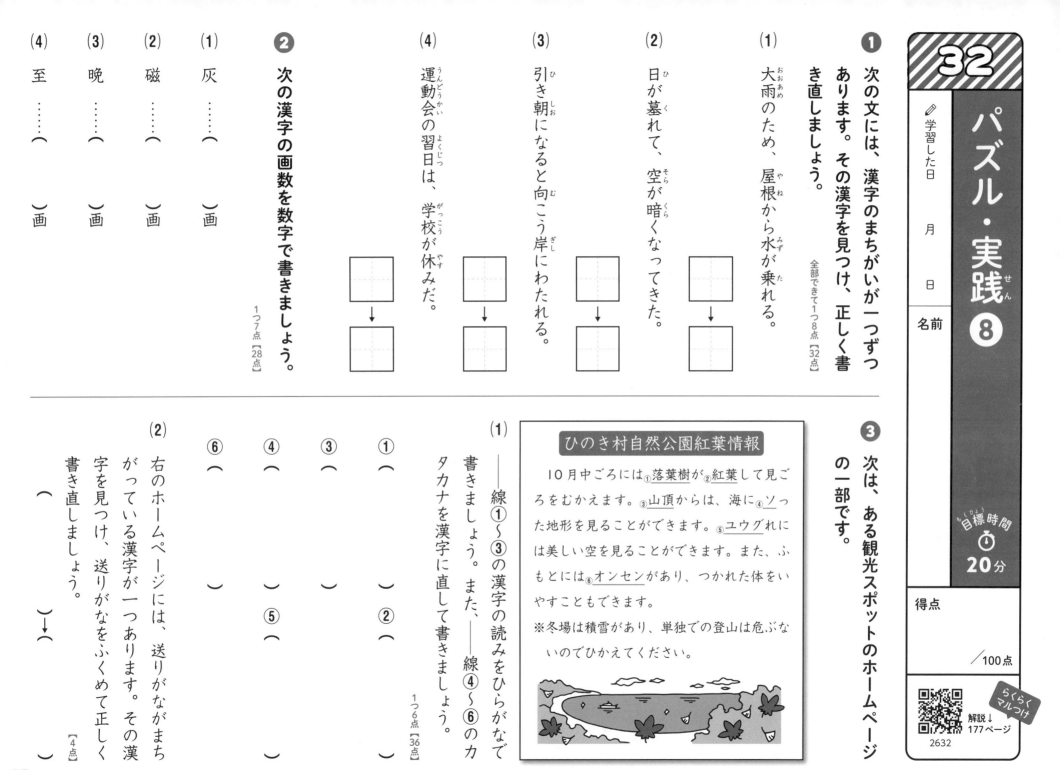

33 駅へ行こう

学習した日　月　日

名前

目標時間《もくひょうじかん》 20分

得点　／100点

らくらくマルつけ

解説↓177ページ

2633

郷 11画

形に注意

読み方　音 キョウ（ゴウ）　訓 ―

使い方　故郷《こきょう》　帰郷《ききょう》　郷土《きょうど》　郷里《きょうり》　異郷《いきょう》　理想郷《りそうきょう》

練習　郷

片 4画

折ってのばす

読み方　音（ヘン）　訓 かた

使い方　片手《かたて》　片道《かたみち》　片側《かたがわ》　片時《かたとき》　片《かた》すみ　片手間《かたてま》

練習　片

刻 8画

形に注意

読み方　音 コク　訓 きざむ

使い方　時刻《じこく》　夕刻《ゆうこく》　深刻《しんこく》　刻印《こくいん》　ちょう刻《こく》　小刻《こきざ》み

練習　刻

並 8画

長く

読み方　音（ヘイ）　訓 なみ　ならべる　ならぶ　ならびに

使い方　町並《まちなみ》　人並《ひとなみ》　月並《つきなみ》　毛並《けなみ》　並木道《なみきみち》　歯並《はなら》び　並列《へいれつ》

練習　並

延 8画

左下にはらう

読み方　音 エン　訓 のびる　のべる　のばす

使い方　延期《えんき》　延長《えんちょう》　順延《じゅんえん》　延命《えんめい》　生《い》き延《の》びる　引《ひ》き延《の》ばす

練習　延

---

1 □に漢字を書きましょう。

(1) □《こきょう》に汽車で帰る。

(2) □《かたみち》の切ぷを買う。

(3) 発車の□《じこく》を確かめる。

(4) 乗車券《けん》を買う列に□《なら》ぶ。

(5) 出発を一日□《の》ばす。

(6) 駅まで□《なみきみち》が続く。

(7) □《かたて》で荷物を持つ。

(8) 旅行が□《えんき》になる。

(9) 年末に□《ききょう》する。

(10) 思い出を心に□《きざ》む。

1つ8点【80点】

スパイラルコーナー

□に漢字を書きましょう。

(1) 熱い□《こうちゃ》を飲む。

(2) □《がいろじゅ》の葉が散る。

1つ10点【20点】

もう1回チャレンジ!!

33 駅へ行こう

学習した日　月　日

名前

目標《もくひょう》時間 20分

得点　／100点

解説↓ 177ページ

らくらくマルつけ

2633

郷（11画）

形に注意

筆順：㇛ 纟 乡 乡' 乡ヨ 犭 犭 犭 犭 犭 郷

読み方　音 キョウ（ゴウ）　訓 ―

使い方　故郷《こきょう》　帰郷《ききょう》　郷土《きょうど》　郷里《きょうり》　異郷《いきょう》　理想郷《りそうきょう》

練習

片（4画）

折ってのばす

筆順：丿 丿' 片' 片

読み方　音 （ヘン）　訓 かた

使い方　片手《かたて》　片道《かたみち》　片側《かたがわ》　片時《かたとき》　片《かた》すみ　片手間《かたてま》

練習

刻（8画）

形に注意

筆順：丶 亠 亠 亥 亥 亥 亥 刻

読み方　音 コク　訓 きざむ

使い方　時刻《じこく》　夕刻《ゆうこく》　深刻《しんこく》　刻印《こくいん》　ちょう刻《こく》　小刻《こきざ》み

練習

並（8画）

長く

筆順：丶 丷 䒑 䒑 并 并 并 並

読み方　音 （ヘイ）　訓 なみ　ならべる　ならぶ　ならびに

使い方　町並《まちなみ》　人並《ひとなみ》　月並《つきなみ》　毛並《けなみ》　並木道《なみきみち》　歯並《はなら》び　並列《へいれつ》

練習

延（8画）

左下にはらう

筆順：一 丅 千 千 正 证 延 延

読み方　音 エン　訓 のびる　のべる　のばす

使い方　延期《えんき》　延長《えんちょう》　順延《じゅんえん》　延命《えんめい》　生《い》き延《の》びる　引《ひ》き延《の》ばす

練習

---

❶ □に漢字を書きましょう。　1つ8点【80点】

(1) [　　]《こきょう》に汽車で帰る。

(2) [　　]《かたみち》の切ぷを買う。

(3) 発車の[　　]《じこく》を確かめる。

(4) 乗車券《けん》を買う列に[　]《なら》ぶ。

(5) 出発を一日[　]《の》ばす。

(6) 駅まで[　　　]《なみきみち》が続く。

(7) [　　]《かたて》で荷物を持つ。

(8) 旅行が[　　]《えんき》になる。

(9) 年末に[　　]《ききょう》する。

(10) 思い出を心に[　]《きざ》む。

スパイラルコーナー

□に漢字を書きましょう。　1つ10点【20点】

(1) 熱い[　　]《こうちゃ》を飲む。

(2) [　　　]《がいろじゅ》の葉が散る。

34

映画館《えいがかん》に行こう

学習した日　月　日

名前

目標時間《もくひょうじかん》 20分

得点　／100点

らくらくマルつけ

解説↓ 177ページ

2634

映　9画

左右につき出す

読み方　音 エイ　訓 うつる　うつす　（はえる）

使い方：映画《えいが》　映像《えいぞう》　上映《じょうえい》　放映《ほうえい》　反映《はんえい》　映写機《えいしゃき》　映《うつ》し出《だ》す

練習　映

俳　10画

はらう

読み方　音 ハイ　訓 ―

使い方：俳優《はいゆう》　俳句《はいく》　俳人《はいじん》　俳諧《はいかい》

練習　俳

宣　9画

長く

読み方　音 セン　訓 ―

使い方：宣伝《せんでん》　宣言《せんげん》　宣《せん》せい　宣告《せんこく》　宣戦《せんせん》

練習　宣

劇　15画

はねる

読み方　音 ゲキ　訓 ―

使い方：演劇《えんげき》　劇場《げきじょう》　悲劇《ひげき》　劇的《げきてき》　劇薬《げきやく》　時代劇《じだいげき》

練習　劇

退　9画

とめる

読み方　音 タイ　訓 しりぞく　しりぞける

使い方：退場《たいじょう》　引退《いんたい》　辞退《じたい》　退治《たいじ》　後退《こうたい》　退院《たいいん》

練習　退

---

1 □に漢字を書きましょう。　1つ8点【80点】

(1) □《えいがかん》に行く。

(2) □《はいゆう》が演技をする。

(3) 作品の□《せんでん》をする。

(4) □《じだいげき》を見る。

(5) 順番に□《たいじょう》する。

(6) □《ひげき》を演じる。

(7) 役者の仕事から□《しりぞ》く。

(8) 独立を□《せんげん》する。

(9) 鏡に自分の顔を□《うつ》す。

(10) □《はいく》をいくつかよむ。

スパイラルコーナー □に漢字を書きましょう。　1つ10点【20点】

(1) 乗客がバスを□《お》りる。

(2) 頭の中が□《こんらん》する。

もう1回チャレンジ!!

34 映《えい》画《が》館《かん》に行こう

学習した日　月　日

名前

目標《もくひょう》時間 20分

得点　／100点

解説↓ 177ページ

2634

らくらくマルつけ

映（9画）

左右につき出す

読み方　音 エイ　訓 うつる　うつす　(はえる)

使い方：映画《えいが》　映像《えいぞう》　上映《じょうえい》　放映《ほうえい》　反映《はんえい》　映写機《えいしゃき》　映《うつ》し出《だ》す

練習

俳（10画）

はらう

読み方　音 ハイ

使い方：俳優《はいゆう》　俳句《はいく》　俳人《はいじん》　俳諧《はいかい》

練習

宣（9画）

長く

読み方　音 セン

使い方：宣伝《せんでん》　宣言《せんげん》　宣《せん》せい　宣告《せんこく》　宣戦《せんせん》

練習

劇（15画）

はねる

読み方　音 ゲキ

使い方：演劇《えんげき》　劇場《げきじょう》　悲劇《ひげき》　劇的《げきてき》　劇薬《げきやく》　時代劇《じだいげき》

練習

退（9画）

とめる

読み方　音 タイ　訓 しりぞく　しりぞける

使い方：退場《たいじょう》　引退《いんたい》　辞退《じたい》　退治《たいじ》　後退《こうたい》　退院《たいいん》

練習

---

1 □に漢字を書きましょう。

(1) ［えいがかん］に行く。

(2) ［はいゆう］が演技をする。

(3) 作品の［せんでん］をする。

(4) ［じだいげき］を見る。

(5) 順番に［たいじょう］する。

(6) ［ひげき］を演じる。

(7) 役者の仕事から［しりぞ］く。

(8) 独立を［せんげん］する。

(9) 鏡に自分の顔を［うつ］す。

(10) ［はいく］をいくつかよむ。

1つ8点【80点】

スパイラルコーナー

□に漢字を書きましょう。

(1) 乗客がバスを［お］りる。

(2) 頭の中が［こんらん］する。

1つ10点【20点】

35 コンサート会場

学習した日　月　日

名前

目標時間《もくひょうじかん》 20分

得点　／100点

解説↓ 177ページ

らくらくマルつけ

2635

奏（9画）

とめる

読み方　音 ソウ　訓 (かなでる)

練習　奏

使い方：演奏《えんそう》　合奏《がっそう》　前奏《ぜんそう》　独奏《どくそう》　奏上《そうじょう》　吹奏楽《すいそうがく》

揮（12画）

やや長く

読み方　音 キ　訓 ―

練習　揮

使い方：指揮《しき》　発揮《はっき》　指揮者《しきしゃ》　揮発油《きはつゆ》

聖（13画）

つき出さない

読み方　音 セイ　訓 ―

練習　聖

使い方：聖歌《せいか》　聖書《せいしょ》　聖火《せいか》　聖地《せいち》　聖域《せいいき》　神聖《しんせい》

詞（12画）

はねる

読み方　音 シ　訓 ―

練習　詞

使い方：歌詞《かし》　作詞《さくし》　訳詞《やくし》　品詞《ひんし》　名詞《めいし》　動詞《どうし》

幕（13画）

つき出す

読み方　音 マク　バク　訓 ―

練習　幕

使い方：開幕《かいまく》　字幕《じまく》　幕切《まくぎ》れ　垂《た》れ幕《まく》　幕府《ばくふ》　幕末《ばくまつ》

1 □に漢字を書きましょう。

(1) 楽器を□□《えんそう》する。

(2) □□□《しきしゃ》に選ばれる。

(3) □□《せいか》をうたう。

(4) □□《かし》を覚える。

(5) 会場の□《まく》が上がる。

(6) 課題曲を□□《がっそう》する。

(7) 英語で□□《さくし》する。

(8) 実力を□□《はっき》する。

(9) 教会で□□《せいしょ》を読む。

(10) □□《ばくまつ》の文化を調べる。

1つ8点【80点】

スパイラルコーナー　□に漢字を書きましょう。

(1) 後ろ□《すがた》を見かける。

(2) □□《かんげき》して泣き出す。

1つ10点【20点】

もう1回チャレンジ!!

35 コンサート会場

学習した日　月　日

名前

目標時間《もくひょうじかん》 20分

得点　／100点

解説↓ 177ページ

2635

らくらくマルつけ

奏（9画）

とめる

読み方：音 ソウ　訓 (かなでる)

使い方：演奏《えんそう》　合奏《がっそう》　前奏《ぜんそう》　独奏《どくそう》　奏上《そうじょう》　吹奏楽《すいそうがく》

練習

揮（12画）

やや長く

読み方：音 キ　訓

使い方：指揮《しき》　発揮《はっき》　指揮者《しきしゃ》　揮発油《きはつゆ》

練習

聖（13画）

つき出さない

読み方：音 セイ　訓

使い方：聖歌《せいか》　聖書《せいしょ》　聖火《せいか》　聖地《せいち》　聖域《せいいき》　神聖《しんせい》

練習

詞（12画）

はねる

読み方：音 シ　訓

使い方：歌詞《かし》　作詞《さくし》　訳詞《やくし》　品詞《ひんし》　名詞《めいし》　動詞《どうし》

練習

幕（13画）

つき出す

読み方：音 マク バク　訓

使い方：開幕《かいまく》　字幕《じまく》　幕切《まくぎ》れ　垂《た》れ幕《まく》　幕府《ばくふ》　幕末《ばくまつ》

練習

---

1 □に漢字を書きましょう。

(1) 楽器を□□《えんそう》する。

(2) □□□《しきしゃ》に選ばれる。

(3) □□《せいか》をうたう。

(4) □□《かし》を覚える。

(5) 会場の□《まく》が上がる。

(6) 課題曲を□□《がっそう》する。

(7) 英語で□□《さくし》する。

(8) 実力を□□《はっき》する。

(9) 教会で□□《せいしょ》を読む。

(10) □□《ばくまつ》の文化を調べる。

1つ8点【80点】

スパイラルコーナー　□に漢字を書きましょう。

(1) 後ろ□《すがた》を見かける。

(2) □□《かんげき》して泣き出す。

1つ10点【20点】

36 プラネタリウム

学習した日　月　日

名前

目標《もくひょう》時間 20分

得点　／100点

解説↓ 178ページ　らくらくマルつけ

2636

字	画数	筆順	読み方	使い方
宇（はねる）	6画	丶 ⺀ 宀 宀 宇 宇	音 ウ　訓	宇宙《うちゅう》　宇治茶《うじちゃ》
宙（つき出す）	8画	丶 ⺀ 宀 宀 宁 宙 宙 宙	音 チュウ　訓	宙返《ちゅうがえ》り　宙《ちゅう》づり　宙《ちゅう》ぶらりん
系（左にはらう）	7画	一 ㇀ 幺 幺 系 系 系	音 ケイ　訓	家系《かけい》　系統《けいとう》　系図《けいず》　体系《たいけい》　太陽系《たいようけい》　銀河系《ぎんがけい》
座（とめる）	10画	丶 亠 广 广 庂 広 应 应 座 座	音 ザ　訓 （すわる）	星座《せいざ》　座席《ざせき》　正座《せいざ》　一座《いちざ》　口座《こうざ》　座談会《ざだんかい》

練習

1 □に漢字を書きましょう。

1つ8点【80点】

(1) □□《うちゅう》は広がり続ける。

(2) □□□《たいようけい》について学ぶ。

(3) □□《せいざ》の名前を覚える。

(4) □□□《ぎんがけい》の研究をする。

(5) □□□《うちゅうせん》を開発する。

(6) 自分の□□《ざせき》に着く。

(7) 無重力では□《ちゅう》にうく。

(8) □□《せいざ》して姿勢《しせい》を正す。

(9) 空中で□□《ちゅうがえ》りをする。

(10) 同じ□□《けいとう》の色でぬる。

スパイラルコーナー □に漢字を書きましょう。

1つ10点【20点】

(1) 一人□《ぐ》らしを始める。

(2) □□《まいばん》読書をする。

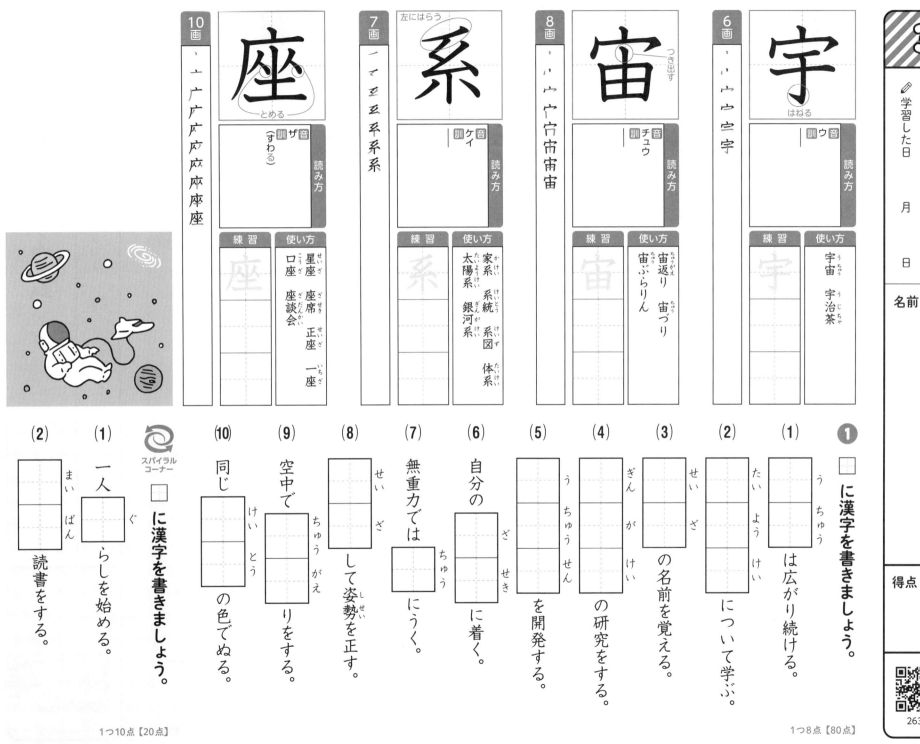

もう1回チャレンジ!!

36 プラネタリウム

学習した日　月　日

名前

目標時間《もくひょうじかん》 20分

得点　／100点

解説↓178ページ

2636

らくらくマルつけ

宇（6画）

はねる

音 ウ　訓

読み方

使い方：宇宙《うちゅう》　宇治茶《うじちゃ》

練習

宙（8画）

つき出す

音 チュウ　訓

読み方

使い方：宙返《ちゅうがえ》り　宙《ちゅう》づり　宙《ちゅう》ぶらりん

練習

系（7画）

左にはらう

音 ケイ　訓

読み方

使い方：家系《かけい》　系統《けいとう》　系図《けいず》　体系《たいけい》　太陽系《たいようけい》　銀河系《ぎんがけい》

練習

座（10画）

とめる

音 ザ　訓 （すわる）

読み方

使い方：星座《せいざ》　座席《ざせき》　正座《せいざ》　一座《いちざ》　口座《こうざ》　座談会《ざだんかい》

練習

1 □に漢字を書きましょう。

(1) □□《うちゅう》は広がり続ける。

(2) □□□《たいようけい》について学ぶ。

(3) □□《せいざ》の名前を覚える。

(4) □□□《ぎんがけい》の研究をする。

(5) □□□《うちゅうせん》を開発する。

(6) 自分の□□《ざせき》に着く。

(7) 無重力では□《ちゅう》にうく。

(8) □□《せいざ》して姿勢《しせい》を正す。

(9) 空中で□《ちゅうがえ》りをする。

(10) 同じ□□《けいとう》の色でぬる。

1つ8点【80点】

スパイラルコーナー

□に漢字を書きましょう。

(1) 一人□《ぐ》らしを始める。

(2) □□《まいばん》読書をする。

1つ10点【20点】

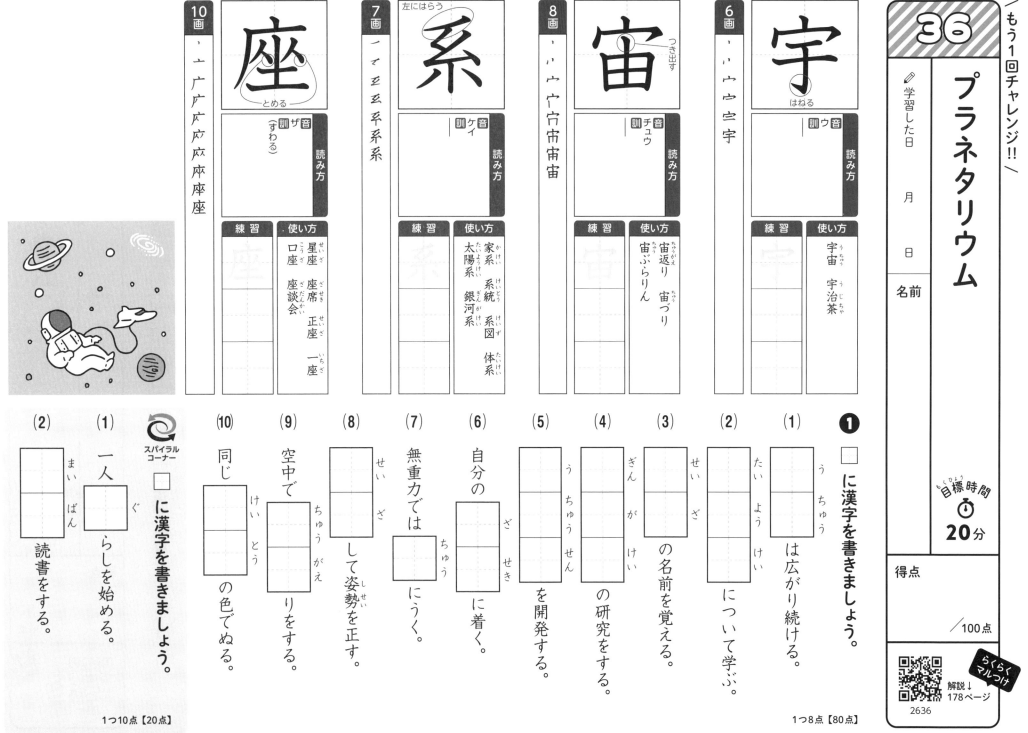

37

まとめのテスト 9

学習した日　月　日

名前

目標《もくひょう》時間 20分

得点　／100点

解説↓ 178ページ

らくらくマルつけ

2637

1 （　）に――線の読みがなを書きましょう。

1つ4点【52点】

(1) 新しい計画の指揮をとる。（　）
(2) あっけない幕切れとなる。（　）
(3) 片時も忘《わす》れたことがない。（　）
(4) 番組を放映する。（　）
(5) 犬の毛並を整える。（　）
(6) 人生が劇的に変化する。（　）
(7) 山を神聖なものとする。（　）
(8) 江戸《えど》幕府について学ぶ。（　）
(9) 劇薬を注意してあつかう。（　）
(10) 意見を反映する。（　）
(11) チェロの独奏をきく。（　）
(12) 人並の生活を送る。（　）
(13) 片手間に小説を書く。（　）

2 □に漢字を書きましょう。

(1) 出発を引き□《の》ばす。
(2) 有害な虫を□□《たいじ》する。
(3) □□《きょうど》料理を食べる。
(4) □□《しんこく》な表情になる。
(5) 病名を□□《せんこく》する。
(6) □□《どうし》の意味を調べる。
(7) 野球選手が□□《いんたい》する。
(8) □□《えんめい》処置《しょち》を行う。
(9) 大会の選手□《せん》せいをする。
(10) □□《ゆうこく》の空をながめる。
(11) □□□《ざだんかい》が開かれる。
(12) □□□《りそうきょう》を求める。

1つ4点【48点】

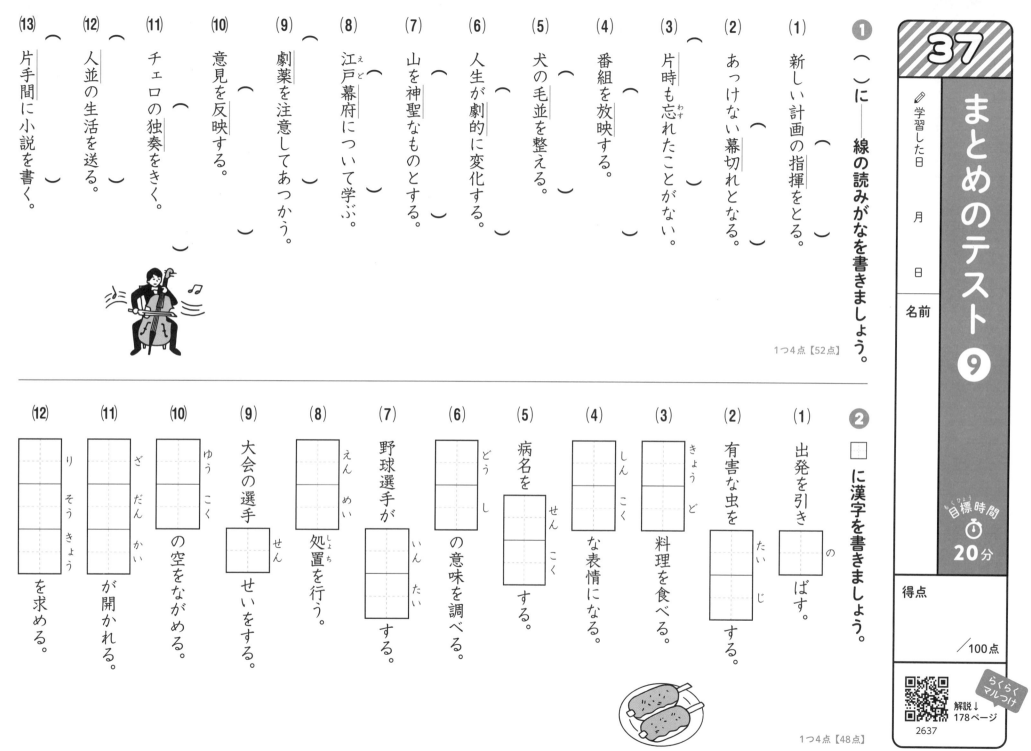

＼もう1回チャレンジ!!／

37 まとめのテスト 9

学習した日　月　日

名前

目標《もくひょう》時間 20分

得点　／100点

らくらくマルつけ

解説↓178ページ

2637

1 （　）に——線の読みがなを書きましょう。

1つ4点【52点】

(1) 新しい計画の指揮をとる。（　　）

(2) あっけない幕切れとなる。（　　）

(3) 片時も忘《わす》れたことがない。（　　）

(4) 番組を放映する。（　　）

(5) 犬の毛並を整える。（　　）

(6) 人生が劇的に変化する。（　　）

(7) 山を神聖なものとする。（　　）

(8) 江戸《えど》幕府について学ぶ。（　　）

(9) 劇薬を注意してあつかう。（　　）

(10) 意見を反映する。（　　）

(11) チェロの独奏をきく。（　　）

(12) 人並の生活を送る。（　　）

(13) 片手間に小説を書く。（　　）

2 □に漢字を書きましょう。

1つ4点【48点】

(1) 出発を引き□《の》ばす。

(2) 有害な虫を□□《たいじ》する。

(3) □□《きょうど》料理を食べる。

(4) □□《しんこく》な表情になる。

(5) 病名を□□《せんこく》する。

(6) □□《どうし》の意味を調べる。

(7) 野球選手が□□《いんたい》する。

(8) □□《えんめい》処置《しょち》を行う。

(9) 大会の選手□《せん》せいをする。

(10) □□《ゆうこく》の空をながめる。

(11) □□□《ざだんかい》が開かれる。

(12) □□□《りそうきょう》を求める。

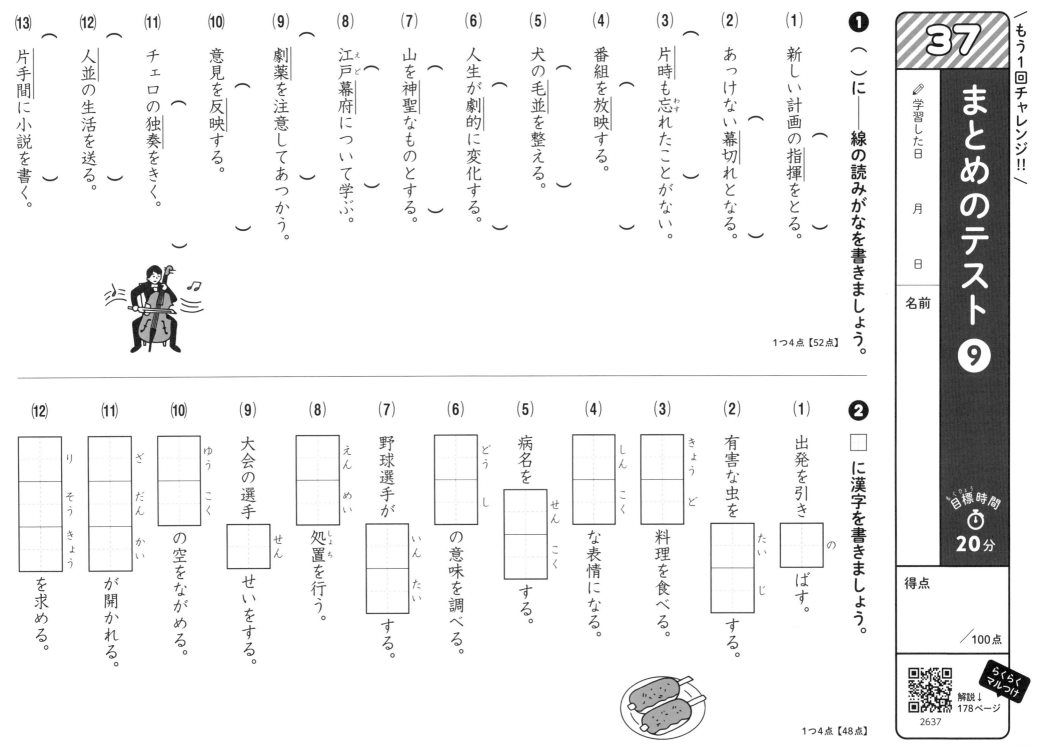

38

まとめのテスト⑩

学習した日　月　日

名前

目標《もくひょう》時間　20分

得点　／100点

らくらくマルつけ

解説↓178ページ

2638

1 （　）に――線の読みがなを書きましょう。

1つ4点【52点】

(1) 体が宙ぶらりんになる。（　　）

(2) 小刻みに針《はり》がふるえる。（　　）

(3) 異郷で生活を始める。（　　）

(4) 災害から生き延びる。（　　）

(5) 有名な俳人を調べる。（　　）

(6) 相手国に宣戦布告する。（　　）

(7) 部屋の片すみに立つ。（　　）

(8) 学問を体系的に教える。（　　）

(9) 一座の様子をうかがう。（　　）

(10) 運動会が雨天順延になる。（　　）

(11) 指輪に英語で刻印する。（　　）

(12) 日本語の訳《やく》詞を書く。（　　）

(13) 郷里に久しぶりに帰る。（　　）

2 □に漢字を書きましょう。

1つ4点【48点】

(1) 屋上から垂《た》れ□《まく》を下げる。

(2) □□《せいち》とされる場所に行く。

(3) 車が細い道を□□《こうたい》する。

(4) □□《ぜんそう》をピアノでひく。

(5) 名作を□□《じょうえい》する。

(6) □□《えんげき》について学ぶ。

(7) 昔の□□《まちなみ》が今も残る。

(8) 吹《すい》□□《そうがく》部に入る。

(9) 大会出場を□□《じたい》する。

(10) 新しい□□《げきじょう》を建てる。

(11) □□《じまく》つきの作品を見る。

(12) □□□《えいしゃき》の修理をする。

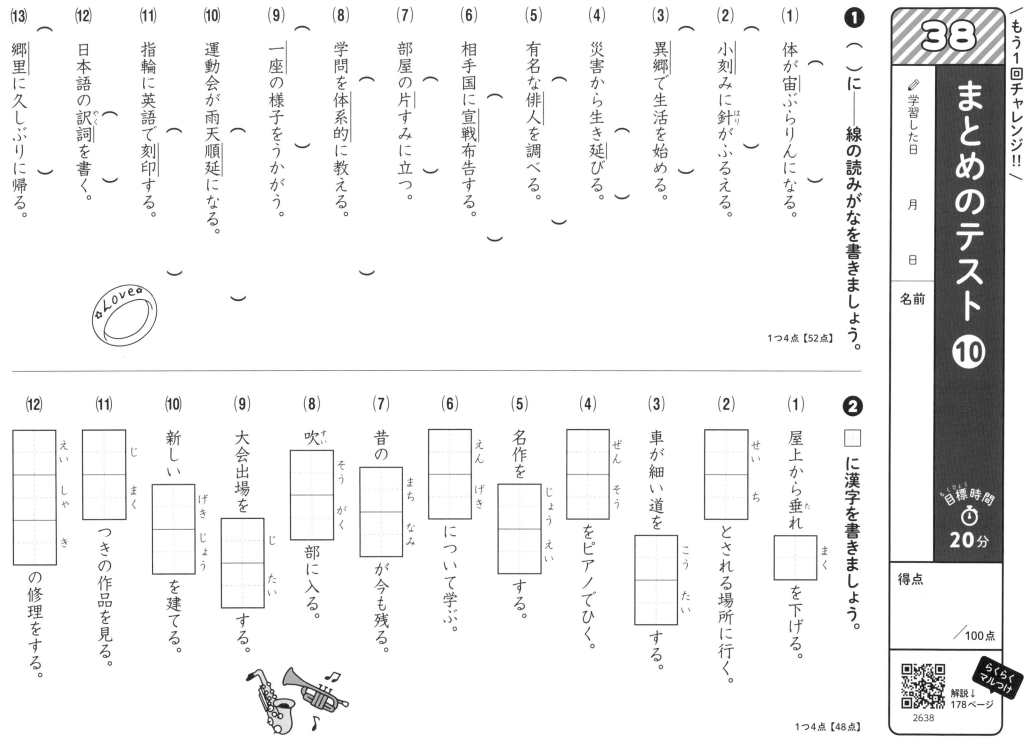

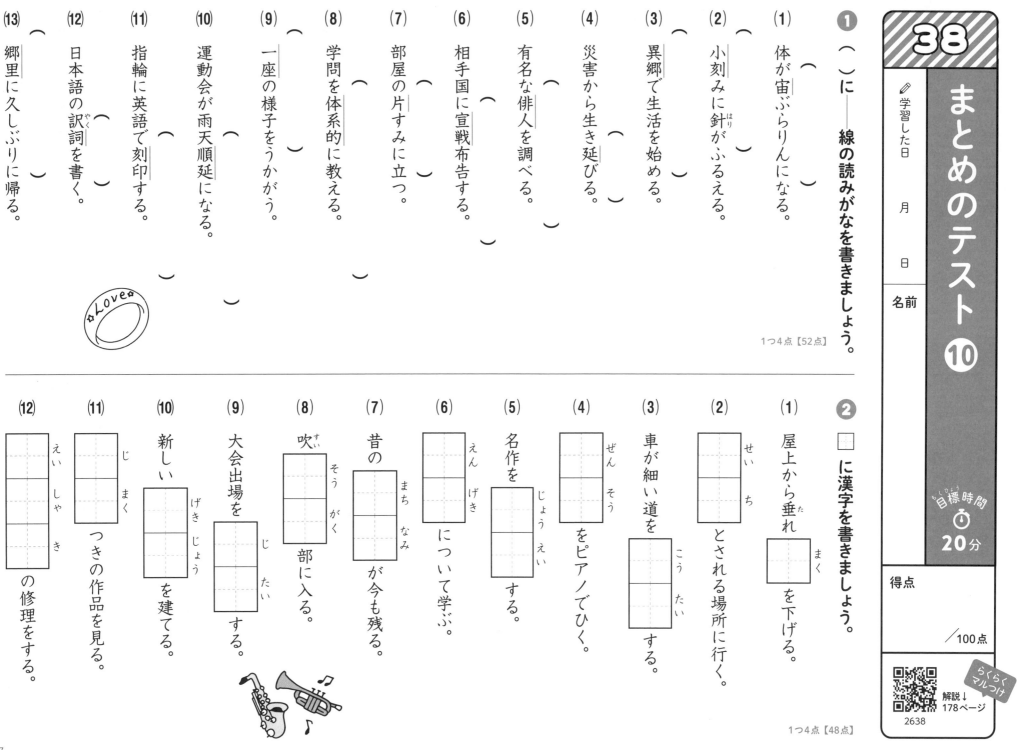

もう1回チャレンジ!!

38 まとめのテスト⑩

学習した日　月　日

名前

目標《もくひょう》時間　20分

得点　／100点

解説↓178ページ

2638

らくらくマルつけ

1 （　）に――線の読みがなを書きましょう。

1つ4点【52点】

(1) 体が宙ぶらりんになる。（　）

(2) 小刻みに針《はり》がふるえる。（　）

(3) 異郷で生活を始める。（　）

(4) 災害から生き延びる。（　）

(5) 有名な俳人を調べる。（　）

(6) 相手国に宣戦布告する。（　）

(7) 部屋の片すみに立つ。（　）

(8) 学問を体系的に教える。（　）

(9) 一座の様子をうかがう。（　）

(10) 運動会が雨天順延になる。（　）

(11) 指輪に英語で刻印する。（　）

(12) 日本語の訳《やく》詞を書く。（　）

(13) 郷里に久しぶりに帰る。（　）

2 □に漢字を書きましょう。

1つ4点【48点】

(1) 屋上から垂《た》れ□《まく》を下げる。

(2) □□《せいち》とされる場所に行く。

(3) 車が細い道を□□《こうたい》する。

(4) □□《ぜんそう》をピアノでひく。

(5) 名作を□□《じょうえい》する。

(6) □□《えんげき》について学ぶ。

(7) 昔の□□《まちなみ》が今も残る。

(8) 吹《すい》□□《そうがく》部に入る。

(9) 大会出場を□□《じたい》する。

(10) 新しい□□《げきじょう》を建てる。

(11) □□《じまく》つきの作品を見る。

(12) □□□《えいしゃき》の修理をする。

39
パズル・実践《せん》 9

学習した日　月　日

名前

目標《もくひょう》時間 20分

得点　／100点

らくらくマルつけ
解説↓ 178ページ
2639

1 矢印の向きに読むと熟語《じゅくご》になるように、次の□に入る漢字を書きましょう。
1つ8点【16点】

(1) 手 ↑　方 →　道 ↓　側 ←　□

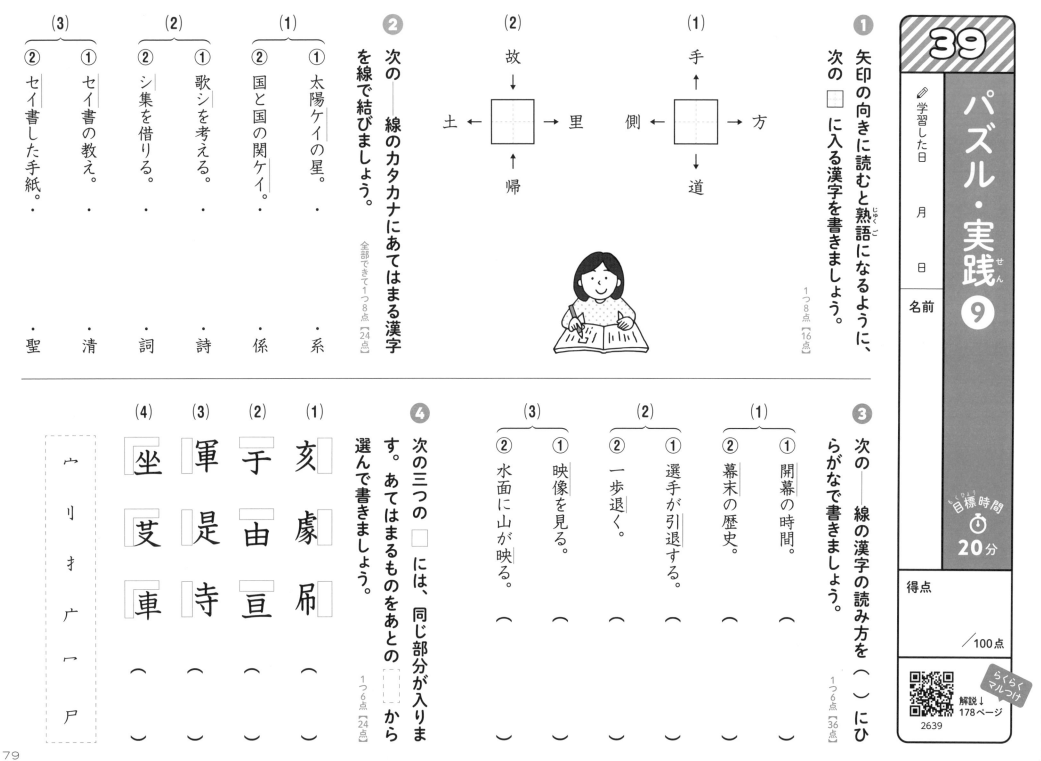

(2) 故 ↓　里 →　帰 ↑　土 ←　□

2 次の――線のカタカナにあてはまる漢字を線で結びましょう。
全部できて1つ8点【24点】

(1)
① 太陽ケイの星。・　・系
② 国と国の関ケイ。・　・係

(2)
① 歌シを考える。・　・詩
② シ集を借りる。・　・詞

(3)
① セイ書の教え。・　・清
② セイ書した手紙。・　・聖

3 次の――線の漢字の読み方を（　）にひらがなで書きましょう。
1つ6点【36点】

(1)
① 開幕の時間。（　　）
② 幕末の歴史。（　　）

(2)
① 選手が引退する。（　　）
② 一歩退く。（　　）

(3)
① 映像を見る。（　　）
② 水面に山が映る。（　　）

4 次の三つの□には、同じ部分が入ります。あてはまるものをあとの□から選んで書きましょう。
1つ6点【24点】

(1) 亥□　虍□　帍□　（　　）
(2) □于　□由　□亘　（　　）
(3) □軍　□是　□寺　（　　）
(4) □坐　□支　□車　（　　）

宀　刂　扌　广　冖　尸

＼もう1回チャレンジ!!／

39 パズル・実践《せん》 9

学習した日　月　日

名前

目標《もくひょう》時間 20分

得点 ／100点

らくらくマルつけ

解説↓178ページ

2639

1 矢印の向きに読むと熟語《じゅくご》になるように、次の□に入る漢字を書きましょう。 1つ8点【16点】

(1) 手↑　側←□→方　↓道

(2) 故↓　土←□→里　↑帰

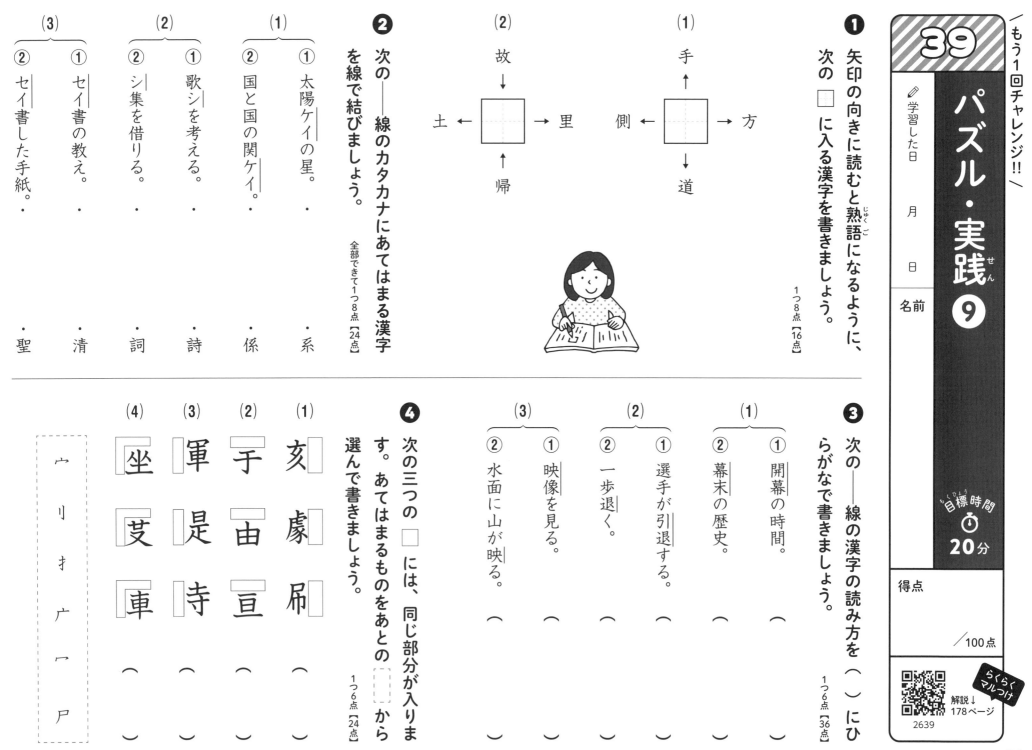

2 次の――線のカタカナにあてはまる漢字を線で結びましょう。 全部できて1つ8点【24点】

(1) ① 太陽ケイの星。・　・系
② 国と国の関ケイ。・　・係

(2) ① 歌シを考える。・　・詩
② シ集を借りる。・　・詞

(3) ① セイ書の教え。・　・清
② セイ書した手紙。・　・聖

3 次の――線の漢字の読み方を（　）にひらがなで書きましょう。 1つ6点【36点】

(1) ① 開幕の時間。（　）
② 幕末の歴史。（　）

(2) ① 選手が引退する。（　）
② 一歩退く。（　）

(3) ① 映像を見る。（　）
② 水面に山が映る。（　）

4 次の三つの□には、同じ部分が入ります。あてはまるものをあとの□から選んで書きましょう。 1つ6点【24点】

(1) 亥□　豦□　帚□　（　）

(2) □于　□由　□亘　（　）

(3) □軍　□是　□寺　（　）

(4) □坐　□芰　□車　（　）

宀　刂　扌　广　冖　尸

40

パズル・実践《せん》⑩

学習した日　月　日

名前

目標時間《もくひょう》 20分

得点　／100点

らくらくマルつけ

解説↓179ページ

2640

1 次の――線のカタカナを漢字で書き分けましょう。　1つ6点【42点】

(1)
① 考えをノべる。（　　）
② 日をノべる。（　　）

(2)
① 鏡に顔をウツす。（　　）
② 手本をウツす。（　　）
③ 場所をウツす。（　　）

(3)
① ナミ風が立つ。（　　）
② ナミ木道を歩く。（　　）

2 次の漢字の↓の部分は、何画目に書きますか。（　）に数字で書きましょう。　1つ4点【16点】

(1) 片……（　　）画目

(2) 座……（　　）画目

(3) 退……（　　）画目

(4) 郷……（　　）画目

3 次は、自分の住む町をしょうかいしたあるパンフレットです。

わたしの町をしょうかいします！

駅前には、

①エイガカンがあります。

となりには芸術劇場《げきじょう》があり、

有名な②ハイユウが出演する

作品が演じられたり、

海外から③シキシャを招いて、

毎年④演奏会が開かれたりしています。

クリスマスの前夜である⑤聖夜には、日暮《ひぐ》れの⑥時刻になると、イルミネーションがともされます。

(1) ――線①〜③のカタカナを漢字に直して書きましょう。また、――線④〜⑥の漢字の読みをひらがなで書きましょう。　1つ6点【36点】

①（　　）　②（　　）

③（　　）

④（　　）　⑤（　　）

⑥（　　）

(2) ＝＝線「劇」とは異《こと》なる意味で用いられているものを次から選び、記号を書きましょう。【6点】

ア 劇団　イ 演劇

ウ 劇薬　エ 歌劇

（　　）

もう1回チャレンジ!!

40

パズル・実践《せん》⑩

学習した日　月　日

名前

目標《もくひょう》時間 20分

得点　／100点

解説↓ 179ページ

2640

らくらくマルつけ

❶ 次の――線のカタカナを漢字で書き分けましょう。 1つ6点【42点】

(1)
① 考えをノべる。（　　）
② 日をノべる。（　　）

(2)
① 鏡に顔をウツす。（　　）
② 手本をウツす。（　　）
③ 場所をウツす。（　　）

(3)
① ナミ風が立つ。（　　）
② ナミ木道を歩く。（　　）

❷ 次の漢字の↓の部分は、何画目に書きますか。（　）に数字で書きましょう。 1つ4点【16点】

(1) 片……（　　）画目
(2) 座……（　　）画目
(3) 退……（　　）画目
(4) 郷……（　　）画目

❸ 次は、自分の住む町をしょうかいしたあるパンフレットです。

わたしの町をしょうかいします！

駅前には、
①エイガカンがあります。

となりには芸術劇場《げきじょう》があり、
有名な②ハイユウが出演する
作品が演じられたり、
海外から③シキシャを招いて、
毎年④演奏会が開かれたりしています。

クリスマスの前夜である⑤聖夜には、
日《ひ》暮《ぐ》れの⑥時刻になると、イルミネーションがともされます。

(1) ――線①～③のカタカナを漢字に直して書きましょう。また、――線④～⑥の漢字の読みをひらがなで書きましょう。 1つ6点【36点】

①（　　）　②（　　）
③（　　）
④（　　）　⑤（　　）
⑥（　　）

(2) ＝＝線「劇」とは異《こと》なる意味で用いられているものを次から選び、記号を書きましょう。 【6点】

ア 劇団　イ 演劇
ウ 劇薬　エ 歌劇

（　　）

41 臨《りん》海《かい》工《こう》業《ぎょう》地《ち》域《いき》を見学しよう

学習した日　月　日

名前

目標《もくひょう》時間　20分

得点　／100点

解説↓179ページ

2641

らくらくマルつけ

臨　18画
「巨」としない
音 リン
訓 (のぞむ)
使い方：臨時《りんじ》　臨海《りんかい》　臨席《りんせき》　臨終《りんじゅう》　臨場感《りんじょうかん》　君臨《くんりん》
練習

域　11画
右上にはらう
音 イキ
訓 ―
使い方：地域《ちいき》　区域《くいき》　全域《ぜんいき》　流域《りゅういき》　海域《かいいき》　領域《りょういき》
練習

鋼　16画
とめる
音 コウ
訓 (はがね)
使い方：鉄鋼《てっこう》　鋼鉄《こうてつ》　製鋼《せいこう》　鋼板《こうばん》　鋼材《こうざい》　精鋼《せいこう》
練習

源　13画
左下にかるくはらう
音 ゲン
訓 みなもと
使い方：電源《でんげん》　資源《しげん》　水源《すいげん》　源流《げんりゅう》　起源《きげん》　根源《こんげん》
練習

諸　15画
右上につき出す
音 ショ
訓 ―
使い方：諸国《しょこく》　諸島《しょとう》　諸説《しょせつ》　諸君《しょくん》　諸問題《しょもんだい》　諸事《しょじ》
練習

1 □に漢字を書きましょう。

(1) □□《りんかい》鉄道で荷物を運ぶ。
(2) □□《ちいき》の産業が栄える。
(3) □□《てっこう》を輸入する。
(4) □□《しげん》を分配する。
(5) □□《しょこく》と貿易を行う。
(6) □□□《せいこうじょ》を案内する。
(7) □□《りんじ》で人をやとう。
(8) 危険《きけん》□□《くいき》の外に出る。
(9) □□□《しょもんだい》が発生する。
(10) 毎日使う水の□《みなもと》をたどる。

1つ8点【80点】

スパイラルコーナー　□に漢字を書きましょう。

(1) 工事を□□《えんちょう》する。
(2) 道の□□《かたがわ》を通る。

1つ10点【20点】

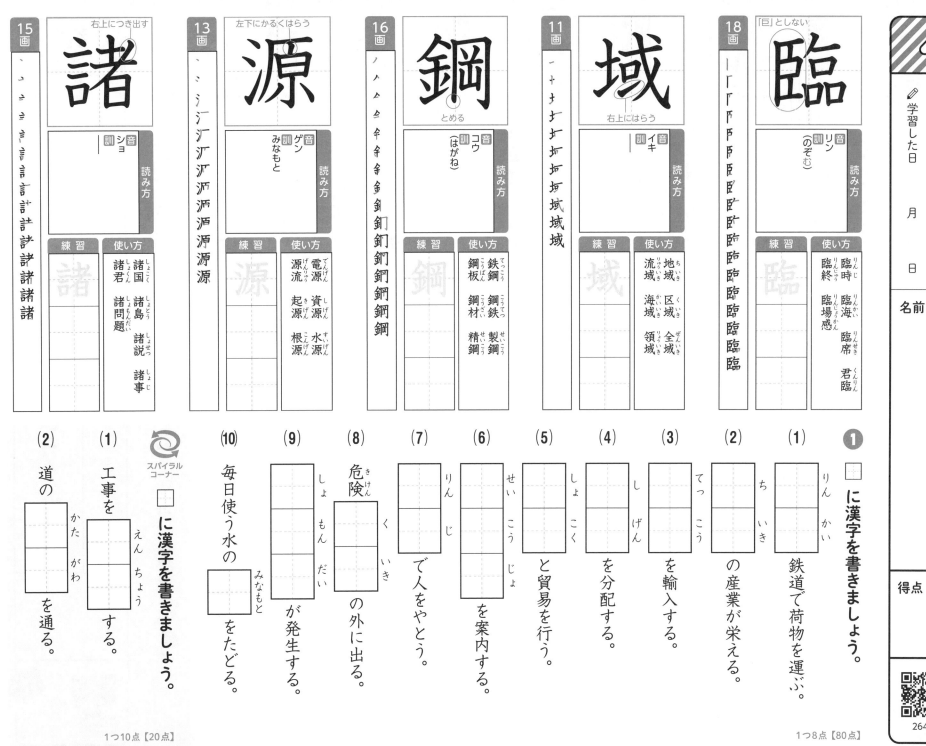

もう1回チャレンジ!!

41 臨《りん》海《かい》工《こう》業《ぎょう》地《ち》域《いき》を見学しよう

学習した日　月　日

名前

目標《もくひょう》時間　20分

得点　／100点

らくらくマルつけ

解説↓179ページ

2641

臨（18画）

「臣」としない

読み方　音 リン　訓 （のぞむ）

使い方　臨時《りんじ》　臨海《りんかい》　臨席《りんせき》　君臨《くんりん》　臨終《りんじゅう》　臨場感《りんじょうかん》

練習

域（11画）

右上にはらう

読み方　音 イキ　訓 —

使い方　地域《ちいき》　区域《くいき》　全域《ぜんいき》　流域《りゅういき》　海域《かいいき》　領域《りょういき》

練習

鋼（16画）

とめる

読み方　音 コウ　訓 （はがね）

使い方　鉄鋼《てっこう》　鋼鉄《こうてつ》　製鋼《せいこう》　鋼板《こうばん》　鋼材《こうざい》　精鋼《せいこう》

練習

源（13画）

左下にかるくはらう

読み方　音 ゲン　訓 みなもと

使い方　電源《でんげん》　資源《しげん》　水源《すいげん》　源流《げんりゅう》　起源《きげん》　根源《こんげん》

練習

諸（15画）

右上につき出す

読み方　音 ショ　訓 —

使い方　諸国《しょこく》　諸島《しょとう》　諸説《しょせつ》　諸事《しょじ》　諸君《しょくん》　諸問題《しょもんだい》

練習

❶ □に漢字を書きましょう。

(1) □□《りんかい》鉄道で荷物を運ぶ。

(2) □□《ちいき》の産業が栄える。

(3) □□《てっこう》を輸入する。

(4) □□《しげん》を分配する。

(5) □□《しょこく》と貿易を行う。

(6) □□□《せいこうじょ》を案内する。

(7) □□《りんじ》で人をやとう。

(8) 危険《きけん》□□《くいき》の外に出る。

(9) □□□《しょもんだい》が発生する。

(10) 毎日使う水の□《みなもと》をたどる。

1つ8点【80点】

スパイラルコーナー　□に漢字を書きましょう。

(1) 工事を□□《えんちょう》する。

(2) 道の□□《かたがわ》を通る。

1つ10点【20点】

42 街の建物

学習した日　月　日

名前

目標《もくひょう》時間 20分

得点　／100点

らくらくマルつけ

解説↓ 179ページ

2642

警 19画

ななめにうつ

読み方　音 ケイ　訓

使い方：警官《けいかん》　警備《けいび》　警告《けいこく》　警報《けいほう》　警笛《けいてき》　警察署《けいさつしょ》

練習

署 13画

「四」としない

読み方　音 ショ　訓

使い方：署長《しょちょう》　署員《しょいん》　部署《ぶしょ》　署名《しょめい》　消防署《しょうぼうしょ》　税務署《ぜいむしょ》

練習

派 9画

「イ」としない

読み方　音 ハ　訓

使い方：派手《はで》　派生《はせい》　一派《いっぱ》　流派《りゅうは》　党派《とうは》　派出所《はしゅつじょ》

練習

郵 11画

「卩」としない

読み方　音 ユウ　訓

使い方：郵送《ゆうそう》　郵船《ゆうせん》　郵政《ゆうせい》　郵便局《ゆうびんきょく》

練習

庁 5画

はねる

読み方　音 チョウ　訓

使い方：県庁《けんちょう》　官庁《かんちょう》　本庁《ほんちょう》　登庁《とうちょう》　市庁舎《しちょうしゃ》　気象庁《きしょうちょう》

練習

1 □に漢字を書きましょう。

(1) □《けいさつしょ》の前を通る。

(2) □《はしゅつじょ》で道を聞く。

(3) □《ゆうびんきょく》で手紙を出す。

(4) □《けんちょう》の場所を調べる。

(5) 工場周辺を□《けいび》する。

(6) □《しょうぼうしょ》を見学する。

(7) □《しちょうしゃ》を建設する。

(8) かべを□《はで》な色でぬる。

(9) □《きしょうちょう》の発表を知る。

(10) 書類を□《ゆうそう》する。

1つ8点【80点】

スパイラルコーナー　□に漢字を書きましょう。

(1) 昔の□《えいぞう》を見る。

(2) 無事に□《たいいん》する。

1つ10点【20点】

もう1回チャレンジ!!

42 街の建物

学習した日　月　日

名前

目標《もくひょう》時間 20分

得点　／100点

らくらくマルつけ

解説↓ 179ページ

2642

警（19画）
ななめにうつ

音 ケイ　訓

使い方：警官《けいかん》　警備《けいび》　警告《けいこく》　警報《けいほう》　警笛《けいてき》　警察署《けいさつしょ》

署（13画）
「四」としない

音 ショ　訓

使い方：署長《しょちょう》　署員《しょいん》　部署《ぶしょ》　署名《しょめい》　消防署《しょうぼうしょ》　税務署《ぜいむしょ》

派（9画）
「イ」としない

音 ハ　訓

使い方：派手《はで》　派生《はせい》　一派《いっぱ》　流派《りゅうは》　党派《とうは》　派出所《はしゅつじょ》

郵（11画）
「卩」としない

音 ユウ　訓

使い方：郵送《ゆうそう》　郵船《ゆうせん》　郵政《ゆうせい》　郵便局《ゆうびんきょく》

庁（5画）
はねる

音 チョウ　訓

使い方：県庁《けんちょう》　官庁《かんちょう》　本庁《ほんちょう》　登庁《とうちょう》　市庁舎《しちょうしゃ》　気象庁《きしょうちょう》

練習

1 □に漢字を書きましょう。

(1) □《けいさつしょ》の前を通る。

(2) □《はしゅつじょ》で道を聞く。

(3) □《ゆうびんきょく》で手紙を出す。

(4) □《けんちょう》の場所を調べる。

(5) 工場周辺を□《けいび》する。

(6) □《しょうぼうしょ》を見学する。

(7) □《しちょうしゃ》を建設する。

(8) かべを□《はで》な色でぬる。

(9) □《きしょうちょう》の発表を知る。

(10) 書類を□《ゆうそう》する。

1つ8点【80点】

スパイラルコーナー
□に漢字を書きましょう。

(1) 昔の□《えいぞう》を見る。

(2) 無事に□《たいいん》する。

1つ10点【20点】

43 会社で働く

学習した日　月　日

名前

目標《もくひょう》時間 20分

得点　／100点

らくらくマルつけ

解説↓ 180ページ

2643

就（12画）

上にはねる

読み方　音 シュウ（ジュ）　訓（つく）（つける）

使い方：就職《しゅうしょく》　就任《しゅうにん》　就学《しゅうがく》　就航《しゅうこう》　就業《しゅうぎょう》　就労《しゅうろう》

練習

勤（12画）

はねる

読み方　音 キン（ゴン）　訓 つとめる　つとまる

使い方：出勤《しゅっきん》　勤務《きんむ》　勤労《きんろう》　勤勉《きんべん》　通勤《つうきん》　転勤《てんきん》　退勤《たいきん》

練習

賃（13画）

「王」としない

読み方　音 チン　訓 ―

使い方：賃金《ちんぎん》　運賃《うんちん》　家賃《やちん》　工賃《こうちん》　電車賃《でんしゃちん》　賃上《ちんあ》げ

練習

層（14画）

はらう

読み方　音 ソウ　訓 ―

使い方：地層《ちそう》　階層《かいそう》　高層《こうそう》　上層《じょうそう》　断層《だんそう》　中間層《ちゅうかんそう》

練習

株（10画）

つき出す

読み方　音 ―　訓 かぶ

使い方：株式会社《かぶしきがいしゃ》　株主《かぶぬし》　古株《ふるかぶ》　根株《ねかぶ》　切《き》り株《かぶ》　株分《かぶわ》け

練習

1 □に漢字を書きましょう。

1つ8点【80点】

(1) 会社に□□《しゅうしょく》する。

(2) 電車で□□《つうきん》する。

(3) □□《ちんぎん》をしはらう。

(4) □□《こうそう》ビルの中で働く。

(5) □□《かぶしき》会社を経営する。

(6) □□《しゅうぎょう》時間を定める。

(7) 会社に長年□《つと》める。

(8) □□《ちんあ》げを要求する。

(9) 古い□□《ちそう》を調査する。

(10) 切り□《かぶ》にこしかける。

スパイラルコーナー　□に漢字を書きましょう。

1つ10点【20点】

(1) □□《せいか》リレーを行う。

(2) 大会が□□《かいまく》する。

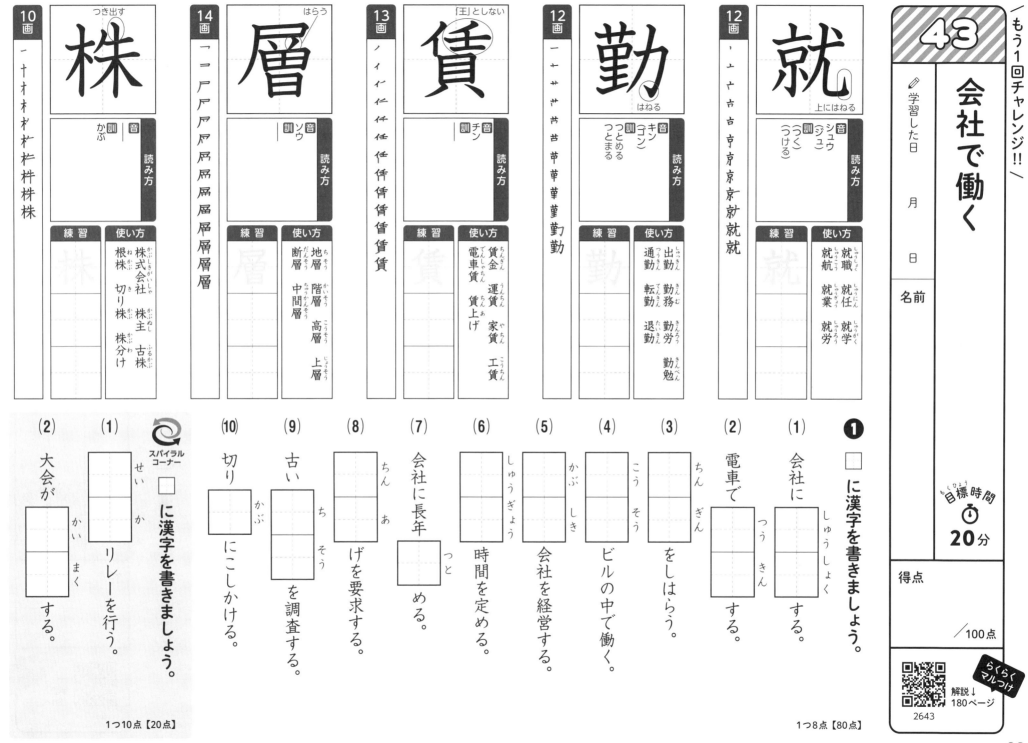

＼もう1回チャレンジ!!／

43

会社で働く

学習した日　月　日

名前

目標《もくひょう》時間　20分

得点　／100点

解説↓180ページ

らくらくマルつけ

2643

就　12画

上にはねる

読み方　音　シュウ　(ジュ)　訓　(つく)　(つける)

使い方　就職《しゅうしょく》　就任《しゅうにん》　就学《しゅうがく》　就航《しゅうこう》　就業《しゅうぎょう》　就労《しゅうろう》

練習

勤　12画

はねる

読み方　音　キン　(ゴン)　訓　つとめる　つとまる

使い方　出勤《しゅっきん》　勤務《きんむ》　勤労《きんろう》　勤勉《きんべん》　通勤《つうきん》　転勤《てんきん》　退勤《たいきん》

練習

賃　13画

「王」としない

読み方　音　チン　訓　―

使い方　賃金《ちんぎん》　運賃《うんちん》　家賃《やちん》　工賃《こうちん》　電車賃《でんしゃちん》　賃上《ちんあ》げ

練習

層　14画

はらう

読み方　音　ソウ　訓　―

使い方　地層《ちそう》　階層《かいそう》　高層《こうそう》　上層《じょうそう》　断層《だんそう》　中間層《ちゅうかんそう》

練習

株　10画

つき出す

読み方　音　―　訓　かぶ

使い方　株式会社《かぶしきがいしゃ》　株主《かぶぬし》　古株《ふるかぶ》　根株《ねかぶ》　切《き》り株《かぶ》　株分《かぶわ》け

練習

1 □に漢字を書きましょう。　1つ8点【80点】

(1) 会社に□□《しゅうしょく》する。

(2) 電車で□□《つうきん》する。

(3) □□《ちんぎん》をしはらう。

(4) □□《こうそう》ビルの中で働く。

(5) □□《かぶしき》会社を経営する。

(6) □□《しゅうぎょう》時間を定める。

(7) 会社に長年□《つと》める。

(8) □□《ちんあ》げを要求する。

(9) 古い□□《ちそう》を調査する。

(10) 切り□《かぶ》にこしかける。

スパイラルコーナー

□に漢字を書きましょう。　1つ10点【20点】

(1) □□《せいか》リレーを行う。

(2) 大会が□□《かいまく》する。

44 地図を見る

学習した日　月　日

名前

目標《もくひょう》時間 20分

得点　／100点

らくらくマルつけ

解説↓ 180ページ

2644

拡

8画

まっすぐつける

読み方　音 カク　訓 —

使い方：拡大《かくだい》　拡散《かくさん》　拡張《かくちょう》　拡声器《かくせいき》　拡《かく》じゅう　拡《かく》ふく

筆順：一 十 扌 扌 扩 扩 拡 拡

練習：拡

縮

17画

まっすぐつける

読み方　音 シュク　訓 ちぢむ　ちぢまる　ちぢめる　ちぢれる　ちぢらす

使い方：縮小《しゅくしょう》　縮図《しゅくず》　短縮《たんしゅく》　圧縮《あっしゅく》　収縮《しゅうしゅく》　縮刷《しゅくさつ》　縮《ちぢ》れ毛

練習：縮

裏

13画

はねる　はらう

読み方　音 (リ)　訓 うら

使い方：裏表《うらおもて》　裏面《うらめん》　裏口《うらぐち》　裏方《うらかた》　裏切《うらぎ》る　屋根裏《やねうら》

練習：裏

枚

8画

はらう

読み方　音 マイ　訓 —

使い方：枚数《まいすう》　大枚《たいまい》　枚挙《まいきょ》　二枚目《にまいめ》　一枚岩《いちまいいわ》　千枚通《せんまいどお》し

筆順：一 十 才 木 村 杓 枚 枚

練習：枚

1 □に漢字を書きましょう。

(1) 地図を□□《かくだい》して見る。

(2) 五百分の一に□□《しゅくしょう》する。

(3) 紙の□□《うらめん》を見る。

(4) 紙の□□《まいすう》を確かめる。

(5) 道路を□□《かくちょう》する。

(6) 町の□□《うらどお》りを歩く。

(7) 地図を□□《さんまい》コピーする。

(8) 寒さに体を□《ちぢ》める。

(9) 店の□□《うらぐち》から出る。

(10) 空気がぬけて風船が□《ちぢ》む。

1つ8点【80点】

スパイラルコーナー　□に漢字を書きましょう。

(1) 銀行□□《こうざ》を開設する。

(2) □□□《かけいず》を作成する。

1つ10点【20点】

44 地図を見る

学習した日　月　日

名前

目標時間《もくひょうじかん》 20分

得点　／100点

らくらくマルつけ
解説↓180ページ
2644

拡（8画）

まっすぐつける

読み方：音 カク　訓 —

使い方：拡大《かくだい》　拡散《かくさん》　拡張《かくちょう》　拡声器《かくせいき》　拡《かく》じゅう　拡《かく》ふく

縮（17画）

まっすぐつける

読み方：音 シュク　訓 ちぢむ　ちぢまる　ちぢめる　ちぢれる　ちぢらす

使い方：縮小《しゅくしょう》　縮図《しゅくず》　短縮《たんしゅく》　圧縮《あっしゅく》　収縮《しゅうしゅく》　縮刷《しゅくさつ》　縮《ちぢ》れ毛

裏（13画）

はねる　はらう

読み方：音 （リ）　訓 うら

使い方：裏表《うらおもて》　裏面《うらめん》　裏口《うらぐち》　裏方《うらかた》　裏切《うらぎ》る　屋根裏《やねうら》

枚（8画）

はらう

読み方：音 マイ　訓 —

使い方：枚数《まいすう》　大枚《たいまい》　枚挙《まいきょ》　二枚目《にまいめ》　一枚岩《いちまいいわ》　千枚通《せんまいどお》し

1 □に漢字を書きましょう。

1つ8点【80点】

(1) 地図を□《かくだい》して見る。
(2) 五百分の一に□《しゅくしょう》する。
(3) 紙の□《うらめん》を見る。
(4) 紙の□《まいすう》を確かめる。
(5) 道路を□《かくちょう》する。
(6) 町の□《うらどお》りを歩く。
(7) 地図を□《さんまい》コピーする。
(8) 寒さに体を□《ちぢ》める。
(9) 店の□《うらぐち》から出る。
(10) 空気がぬけて風船が□《ちぢ》む。

スパイラルコーナー　□に漢字を書きましょう。

1つ10点【20点】

(1) 銀行□《こうざ》を開設する。
(2) □《かけいず》を作成する。

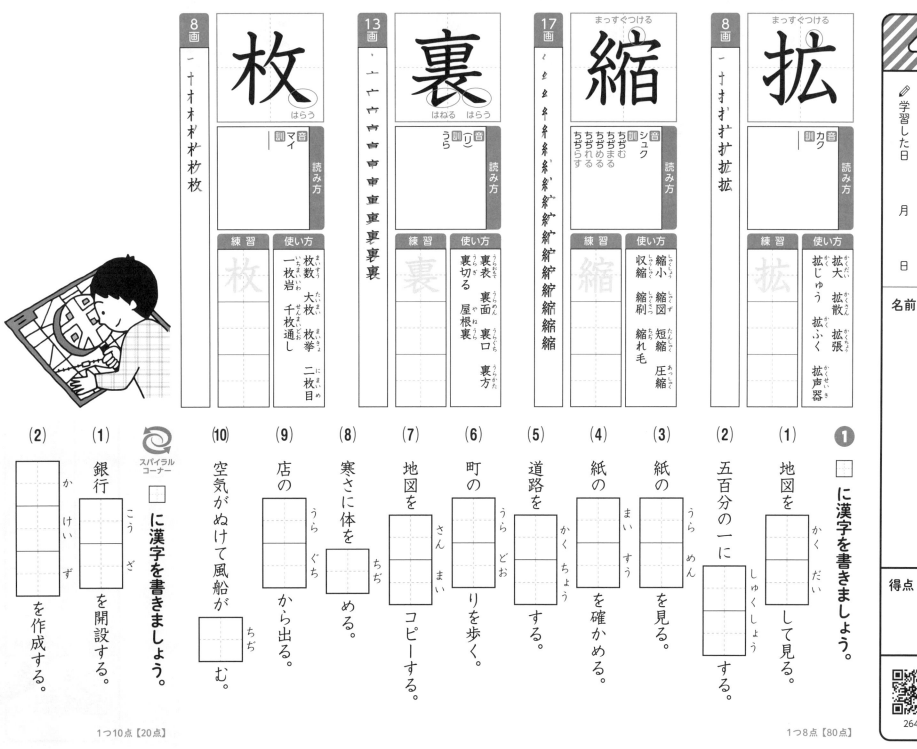

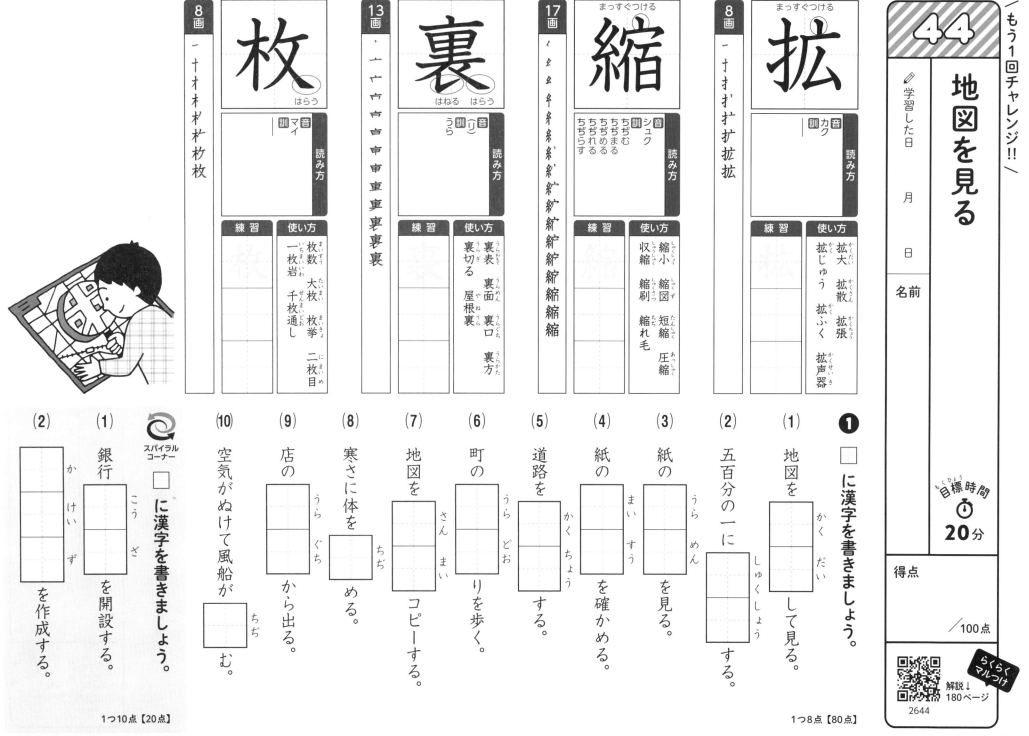

45 まとめのテスト 11

学習した日　月　日

名前

目標《もくひょう》時間 20分

得点　／100点

解説↓ 180ページ
2645
らくらくマルつけ

1 （　）に――線の読みがなを書きましょう。

1つ4点【52点】

(1) 血管が収縮する。（　　）
(2) 国の領域を広げる。（　　）
(3) 汽車が警笛を鳴らす。（　　）
(4) 支社に転勤になる。（　　）
(5) 署長にあいさつをする。（　　）
(6) 市長が初めて登庁する。（　　）
(7) 郵船が時間通り出航する。（　　）
(8) 新たな流れが派生する。（　　）
(9) ハワイ諸島を観光する。（　　）
(10) 日本の海域を調べる。（　　）
(11) 本庁に異動《いどう》になる。（　　）
(12) 部長に就任する。（　　）
(13) 中間層の意見を聞く。（　　）

2 □に漢字を書きましょう。

1つ4点【48点】

(1) イチゴの□□《かぶわ》けをする。
(2) 友を□□《うらぎ》ることはない。
(3) バスの□□《うんちん》を確かめる。
(4) 機械の□□《でんげん》を切る。
(5) 情報が□□《かくさん》される。
(6) □□《こうてつ》を熱してとかす。
(7) □□《すいげん》の土地を保護する。
(8) 毎月□□《やちん》をはらう。
(9) □□《ふるかぶ》を引きぬく。
(10) □□□《いちまいいわ》を見に行く。
(11) □□□《かくせいき》を使って話す。
(12) □□□《りんじょうかん》がある。

／もう1回チャレンジ!!／

45 まとめのテスト⑪

学習した日　月　日

名前

目標時間《もくひょう》 20分

得点　／100点

らくらくマルつけ

解説↓ 180ページ

2645

❶ （　）に——線の読みがなを書きましょう。

1つ4点【52点】

(1) 血管が収縮する。（　）
(2) 国の領域を広げる。（　）
(3) 汽車が警笛を鳴らす。（　）
(4) 支社に転勤になる。（　）
(5) 署長にあいさつをする。（　）
(6) 市長が初めて登庁する。（　）
(7) 郵船が時間通り出航する。（　）
(8) 新たな流れが派生する。（　）
(9) ハワイ諸島を観光する。（　）
(10) 日本の海域を調べる。（　）
(11) 本庁に異動《いどう》になる。（　）
(12) 部長に就任する。（　）
(13) 中間層の意見を聞く。（　）

❷ □に漢字を書きましょう。

1つ4点【48点】

(1) イチゴの□《かぶ》□《わ》けをする。
(2) 友を□《うら》□《ぎ》ることはない。
(3) バスの□《うん》□《ちん》を確かめる。
(4) 機械の□《でん》□《げん》を切る。
(5) 情報が□《かく》□《さん》される。
(6) □《こう》□《てつ》を熱してとかす。
(7) □《すい》□《げん》の土地を保護する。
(8) 毎月□《や》□《ちん》をはらう。
(9) □《ふる》□《かぶ》を引きぬく。
(10) □《いち》□《まい》□《いわ》を見に行く。
(11) □《かく》□《せい》□《き》を使って話す。
(12) □《りん》□《じょう》□《かん》がある。

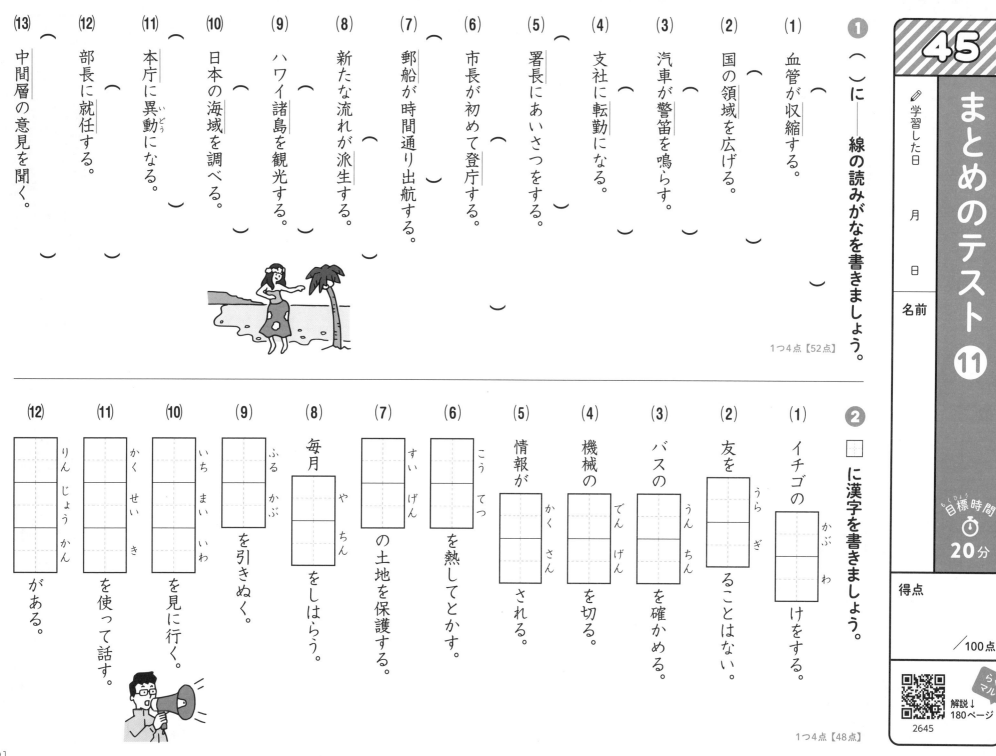

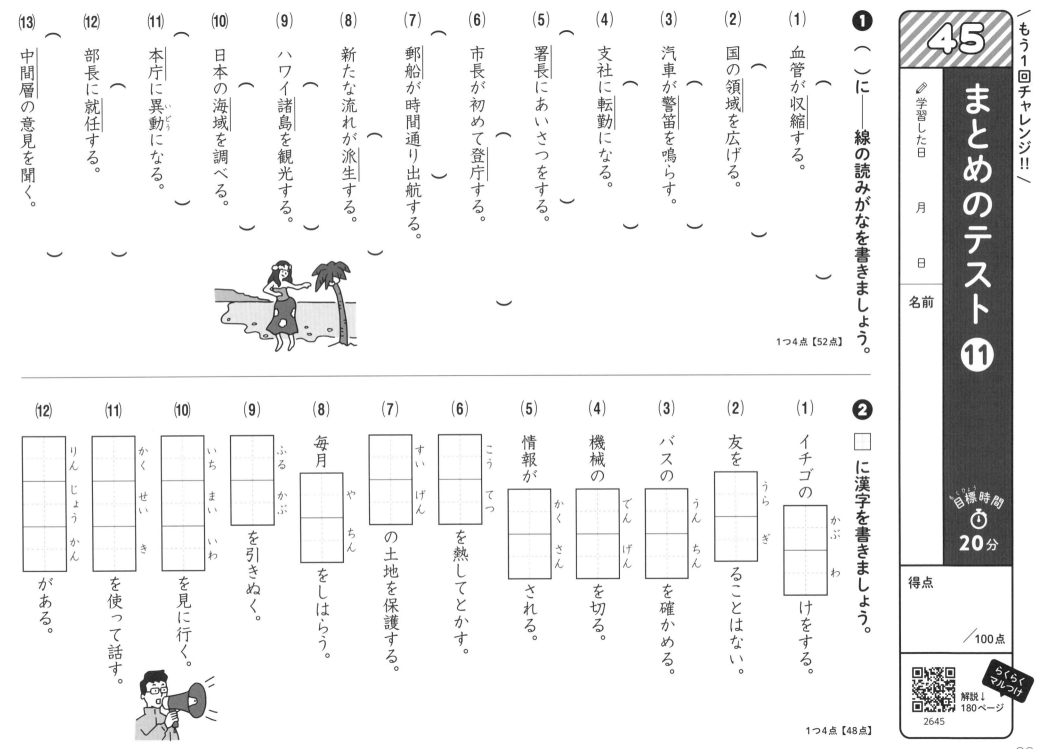

46 まとめのテスト⑫

学習した日　月　日

名前

目標《もくひょう》時間 20分

得点　／100点

解説↓180ページ

らくらくマルつけ

2646

1 （　）に――線の読みがなを書きましょう。

1つ4点【52点】

(1) 大気の上層を観察する。（　　）
(2) 就航記念の式典を行う。（　　）
(3) 発表会に臨席する。（　　）
(4) 鋼材を船で運ぶ。（　　）
(5) 人類の起源を調べる。（　　）
(6) 就学の手続きをとる。（　　）
(7) 株主が会議に参加する。（　　）
(8) 千枚通しで穴《あな》を開ける。（　　）
(9) 源流までさかのぼる。（　　）
(10) 王として君臨する。（　　）
(11) 茶道の流派を知る。（　　）
(12) 兄は裏表のない性格だ。（　　）
(13) 弟は二枚目と評判だ。（　　）

2 □に漢字を書きましょう。

1つ4点【48点】

(1) □□《しゅくず》を用いて説明する。
(2) 町の□□《ぜんいき》で雨が降《ふ》る。
(3) 毎日五時に□□《たいきん》する。
(4) 何度も□□《けいこく》する。
(5) 新しい□□《ぶしょ》に移る。
(6) □□《かんちょう》を見学する。
(7) 週に五日□□《しゅっきん》する。
(8) □□《けいかん》が見回りをする。
(9) □□《しょこく》を旅して回る。
(10) □□《りゅういき》で文化が栄える。
(11) 新聞の□□□《しゅくさつばん》を読む。
(12) □□□《ぜいむしょ》に書類を届《とど》ける。

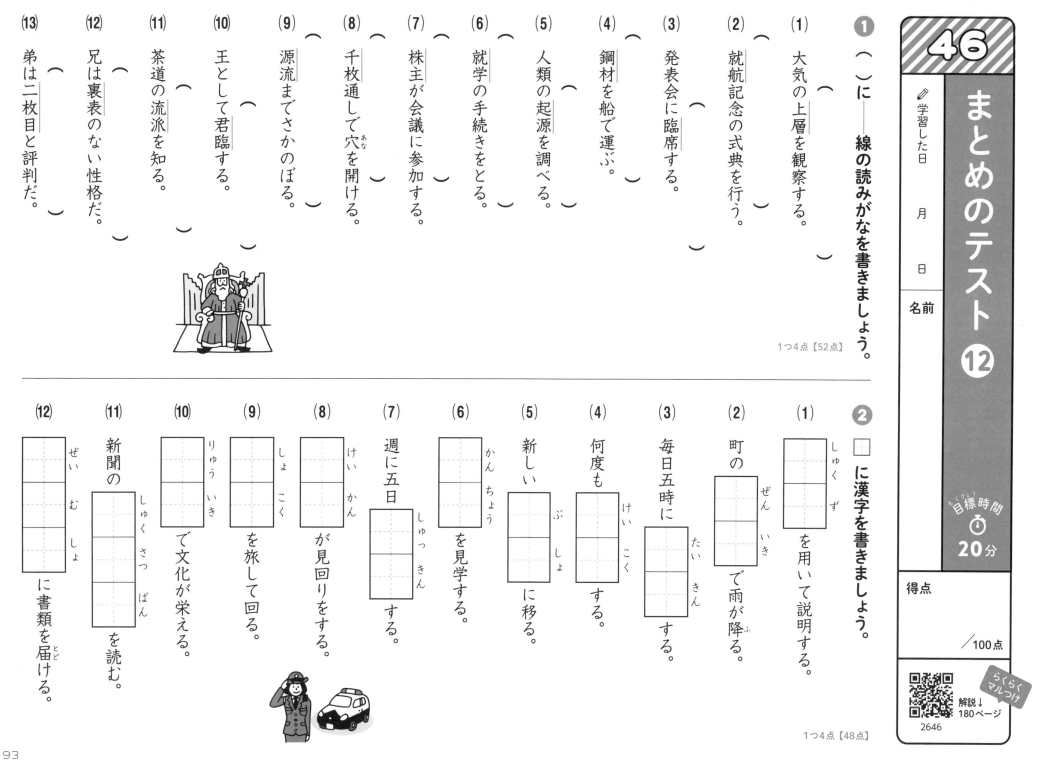

＼もう1回チャレンジ!!／

46

まとめのテスト⑫

✎学習した日　月　日

名前

目標時間《もくひょうじかん》 20分

得点　／100点

らくらくマルつけ

解説↓180ページ

2646

❶ （　）に——線の読みがなを書きましょう。

1つ4点【52点】

(1) 大気の上層を観察する。（　）
(2) 就航記念の式典を行う。（　）
(3) 発表会に臨席する。（　）
(4) 鋼材を船で運ぶ。（　）
(5) 人類の起源を調べる。（　）
(6) 就学の手続きをとる。（　）
(7) 株主が会議に参加する。（　）
(8) 千枚通しで穴《あな》を開ける。（　）
(9) 源流までさかのぼる。（　）
(10) 王として君臨する。（　）
(11) 茶道の流派を知る。（　）
(12) 兄は裏表のない性格だ。（　）
(13) 弟は二枚目と評判だ。（　）

❷ □に漢字を書きましょう。

1つ4点【48点】

(1) □□《しゅくず》を用いて説明する。
(2) 町の□□《ぜんいき》で雨が降《ふ》る。
(3) 毎日五時に□□《たいきん》する。
(4) 何度も□□《けいこく》する。
(5) 新しい□□《ぶしょ》に移る。
(6) □□《かんちょう》を見学する。
(7) 週に五日□□《しゅっきん》する。
(8) □□《けいかん》が見回りをする。
(9) □□《しょこく》を旅して回る。
(10) □□《りゅういき》で文化が栄える。
(11) 新聞の□□□《しゅくさつばん》を読む。
(12) □□□《ぜいむしょ》に書類を届《とど》ける。

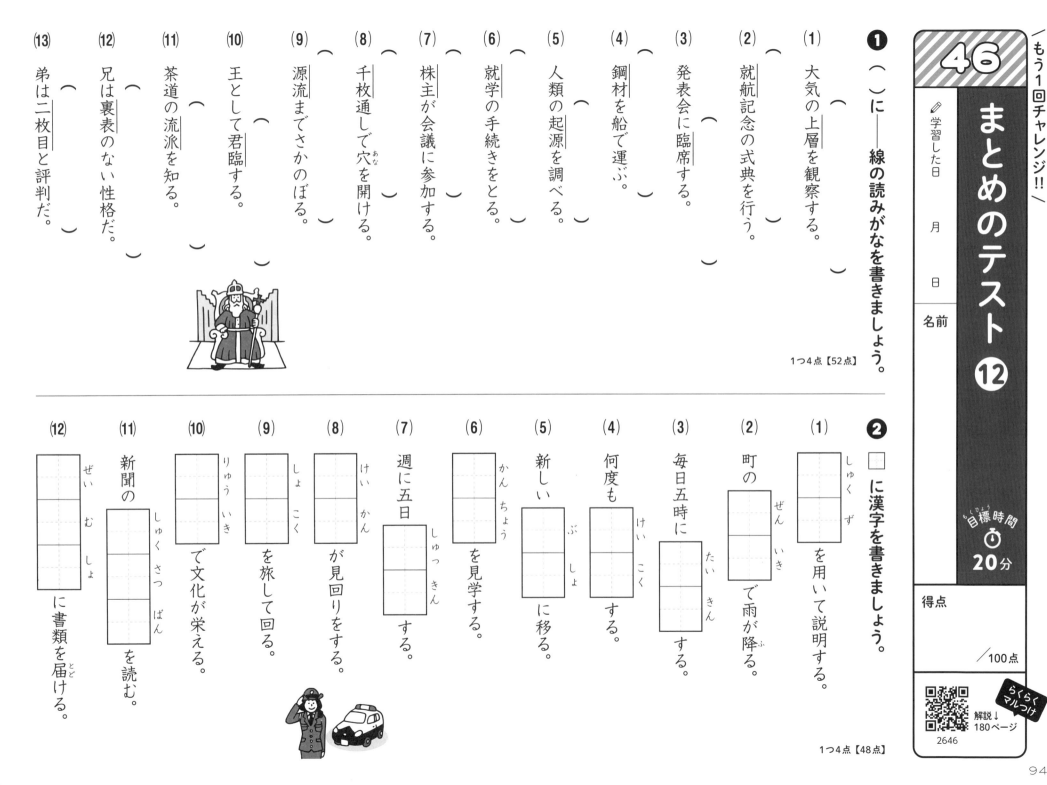

47

パズル・実践《せん》 11

学習した日　月　日

名前

目標時間《もくひょう》 20分

得点　／100点

らくらくマルつけ

解説↓ 181ページ

2647

1 矢印の向きに読むと熟語《じゅくご》になるように、次の□に入る漢字を書きましょう。 1つ5点【10点】

(1) 工　運　家 → □

(2) □ → 報　備　官

2 次の①・②が反対の意味の言葉の組み合わせになるように、——線のカタカナを漢字で書きましょう。 1つ6点【36点】

(1)
① 紙のオモテを見る。（　　）
② 紙のウラを見る。（　　）

(2)
① 図のカクダイ。（　　）
② 図のシュクショウ。（　　）

(3)
① 大気のジョウソウ。（　　）
② 大気のカソウ。（　　）

3 次の——線の漢字の読み方を（　）にひらがなで書きましょう。 1つ6点【36点】

(1)
① 電源を入れる。（　　）
② 川の源を探《さが》す。（　　）

(2)
① 異論を唱える。（　　）
② 意味が異なる。（　　）

(3)
① 病院に勤務する。（　　）
② 図書館に勤める。（　　）

4 次の二つの□には、同じ漢字が入ります。あてはまる漢字を書き加えて、漢字を完成させましょう。 1つ3点【18点】

(1) □朱　□文

① □に入る漢字…… □
② 完成した漢字…… □ □

(2) 言□　罒/□

① □に入る漢字…… □
② 完成した漢字…… □ □

もう1回チャレンジ!!

47 パズル・実践《せん》 ⑪

学習した日　月　日

名前

目標《もくひょう》時間 20分

得点　／100点

らくらくマルつけ

解説↓ 181ページ

2647

❶ 矢印の向きに読むと熟語《じゅくご》になるように、次の□に入る漢字を書きましょう。　1つ5点【10点】

(1) 家　運　工 → □

(2) □ → 官　備　報

❷ 次の①・②が反対の意味の言葉の組み合わせになるように、――線のカタカナを漢字で書きましょう。　1つ6点【36点】

(1)
① 紙のオモテを見る。（　　）
② 紙のウラを見る。（　　）

(2)
① 図のカクダイ。（　　）
② 図のシュクショウ。（　　）

(3)
① 大気のジョウソウ。（　　）
② 大気のカソウ。（　　）

❸ 次の――線の漢字の読み方を（　）にひらがなで書きましょう。　1つ6点【36点】

(1)
① 電源を入れる。（　　）
② 川の源を探《さが》す。（　　）

(2)
① 異論を唱える。（　　）
② 意味が異なる。（　　）

(3)
① 病院に勤務する。（　　）
② 図書館に勤める。（　　）

❹ 次の二つの□には、同じ漢字が入ります。あてはまる漢字を書き加えて、漢字を完成させましょう。　1つ3点【18点】

(1) □朱　□文

① □に入る漢字……□

② 完成した漢字……□　□

(2) 言□　罒/□

① □に入る漢字……□

② 完成した漢字……□　□

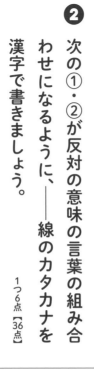

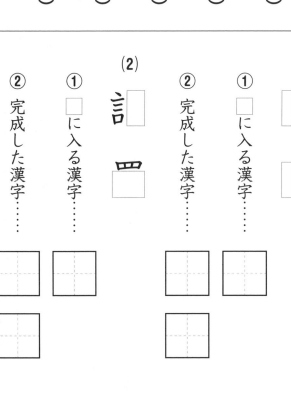

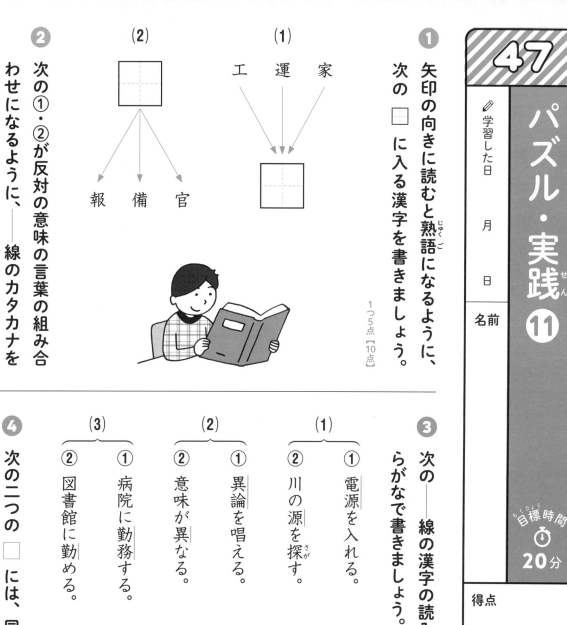

48 パズル・実践《せん》⑫

学習した日　月　日

名前

目標《もくひょう》時間 20分

得点　／100点

解説↓ 181ページ

らくらくマルつけ

2648

1 次の熟語《じゅくご》の□に共通して入る漢字をあとからそれぞれ選び、記号を書きましょう。 1つ8点【32点】

(1) 鉄□・製□・□板　（　　）

(2) 地□・区□・全□　（　　）

(3) □時・□海・□席　（　　）

(4) □国・□島・□説　（　　）

ア 域　**イ** 諸　**ウ** 臨　**エ** 鋼

2 次の——線のカタカナにあてはまる漢字を線で結びましょう。 1つ7点【21点】

(1) 実現にツトめる。　・　　・勤

(2) 司会をツトめる。　・　　・務

(3) 市役所にツトめる。　・　　・努

3 画数の少ない順から多い順になるように、次の□内の漢字を並《なら》べかえましょう。 全部できて【7点】

源　就　縮　枚

□→□→□→□

4 次は、家をはん売《ばい》するためのあるチラシです。

新築マンション　8000万円

①高層マンションをはん売中！

◎駅近！　②通勤に便利！

◎③派出所が目の前で安全！

◎④ユウビンキョクまで徒歩５分！

◎⑤ケイサツショまで徒歩７分！

◎県丁まで徒歩 15 分！

※問い合わせ先：⑥カブシキ会社 山田ホーム

(1) ——線①～③の漢字の読みをひらがなで書きましょう。また、——線④～⑥のカタカナを漢字に直して書きましょう。 1つ6点【36点】

①（　　）　②（　　）

③（　　）

④（　　）　⑤（　　）

⑥（　　）

(2) 右のチラシには、漢字のまちがいが一つあります。その漢字を見つけ、正しく書き直しましょう。 【4点】

□→□

48 パズル・実践《せん》⑫

学習した日　月　日

名前

目標時間《もくひょう》 20分

得点　／100点

解説↓181ページ

2648

らくらくマルつけ

❶ 次の熟語《じゅくご》の□に共通して入る漢字をあとからそれぞれ選び、記号を書きましょう。 1つ8点【32点】

(1) 鉄□・製□・□板　（　　）

(2) 地□・区□・全□　（　　）

(3) □時・□海・□席　（　　）

(4) □国・□島・□説　（　　）

ア 域　**イ** 諸　**ウ** 臨　**エ** 鋼

❷ 次の――線のカタカナにあてはまる漢字を線で結びましょう。 1つ7点【21点】

(1) 実現にツトめる。　・　　・勤

(2) 司会をツトめる。　・　　・務

(3) 市役所にツトめる。　・　　・努

❸ 画数の少ない順から多い順になるように、次の□内の漢字を並《なら》べかえましょう。 全部できて【7点】

源　就　縮　枚

□→□→□→□

❹ 次は、家をはん売《ばい》するためのチラシです。

新築マンション　8000万円

①高層マンションをはん売中！

◎駅近！　②通勤に便利！

◎③派出所が目の前で安全！

◎④ユウビンキョクまで徒歩５分！

◎⑤ケイサツショまで徒歩７分！

◎県丁まで徒歩15分！

※問い合わせ先：⑥カブシキ会社　山田ホーム

(1) ――線①～③の漢字の読みをひらがなで書きましょう。また、――線④～⑥のカタカナを漢字に直して書きましょう。 1つ6点【36点】

①（　　）　②（　　）

③（　　）

④（　　）　⑤（　　）

⑥（　　）

(2) 右のチラシには、漢字のまちがいが一つあります。その漢字を見つけ、正しく書き直しましょう。 【4点】

□→□

49 人体のしくみ①

学習した日　月　日

名前

目標《もくひょう》時間 20分

得点　／100点

らくらくマルつけ
解説↓ 181ページ
2649

脳（11画）

「⺍」としない

読み方：音 ノウ　訓 ―

使い方：頭脳《ずのう》　首脳《しゅのう》　大脳《だいのう》　小脳《しょうのう》　脳天《のうてん》

練習：脳

呼（8画）

はねる

読み方：音 コ　訓 よぶ

使い方：呼吸《こきゅう》　点呼《てんこ》　連呼《れんこ》　呼気《こき》　呼応《こおう》　呼《よ》びかけ

練習：呼

吸（6画）

出す

読み方：音 キュウ　訓 すう

使い方：吸収《きゅうしゅう》　吸入《きゅうにゅう》　吸引《きゅういん》　吸血《きゅうけつ》　吸着《きゅうちゃく》　吸《す》いこむ

練習：吸

胸（10画）

はねる

読み方：音 キョウ　訓 むね（むな）

使い方：胸囲《きょうい》　胸部《きょうぶ》　胸中《きょうちゅう》　胸裏《きょうり》　度胸《どきょう》　胸焼《むなや》け

練習：胸

肺（9画）

はねる

読み方：音 ハイ　訓 ―

使い方：肺炎《はいえん》　肺病《はいびょう》　心肺《しんぱい》　肺《はい》がん　肺活量《はいかつりょう》

練習：肺

1 □に漢字を書きましょう。

(1) □《のう》の働きを調べる。

(2) 深く□□《こきゅう》をする。

(3) □《むね》がどきどきする。

(4) 空気が□《はい》に運ばれる。

(5) 大きく息を□《す》いこむ。

(6) □□《きょうぶ》の検査をする。

(7) □《はい》炎《えん》の治りょうをする。

(8) 酸素を□□《きゅうにゅう》する。

(9) けが人に□《よ》びかける。

(10) すぐれた□□《ずのう》をもつ。

1つ8点【80点】

スパイラルコーナー

□に漢字を書きましょう。

(1) 生命の□□《みなもと》について考える。

(2) 動物の進化には□□《しょせつ》ある。

1つ10点【20点】

もう1回チャレンジ!!

49

人体のしくみ①

学習した日　月　日

名前

目標《もくひょう》時間 20分

得点　／100点

解説↓ 181ページ

2649

らくらくマルつけ

脳 11画

「⺍」としない

ノ 刀 月 月 月' 肜 肜 脳 脳 脳 脳

読み方：音 ノウ　訓 ―

使い方：頭脳《ずのう》　首脳《しゅのう》　大脳《だいのう》　小脳《しょうのう》　脳天《のうてん》

練習

呼 8画

はねる

丨 口 口 口' 口' 叱 叱 呼

読み方：音 コ　訓 よぶ

使い方：呼吸《こきゅう》　点呼《てんこ》　連呼《れんこ》　呼気《こき》　呼応《こおう》　呼《よ》びかけ

練習

吸 6画

出す

丨 口 口 口ノ 吸 吸

読み方：音 キュウ　訓 すう

使い方：吸収《きゅうしゅう》　吸入《きゅうにゅう》　吸引《きゅういん》　吸血《きゅうけつ》　吸着《きゅうちゃく》　吸《す》いこむ

練習

胸 10画

はねる

丿 刀 月 月 月' 肑 肑 胸 胸 胸

読み方：音 キョウ　訓 むね（むな）

使い方：胸囲《きょうい》　胸部《きょうぶ》　胸中《きょうちゅう》　胸裏《きょうり》　度胸《どきょう》　胸焼《むねや》け

練習

肺 9画

はねる

丿 刀 月 月 月' 肝 肝 肺 肺

読み方：音 ハイ　訓 ―

使い方：肺炎《はいえん》　肺病《はいびょう》　心肺《しんぱい》　肺《はい》がん　肺活量《はいかつりょう》

練習

---

❶ □に漢字を書きましょう。

(1) □《のう》の働きを調べる。

(2) 深く□□《こきゅう》をする。

(3) □《むね》がどきどきする。

(4) 空気が□《はい》に運ばれる。

(5) 大きく息を□《す》いこむ。

(6) □□《きょうぶ》の検査をする。

(7) □《はい》炎《えん》の治りょうをする。

(8) 酸素を□□《きゅうにゅう》する。

(9) けが人に□《よ》びかける。

(10) すぐれた□□《ずのう》をもつ。

1つ8点【80点】

スパイラルコーナー

□に漢字を書きましょう。

(1) 生命の□《みなもと》について考える。

(2) 動物の進化には□□《しょせつ》ある。

1つ10点【20点】

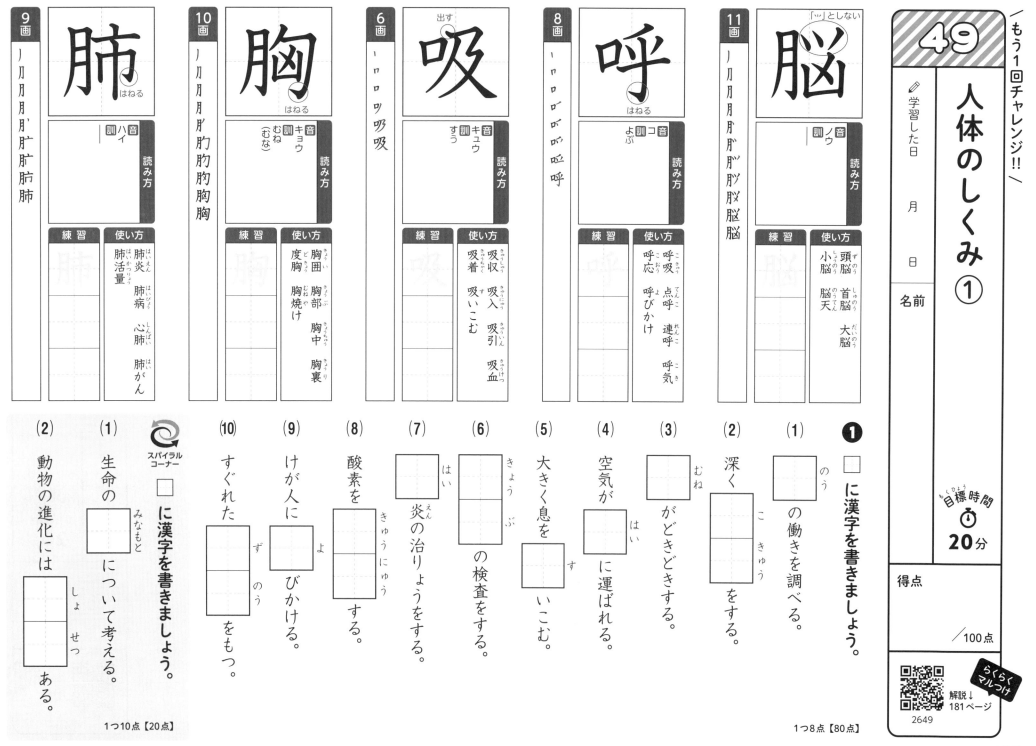

50 人体のしくみ②

学習した日　月　日

名前

目標《もくひょう》時間　20分

得点　／100点

解説↓ 181ページ

らくらくマルつけ

2650

胃

9画

ー 口 口 田 田 甲 胃 胃 胃

読み方：音 イ　訓 —

練習

使い方：胃薬《いぐすり》　胃液《いえき》　胃酸《いさん》　胃痛《いつう》　胃《い》ぶくろ　胃《い》カメラ

腸

13画

出ない

読み方：音 チョウ　訓 —

練習

使い方：胃腸《いちょう》　小腸《しょうちょう》　大腸《だいちょう》　直腸《ちょくちょう》　もう腸《ちょう》　腸炎《ちょうえん》

筋

12画

はねる

読み方：音 キン　訓 すじ

練習

使い方：筋肉《きんにく》　筋力《きんりょく》　腹筋《ふっきん》　鉄筋《てっきん》　筋道《すじみち》　あら筋《すじ》

臓

19画

わすれずにうつ

読み方：音 ゾウ　訓 —

練習

使い方：心臓《しんぞう》　内臓《ないぞう》　臓器《ぞうき》　五臓《ごぞう》　かん臓《ぞう》　すい臓《ぞう》

舌

6画

はらう

ー 二 千 千 舌 舌

読み方：音 (ゼツ)　訓 した

練習

使い方：舌先《したさき》　ねこ舌《じた》　巻《ま》き舌《じた》　舌打《したう》ち　二枚舌《にまいじた》　舌《した》つづみ

1 □に漢字を書きましょう。

(1) □□《いちょう》の調子が悪い。

(2) 足の□□《きんにく》をきたえる。

(3) □□《しんぞう》から血液を送る。

(4) □《した》をやけどする。

(5) □《い》ぶくろが満たされる。

(6) □□《だいちょう》の病気が治る。

(7) □□《ないぞう》が弱っている。

(8) 食後に□□《いぐすり》を飲む。

(9) □□《すじみち》を立てて説明する。

(10) 思わず□□《したう》ちをする。

1つ8点【80点】

スパイラルコーナー　□に漢字を書きましょう。

(1) 大雨□□《けいほう》が発表される。

(2) 書類に□□《しょめい》する。

1つ10点【20点】

＼もう1回チャレンジ!!／

50 人体のしくみ②

学習した日　月　日

名前

目標時間《もくひょうじかん》 20分

得点　／100点

解説↓ 181ページ

らくらくマルつけ

2650

胃（9画）

丨 冂 冂 田 田 甲 胃 胃 胃

はねる

読み方　音 イ　訓 ―

使い方　胃薬《いぐすり》　胃液《いえき》　胃酸《いさん》　胃痛《いつう》　胃《い》ぶくろ　胃《い》カメラ

練習

腸（13画）

出ない

丿 刀 月 月 月 肌 肌 胆 胆 腥 腸 腸 腸

読み方　音 チョウ　訓 ―

使い方　胃腸《いちょう》　小腸《しょうちょう》　大腸《だいちょう》　直腸《ちょくちょう》　もう腸《ちょう》　腸炎《ちょうえん》

練習

筋（12画）

はねる

ノ ト ケ ケ ケ ケ 笁 笁 笁 筋 筋 筋

読み方　音 キン　訓 すじ

使い方　筋肉《きんにく》　筋力《きんりょく》　腹筋《ふっきん》　鉄筋《てっきん》　筋道《すじみち》　あら筋《すじ》

練習

臓（19画）

わすれずにうつ

丿 刀 月 月 月 肝 肝 肝 肝 肝 肝 肝 肝 肝 臓 臓 臓 臓 臓

読み方　音 ゾウ　訓 ―

使い方　心臓《しんぞう》　内臓《ないぞう》　臓器《ぞうき》　五臓《ごぞう》　かん臓《ぞう》　すい臓《ぞう》

練習

舌（6画）

はらう

ノ 二 千 千 舌 舌

読み方　音 (ゼツ)　訓 した

使い方　舌先《したさき》　ねこ舌《じた》　巻《ま》き舌《じた》　舌打《したう》ち　二枚舌《にまいじた》　舌《した》つづみ

練習

❶ □に漢字を書きましょう。

(1) □《いちょう》の調子が悪い。

(2) 足の□《きんにく》をきたえる。

(3) □《しんぞう》から血液を送る。

(4) □《した》をやけどする。

(5) □《い》ぶくろが満たされる。

(6) □《だいちょう》の病気が治る。

(7) □《ないぞう》が弱っている。

(8) 食後に□《いぐすり》を飲む。

(9) □《すじみち》を立てて説明する。

(10) 思わず□《したう》ちをする。

1つ8点【80点】

スパイラルコーナー　□に漢字を書きましょう。

(1) 大雨□《けいほう》が発表される。

(2) 書類に□《しょめい》する。

1つ10点【20点】

51 病院に行く①

学習した日　月　日

名前

目標時間《もくひょうじかん》 20分

得点　／100点

らくらくマルつけ

解説↓ 182ページ

2651

腹（13画）

はらう

音 フク
訓 はら

使い方：空腹《くうふく》　満腹《まんぷく》　腹部《ふくぶ》　中腹《ちゅうふく》　横腹《よこばら》　腹黒《はらぐろ》い

練習

痛（12画）

とめる

音 ツウ
訓 いたい　いたむ　いためる

使い方：苦痛《くつう》　頭痛《ずつう》　腹痛《ふくつう》　悲痛《ひつう》　痛快《つうかい》　歯痛《はいた》《しつう》

練習

骨（10画）

はねる　とめる

音 コツ
訓 ほね

使い方：鉄骨《てっこつ》　骨折《こっせつ》　骨格《こっかく》　人骨《じんこつ》　反骨《はんこつ》　背骨《せぼね》

練習

傷（13画）

「昜」としない

音 ショウ
訓 きず　(いたむ)　(いためる)

使い方：重傷《じゅうしょう》　負傷《ふしょう》　傷害《しょうがい》　中傷《ちゅうしょう》　感傷的《かんしょうてき》　傷口《きずぐち》

練習

視（11画）

とめる

音 シ
訓 ―

使い方：視力《しりょく》　視点《してん》　視界《しかい》　視察《しさつ》　重視《じゅうし》　無視《むし》

練習

---

1 □に漢字を書きましょう。

(1) □□《ふくつう》で病院に行く。
(2) うでを□□《こっせつ》する。
(3) 手の□《きず》を消毒する。
(4) □□《しりょく》が低下する。
(5) 朝から頭が□《いた》い。
(6) 事故で□□《じゅうしょう》を負う。
(7) のどに魚の□《ほね》がささる。
(8) ねちがえて首を□《いた》める。
(9) 指示を□□《むし》する。
(10) 失礼な態度に□《はら》を立てる。

1つ8点【80点】

スパイラルコーナー　□に漢字を書きましょう。

(1) 病院に□□《きんむ》する。
(2) □□□《でんしゃちん》をはらう。

1つ10点【20点】

＼もう1回チャレンジ!!／

51

病院に行く①

学習した日　月　日

名前

目標《もくひょう》時間　20分

得点　／100点

解説↓182ページ

2651

らくらくマルつけ

腹

13画

はらう

読み方
音 フク
訓 はら

練習

使い方
空腹《くうふく》　満腹《まんぷく》　腹部《ふくぶ》　中腹《ちゅうふく》
横腹《よこばら》　腹黒《はらぐろ》い

痛

12画

とめる

読み方
音 ツウ
訓 いたい　いたむ　いためる

練習

使い方
苦痛《くつう》　頭痛《ずつう》　腹痛《ふくつう》
悲痛《ひつう》　痛快《つうかい》　歯痛《はいた》《しつう》

骨

10画

はねる
とめる

読み方
音 コツ
訓 ほね

練習

使い方
鉄骨《てっこつ》　骨折《こっせつ》　骨格《こっかく》
人骨《じんこつ》　反骨《はんこつ》　背骨《せぼね》

傷

13画

「昜」としない

読み方
音 ショウ
訓 きず　（いたむ）　（いためる）

練習

使い方
重傷《じゅうしょう》　負傷《ふしょう》　傷害《しょうがい》　中傷《ちゅうしょう》
感傷的《かんしょうてき》　傷口《きずぐち》

視

11画

とめる

読み方
音 シ
訓 ―

練習

使い方
視力《しりょく》　視点《してん》　視界《しかい》
視察《しさつ》　重視《じゅうし》　無視《むし》

---

1 □に漢字を書きましょう。

(1) □□《ふくつう》で病院に行く。

(2) うでを□□《こっせつ》する。

(3) 手の□《きず》を消毒する。

(4) □□《しりょく》が低下する。

(5) 朝から頭が□《いた》い。

(6) 事故で□□《じゅうしょう》を負う。

(7) のどに魚の□《ほね》がささる。

(8) ねちがえて首を□《いた》める。

(9) 指示を□□《むし》する。

(10) 失礼な態度に□《はら》を立てる。

1つ8点【80点】

スパイラルコーナー

□に漢字を書きましょう。

(1) 病院に□□《きんむ》する。

(2) □□□《でんしゃちん》をしはらう。

1つ10点【20点】

52 病院に行く②

学習した日　月　日

名前

目《もく》標《ひょう》時間　20分

得点　／100点

解説↓ 182ページ

らくらくマルつけ

2652

看

9画

一 二 三 手 矛 看 看 看 看

左下にはらう

読み方：音 カン　訓 ―

使い方：看病《かんびょう》　看護師《かんごし》　看板《かんばん》　看守《かんしゅ》　看破《かんぱ》　看過《かんか》

練習

処

5画

ノ ク 夂 夂 処

長くはらう

読み方：音 ショ　訓 ―

使い方：対処《たいしょ》　処分《しょぶん》　処理《しょり》　処置《しょち》　処方《しょほう》　処刑《しょけい》

練習

射

10画

ノ 亻 介 冂 自 身 身 身 射 射

つき出さない

読み方：音 シャ　訓 いる

使い方：注射《ちゅうしゃ》　反射《はんしゃ》　発射《はっしゃ》　射《しゃ》げき　放射能《ほうしゃのう》　射止《いと》める

練習

亡

3画

丶 亠 亡

角をつけない

読み方：音 ボウ（モウ）　訓（ない）

使い方：死亡《しぼう》　存亡《そんぼう》　興亡《こうぼう》　逃亡《とうぼう》　亡命《ぼうめい》　亡国《ぼうこく》

練習

1 □に漢字を書きましょう。

(1) けが人を□《かんびょう》する。

(2) 応急□《しょち》を行う。

(3) うでに□《ちゅうしゃ》をする。

(4) かん者が□《しぼう》する。

(5) □《かんごし》として働く。

(6) 薬を□《しょほう》してもらう。

(7) 水面に光が□《はんしゃ》する。

(8) 病院が存《そん》□《ぼう》の危《き》機《き》にある。

(9) 医者が適切に□《たいしょ》する。

(10) 的を□《い》た発言をする。

1つ8点【80点】

スパイラルコーナー

□に漢字を書きましょう。

(1) 時間を□《たんしゅく》する。

(2) □《やねうら》部屋に入る。

1つ10点【20点】

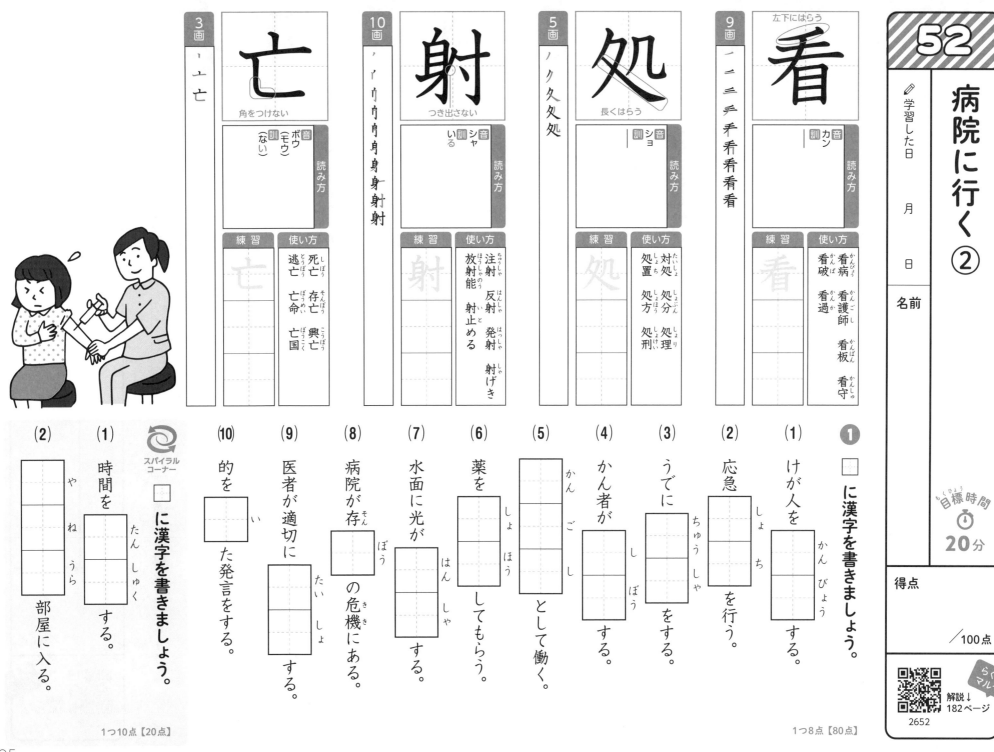

52 病院に行く②

もう1回チャレンジ!!

学習した日　月　日

名前

目標《もくひょう》時間 20分

得点　／100点

解説↓ 182ページ

らくらくマルつけ

2652

看（9画）

左下にはらう

筆順：一 二 三 手 手 看 看 看 看

読み方　音 カン　訓 ―

使い方　看病《かんびょう》　看護師《かんごし》　看板《かんばん》　看守《かんしゅ》　看破《かんぱ》　看過《かんか》

練習

処（5画）

長くはらう

筆順：ノ ク 夂 処 処

読み方　音 ショ　訓 ―

使い方　対処《たいしょ》　処分《しょぶん》　処理《しょり》　処置《しょち》　処方《しょほう》　処刑《しょけい》

練習

射（10画）

つき出さない

筆順：′ 亻 门 内 自 身 身 身 射 射

読み方　音 シャ　訓 いる

使い方　注射《ちゅうしゃ》　反射《はんしゃ》　発射《はっしゃ》　射《しゃ》げき　放射能《ほうしゃのう》　射止《いと》める

練習

亡（3画）

角をつけない

筆順：丶 亠 亡

読み方　音 ボウ（モウ）　訓（ない）

使い方　死亡《しぼう》　存亡《そんぼう》　興亡《こうぼう》　逃亡《とうぼう》　亡命《ぼうめい》　亡国《ぼうこく》

練習

1 □に漢字を書きましょう。

(1) けが人を［　　］《かんびょう》する。

(2) 応急［　　］《しょち》を行う。

(3) うでに［　　］《ちゅうしゃ》をする。

(4) かん者が［　　］《しぼう》する。

(5) ［　　　］《かんごし》として働く。

(6) 薬を［　　］《しょほう》してもらう。

(7) 水面に光が［　　］《はんしゃ》する。

(8) 病院が存《そん》［　］《ぼう》の危機《きき》にある。

(9) 医者が適切に［　　］《たいしょ》する。

(10) 的を［　］《い》た発言をする。

1つ8点【80点】

スパイラルコーナー

□に漢字を書きましょう。

(1) 時間を［　　］《たんしゅく》する。

(2) ［　　　］《やねうら》部屋に入る。

1つ10点【20点】

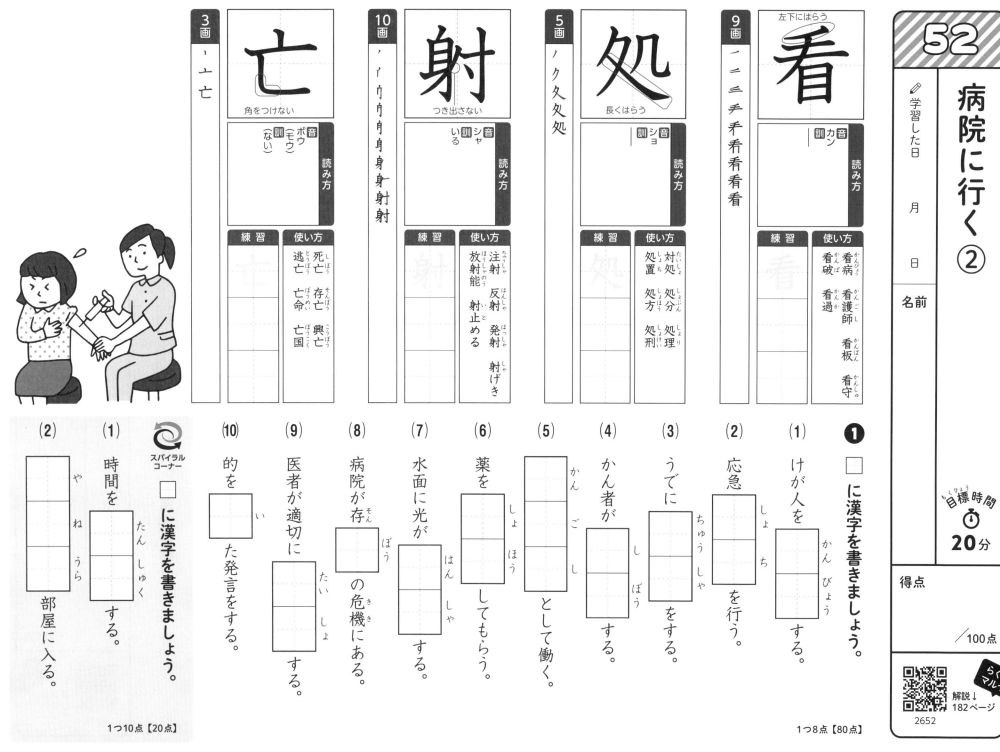

53

まとめのテスト⑬

学習した日　　月　　日

名前

目標《もくひょう》時間 20分

得点　　／100点

らくらくマルつけ
解説↓ 182ページ
2653

1 （　）に――線の読みがなを書きましょう。 1つ4点【52点】

(1) 的の真ん中を射止める。（　　　）

(2) 名店の味に舌つづみを打つ。（　　　）

(3) 名前を連呼する。（　　　）

(4) 脳波の検査をする。（　　　）

(5) 胸中を打ち明ける。（　　　）

(6) 臓器を移植する。（　　　）

(7) 鳥類の骨格について学ぶ。（　　　）

(8) 鉄筋コンクリートを運ぶ。（　　　）

(9) となりの国に亡命する。（　　　）

(10) 看守が見張りをする。（　　　）

(11) 鼻から呼気を出す。（　　　）

(12) 放射能を測定する。（　　　）

(13) 感傷的な気持ちになる。（　　　）

2 □に漢字を書きましょう。 1つ4点【48点】

(1) 深く息を□《す》いこむ。

(2) □《はい》がんの治りょうをする。

(3) 口から□《い》カメラを入れる。

(4) □《は》□《いた》で病院に行く。

(5) 犬の□《ふく》□《ぶ》をなでる。

(6) 商品の質を□《じゅう》□《し》する。

(7) もう□《ちょう》で入院する。

(8) □《くう》□《ふく》が満たされる。

(9) 水分を□《きゅう》□《しゅう》する。

(10) □《し》□《かい》が大きく開ける。

(11) 強い光を□《く》□《つう》に感じる。

(12) □《はい》□《かつ》□《りょう》を測定する。

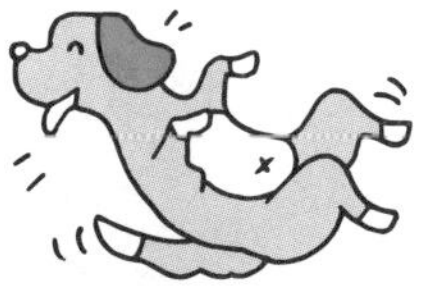

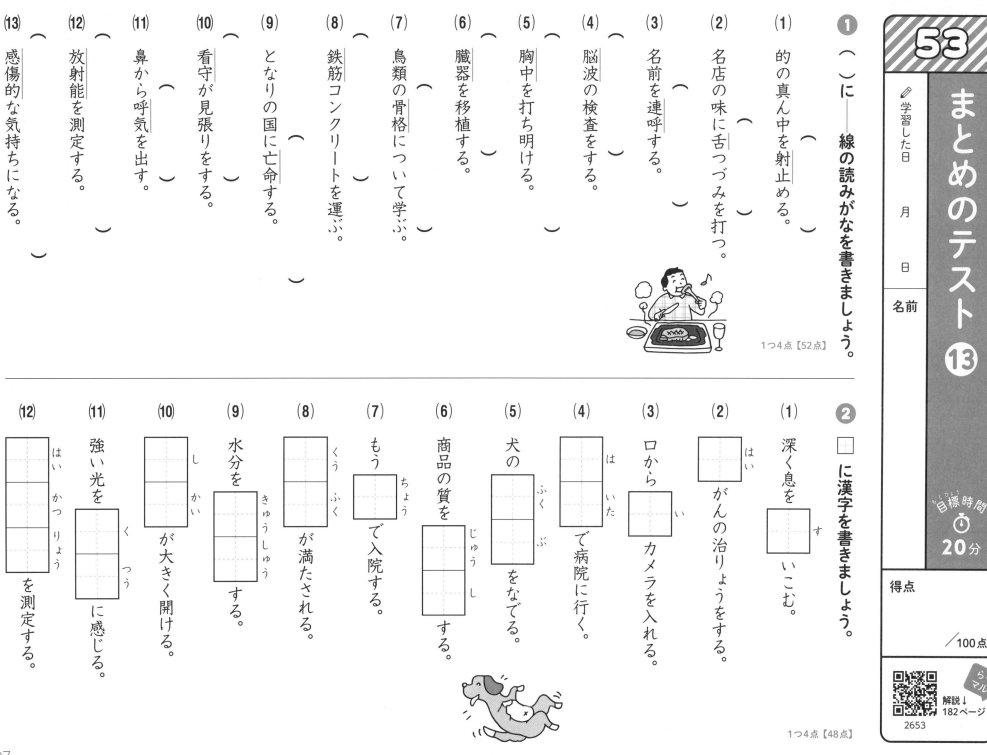

＼もう1回チャレンジ!!／

53 まとめのテスト⑬

学習した日　月　日

名前

目標時間《もくひょうじかん》 20分

得点　／100点

らくらくマルつけ

解説↓182ページ

2653

1 （　）に――線の読みがなを書きましょう。

1つ4点【52点】

(1) 的の真ん中を射止める。（　　）
(2) 名店の味に舌つづみを打つ。（　　）
(3) 名前を連呼する。（　　）
(4) 脳波の検査をする。（　　）
(5) 胸中を打ち明ける。（　　）
(6) 臓器を移植する。（　　）
(7) 鳥類の骨格について学ぶ。（　　）
(8) 鉄筋コンクリートを運ぶ。（　　）
(9) となりの国に亡命する。（　　）
(10) 看守が見張りをする。（　　）
(11) 鼻から呼気を出す。（　　）
(12) 放射能を測定する。（　　）
(13) 感傷的な気持ちになる。（　　）

2 □に漢字を書きましょう。

1つ4点【48点】

(1) 深く息を□《す》いこむ。
(2) □《はい》がんの治りょうをする。
(3) 口から□《い》カメラを入れる。
(4) □《は》□《いた》で病院に行く。
(5) 犬の□《ふく》□《ぶ》をなでる。
(6) 商品の質を□《じゅう》□《し》する。
(7) もう□《ちょう》で入院する。
(8) □《くう》□《ふく》が満たされる。
(9) 水分を□《きゅう》□《しゅう》する。
(10) □《し》□《かい》が大きく開ける。
(11) 強い光を□《く》□《つう》に感じる。
(12) □《はい》□《かつ》□《りょう》を測定する。

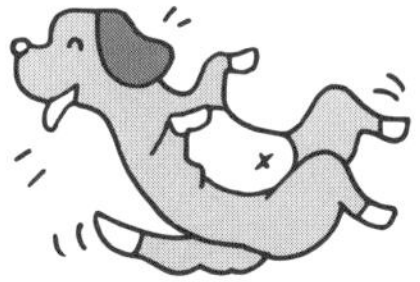

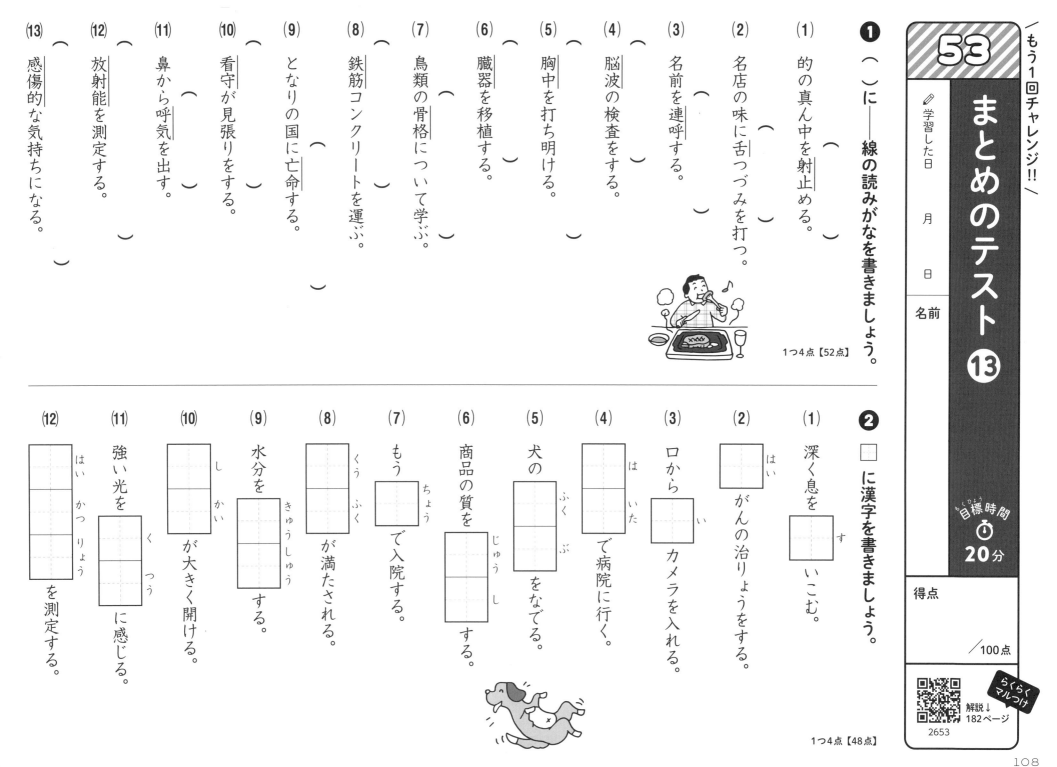

54

まとめのテスト 14

学習した日　月　日

名前

目標時間《もくひょうじかん》 20分

得点　／100点

解説↓ 182ページ

らくらくマルつけ

2654

1 (　)に——線の読みがなを書きましょう。

1つ4点【52点】

(1) 傷口が広がるのを防ぐ。(　)(　)

(2) 頭痛のために学校を休む。(　)(　)

(3) 小腸で食べ物を消化する。(　)(　)

(4) 海外の組織を視察する。(　)(　)

(5) 蚊《か》は吸血動物である。(　)(　)

(6) 胃液が出る。(　)

(7) 痛快な逆転勝利を決める。(　)

(8) 満腹になるまで食べる。(　)

(9) 運動して筋力をつける。(　)(　)

(10) ほこりを吸引する。(　)

(11) 心肺が停止する。(　)

(12) 腹筋をきたえる。(　)

(13) 事故で足を負傷する。(　)

2 □に漢字を書きましょう。

1つ4点【48点】

(1) □《よ》びかけに答える。

(2) 食べすぎて□□《むねや》けがする。

(3) □□《だいのう》の機能を知る。

(4) □□《てっこつ》を持ち上げる。

(5) ロケットを□□《はっしゃ》する。

(6) 大量のごみを□□《しょり》する。

(7) かん□《ぞう》の手術を受ける。

(8) ねこ□《じた》で熱いものが苦手だ。

(9) 各国の□□《しゅのう》が集まる。

(10) 部長が□□《てんこ》をとる。

(11) □□《きょうい》を測定する。

(12) 背《せ》□《ぼね》をまっすぐのばす。

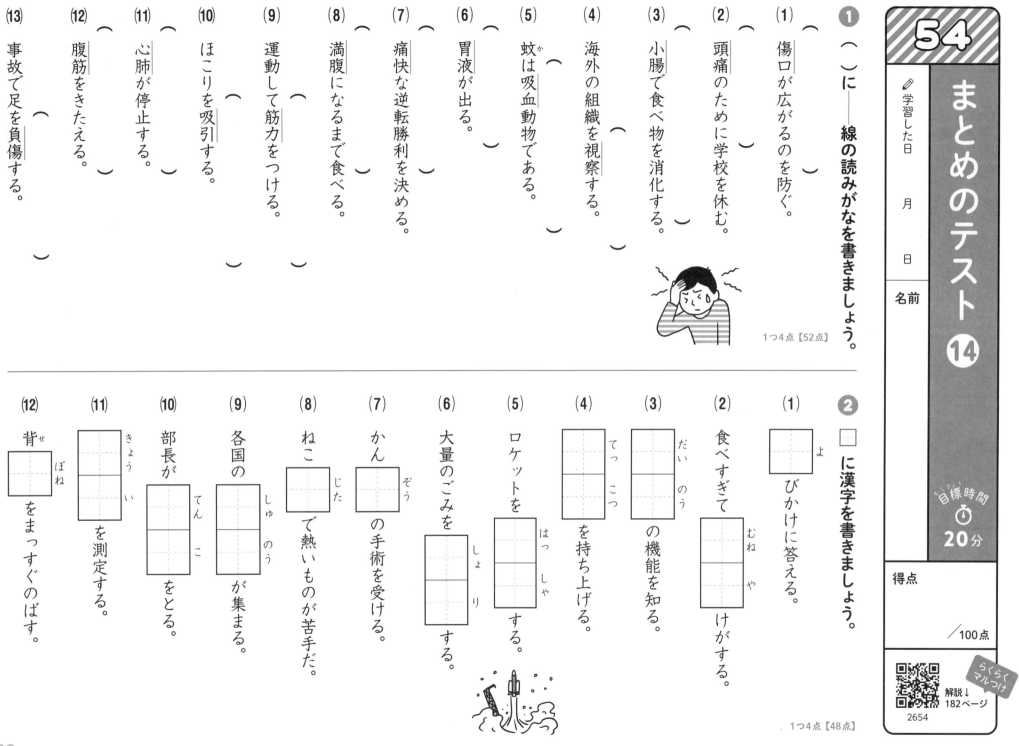

もう1回チャレンジ!!

54 まとめのテスト⑭

学習した日　月　日

名前

目標時間《もくひょうじかん》 20分

得点　／100点

解説↓182ページ

らくらくマルつけ

2654

❶ （　）に――線の読みがなを書きましょう。

1つ4点【52点】

(1) 傷口が広がるのを防ぐ。（　）

(2) 頭痛のために学校を休む。（　）

(3) 小腸で食べ物を消化する。（　）

(4) 海外の組織を視察する。（　）（　）

(5) 蚊《か》は吸血動物である。（　）

(6) 胃液が出る。（　）

(7) 痛快な逆転勝利を決める。（　）

(8) 満腹になるまで食べる。（　）

(9) 運動して筋力をつける。（　）（　）

(10) ほこりを吸引する。（　）

(11) 心肺が停止する。（　）

(12) 腹筋をきたえる。（　）

(13) 事故で足を負傷する。（　）

❷ □に漢字を書きましょう。

1つ4点【48点】

(1) □《よ》びかけに答える。

(2) 食べすぎて□□《むねや》けがする。

(3) □□《だいのう》の機能を知る。

(4) □□《てっこつ》を持ち上げる。

(5) ロケットを□□《はっしゃ》する。

(6) 大量のごみを□□《しょり》する。

(7) かん□《ぞう》の手術を受ける。

(8) ねこ□《じた》で熱いものが苦手だ。

(9) 各国の□□《しゅのう》が集まる。

(10) 部長が□□《てんこ》をとる。

(11) □□《きょうい》を測定する。

(12) 背《せ》□《ぼね》をまっすぐのばす。

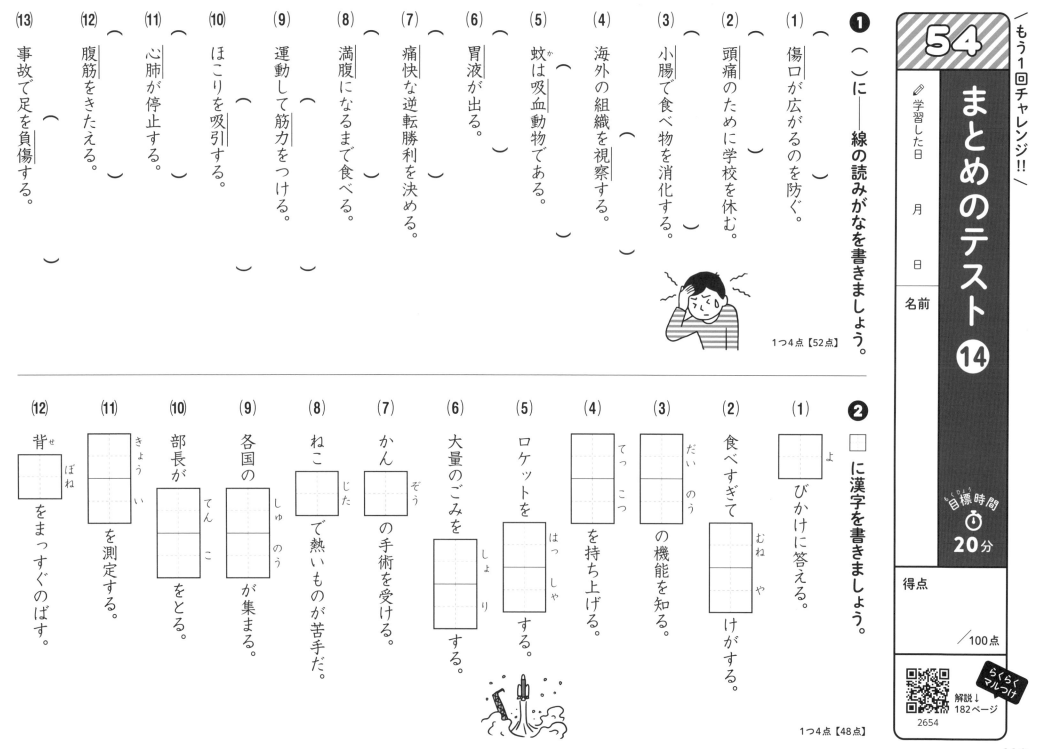

55 パズル・実践《せん》⑬

学習した日　月　日

名前

目標時間《もくひょう》　20分

得点　／100点

らくらくマルつけ

解説↓183ページ

2655

❶ 矢印の向きに読むと熟語《じゅくご》になるように、次の□に入る漢字を書きましょう。　1つ8点【16点】

(1)
薬
↑
腸《ちょう》 ← □ → 酸
↓
液

(2)
頭
↓
大 → □ ← 小
↑
首

❷ 次の文には、同じ読みの熟語の書きまちがいが一つずつあります。その熟語を見つけ、正しく書き直しましょう。　全部できて1つ12点【36点】

(1) 事故《じこ》で志望《しぼう》した人数《にんずう》を報告《ほうこく》する。

□□ → □□

(2) 体調不良《たいちょうふりょう》により、病院《びょういん》で省庁《しょうちょう》の検査《けんさ》を受《う》けることになった。

□□ → □□

(3) 頂上《ちょうじょう》をめざして山道《やまみち》を歩《ある》き続《つづ》けていると、急《きゅう》に司会《しかい》が開《ひら》けた。

□□ → □□

❸ 次の――線の漢字と同じ読み方をする漢字をふくむ熟語をあとから選び、記号を書きましょう。　1つ6点【24点】

(1) 傷口
ア 負傷　イ 重傷
ウ 傷害　エ 傷薬
（　　）

(2) 小骨
ア 鉄骨　イ 反骨
ウ 骨折　エ 背《せ》骨
（　　）

(3) 首筋
ア 筋道　イ 腹筋
ウ 鉄筋　エ 筋力
（　　）

(4) 横腹
ア 腹部　イ 空腹
ウ 中腹　エ 自腹
（　　）

❹ 漢字の〈右部分〉と〈左部分〉のカードを組み合わせて、漢字を四つ作りましょう。（同じカードは一度しか使えません。）　1つ6点【24点】

〈右部分〉
寸　及　見　市

〈左部分〉
月　ネ　口　身

□
□
□
□

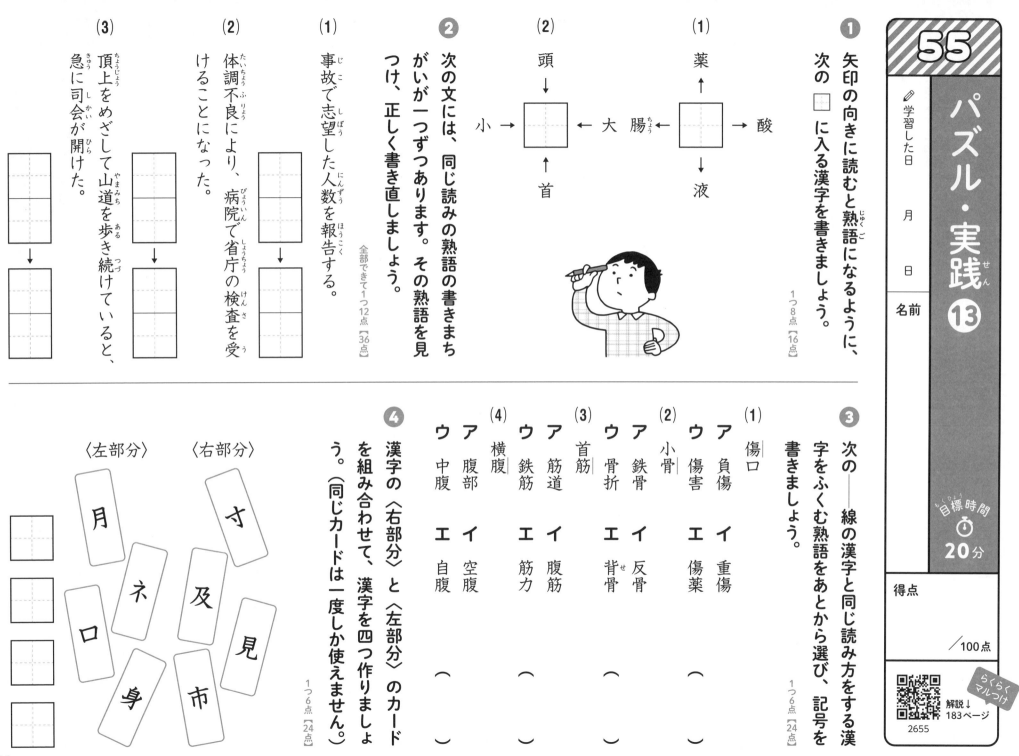

もう1回チャレンジ!!

55 パズル・実践《せん》 13

学習した日　　月　　日

名前

目標《もくひょう》時間 20分

得点　　／100点

1 矢印の向きに読むと熟語《じゅくご》になるように、次の□に入る漢字を書きましょう。　1つ8点【16点】

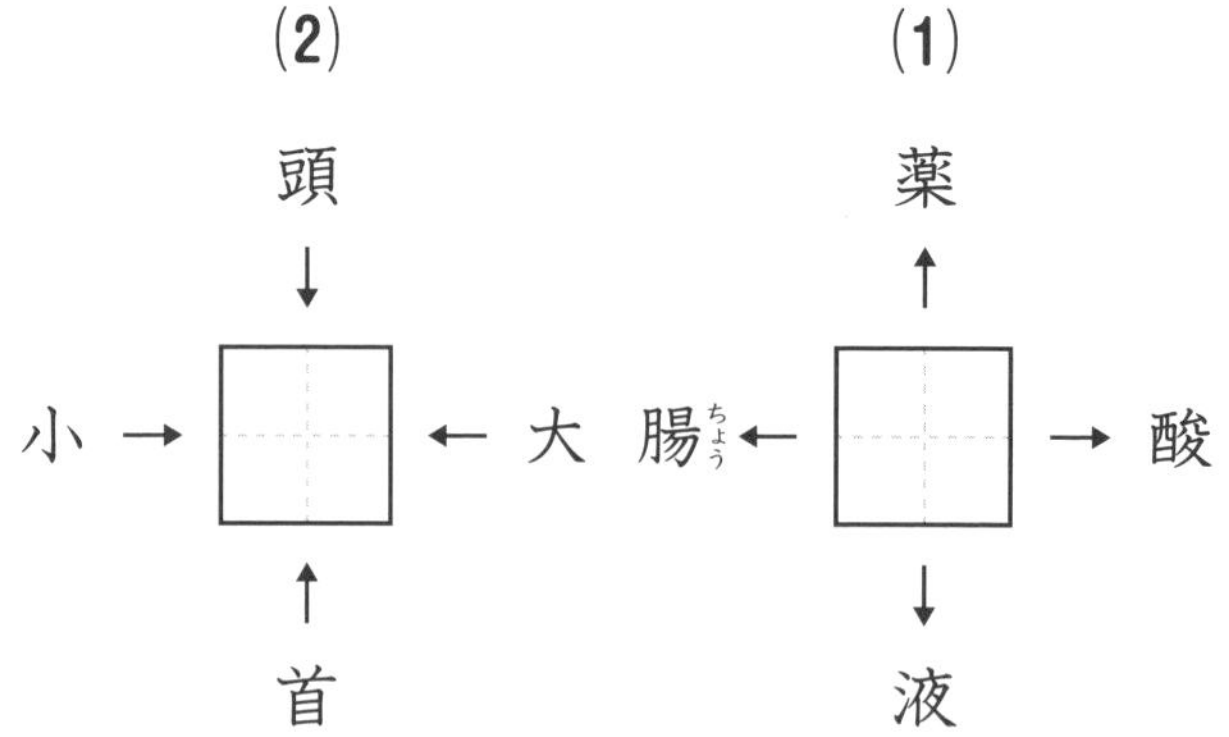

2 次の文には、同じ読みの熟語の書きまちがいが一つずつあります。その熟語を見つけ、正しく書き直しましょう。　全部できて1つ12点【36点】

(1) 事故《じこ》で志望《しぼう》した人数《にんずう》を報告《ほうこく》する。

(2) 体調《たいちょう》不良《ふりょう》により、病院《びょういん》で省庁《しょうちょう》の検査《けんさ》を受《う》けることになった。

(3) 頂上《ちょうじょう》をめざして山道《やまみち》を歩《ある》き続《つづ》けていると、急《きゅう》に司会《しかい》が開《ひら》けた。

3 次の——線の漢字と同じ読み方をする漢字をふくむ熟語をあとから選び、記号を書きましょう。　1つ6点【24点】

(1) 傷口
ア 負傷　イ 重傷　ウ 傷害　エ 傷薬　（　　）

(2) 小骨
ア 鉄骨　イ 反骨　ウ 骨折　エ 背《せ》骨　（　　）

(3) 首筋
ア 筋道　イ 腹筋　ウ 鉄筋　エ 筋力　（　　）

(4) 横腹
ア 腹部　イ 空腹　ウ 中腹　エ 自腹　（　　）

4 漢字の〈右部分〉と〈左部分〉のカードを組み合わせて、漢字を四つ作りましょう。（同じカードは一度しか使えません。）　1つ6点【24点】

〈左部分〉　〈右部分〉

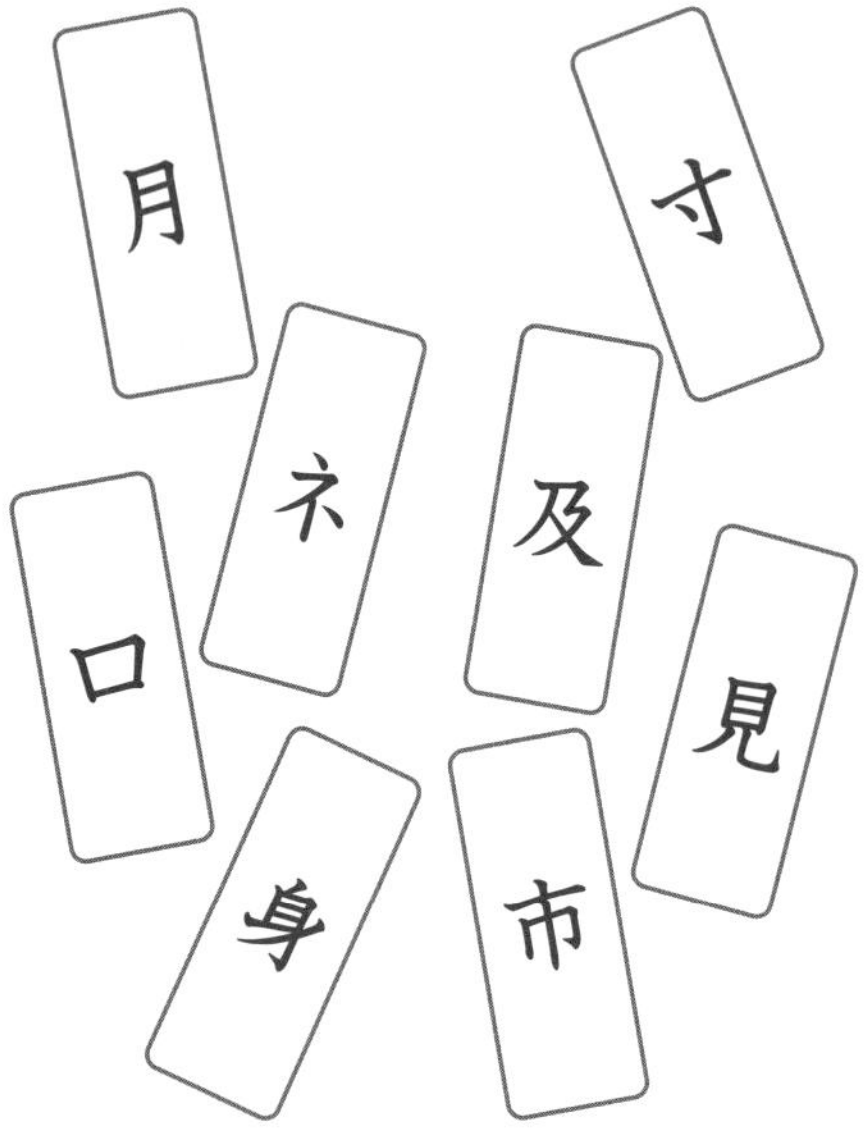

らくらくマルつけ
解説↓ 183ページ
2655

56 パズル・実践《せん》⑭

学習した日　月　日

名前

目標《もくひょう》時間 20分

得点　／100点

らくらくマルつけ

解説↓183ページ

2656

❶ 次の――線のカタカナにあてはまる漢字を線で結びましょう。 全部できて1つ8点【24点】

(1)
① 本の収《しゅう》ゾウ。・　・蔵
② 心ゾウの動き。・　・臓

(2)
① シタを出す。・　・下
② 机《つくえ》のシタ。・　・舌

(3)
① フク部の手術。・　・腹
② 課題のフク習。・　・複
③ フク数の問題。・　・復

❷ 次の漢字の筆順が正しいほうを選び、記号を書きましょう。 1つ8点【32点】

(1) 看
ア 一 二 三 手 看 看
イ 一 ア チ 手 看 看
(　　)

(2) 処
ア ノ 几 几 処 処
イ ノ ク 夂 処 処
(　　)

(3) 脳
ア 月 月 月 月 脳 脳
イ 月 月 月 月 脳 脳
(　　)

(4) 吸
ア 丨 口 口 叨 吸 吸
イ 丨 口 口 叨 吸 吸
(　　)

❸ 次は、ある病院にはってあったポスターです。

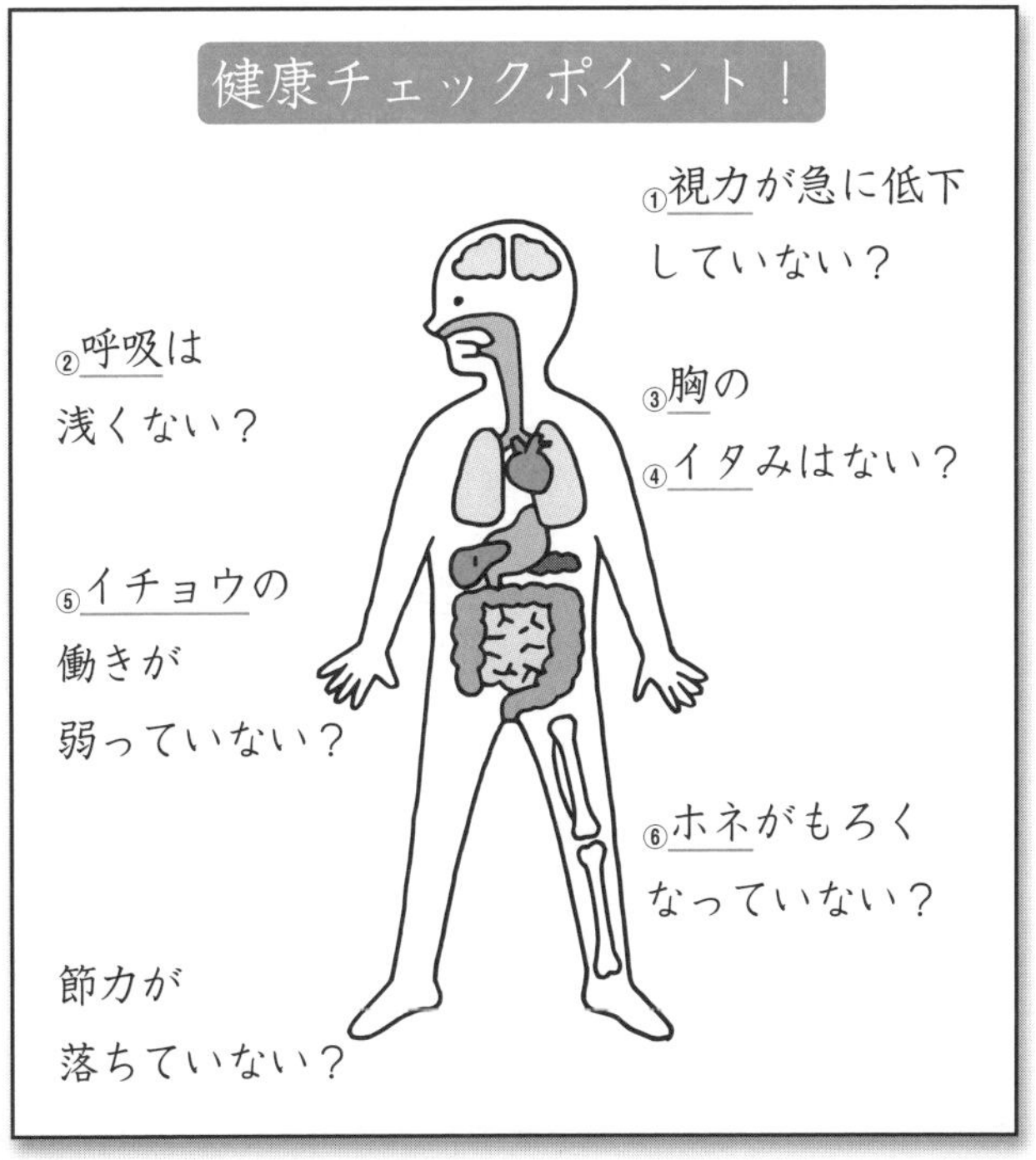

健康チェックポイント！
①視力が急に低下していない？
②呼吸は浅くない？
③胸の④イタみはない？
⑤イチョウの働きが弱っていない？
⑥ホネがもろくなっていない？
節力が落ちていない？

(1) ――線①～③の漢字の読みをひらがなで書きましょう。また、――線④～⑥のカタカナを漢字に直して書きましょう。 1つ6点【36点】

①(　　)　②(　　)
③(　　)
④(　　)　⑤(　　)
⑥(　　)

(2) 右のポスターには、漢字のまちがいが一つあります。その漢字を見つけ、正しく書き直しましょう。 【8点】

□→□

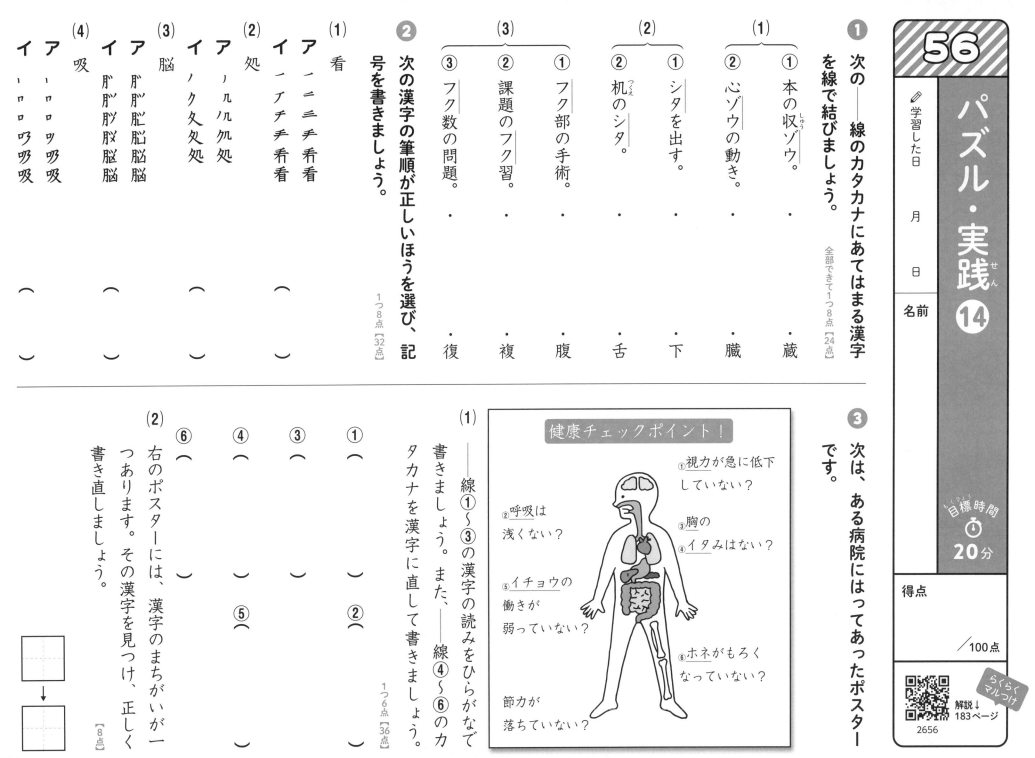

56 パズル・実践《せん》⑭

学習した日　月　日

名前

目標《もくひょう》時間　20分

得点　／100点

らくらくマルつけ

解説↓ 183ページ

2656

❶ 次の――線のカタカナにあてはまる漢字を線で結びましょう。 全部できて1つ8点【24点】

(1)
① 本の収《しゅう》ゾウ。・　・蔵
② 心ゾウの動き。・　・臓

(2)
① シタを出す。・　・下
② 机《つくえ》のシタ。・　・舌

(3)
① フク部の手術。・　・腹
② 課題のフク習。・　・複
③ フク数の問題。・　・復

❷ 次の漢字の筆順が正しいほうを選び、記号を書きましょう。 1つ8点【32点】

(1) 看
ア 一 二 三 手 看 看　(　)
イ 一 ア チ 手 看 看

(2) 処
ア 丿 几 几 几 処　(　)
イ ノ ク 夂 夂 処

(3) 脳
ア 脳 脳 脳 脳 脳 脳　(　)
イ 脳 脳 脳 脳 脳 脳

(4) 吸
ア 丶 口 口 口 吸 吸　(　)
イ 丶 口 口 口 吸 吸

❸ 次は、ある病院にはってあったポスターです。

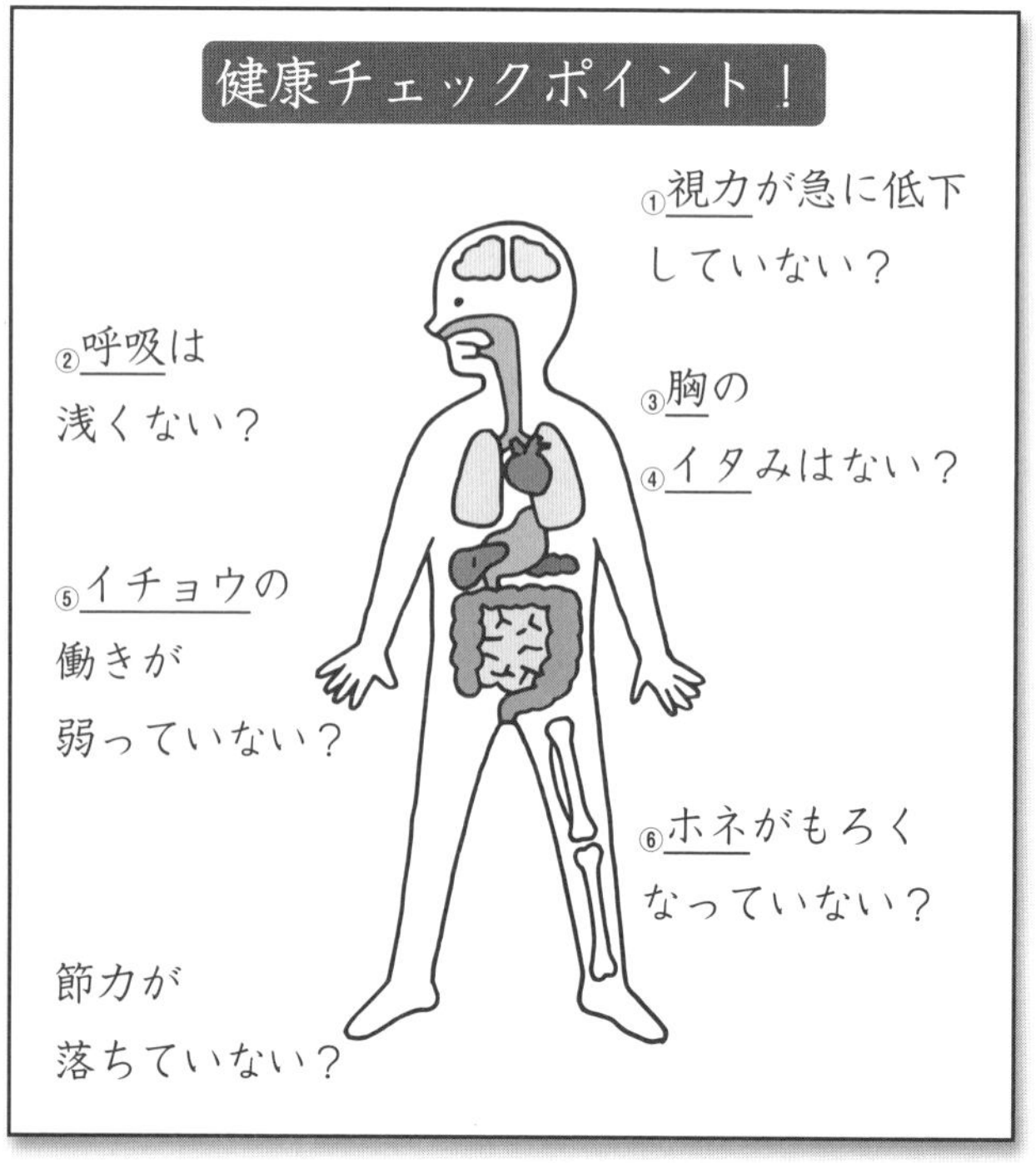
健康チェックポイント！
①視力が急に低下していない？
②呼吸は浅くない？
③胸の
④イタみはない？
⑤イチョウの働きが弱っていない？
⑥ホネがもろくなっていない？
節力が落ちていない？

(1) ――線①～③の漢字の読みをひらがなで書きましょう。また、――線④～⑥のカタカナを漢字に直して書きましょう。 1つ6点【36点】

①(　)　②(　)
③(　)
④(　)　⑤(　)
⑥(　)

(2) 右のポスターには、漢字のまちがいが一つあります。その漢字を見つけ、正しく書き直しましょう。【8点】

□ → □

57 人の気持ちや動作①

学習した日　　月　　日

名前

目標《もくひょう》時間　20分

得点　　／100点

奮（16画）

少し平たく

読み方　音 フン　訓 ふる-う

使い方：興奮《こうふん》　奮発《ふんぱつ》　奮起《ふんき》　奮闘《ふんとう》　奮《ふる》い立《た》つ　奮《ふる》い起《お》こす

練習

尊（12画）

「西」としない

読み方　音 ソン　訓 たっと-い　とうと-い　たっと-ぶ　とうと-ぶ

使い方：尊重《そんちょう》　尊厳《そんげん》　尊大《そんだい》　本尊《ほんぞん》　自尊心《じそんしん》　独尊的《どくそんてき》

練習

敬（12画）

出す

読み方　音 ケイ　訓 うやま-う

使い方：尊敬《そんけい》　敬語《けいご》　敬意《けいい》　敬老《けいろう》　敬礼《けいれい》　敬遠《けいえん》

練習

善（12画）

つき出さない

読み方　音 ゼン　訓 よ-い

使い方：善意《ぜんい》　善人《ぜんにん》　善良《ぜんりょう》　最善《さいぜん》　改善《かいぜん》　親善《しんぜん》　善《よ》し悪《あ》し

練習

孝（7画）

はねる

読み方　音 コウ　訓 ―

使い方：孝行《こうこう》　不孝《ふこう》　忠孝《ちゅうこう》　親孝行《おやこうこう》　親不孝《おやふこう》

練習

1 □に漢字を書きましょう。

(1) □□《こうふん》してとびはねる。

(2) 親友を□□《そんけい》する。

(3) □《よ》い行いをほめられる。

(4) □□□《おやこうこう》をする。

(5) □《とうと》い教えを説く。

(6) 気持ちを□《ふる》い立たせる。

(7) 目上の人を□《うやま》う。

(8) □□《ぜんい》に感謝する。

(9) 祖父や祖母を□《とうと》ぶ。

(10) □□□《おやふこう》をあやまる。

1つ8点【80点】

スパイラルコーナー　□に漢字を書きましょう。

(1) 大声で名前を□《よ》ぶ。

(2) 感動で□《むね》がいっぱいになる。

1つ10点【20点】

らくらくマルつけ　解説↓ 183ページ　2657

もう1回チャレンジ!!

57 人の気持ちや動作①

学習した日　月　日

名前

目標《もくひょう》時間 20分

得点　／100点

解説↓183ページ

らくらくマルつけ

2657

奮 16画

少し平たく

一 ナ 大 大 奆 奆 奆 奆 奆 奆 奞 奞 奮 奮 奮 奮

読み方　音 フン　訓 ふるう

使い方　興奮《こうふん》　奮発《ふんぱつ》　奮起《ふんき》　奮闘《ふんとう》　奮《ふる》い立《た》つ　奮《ふる》い起《お》こす

練習

尊 12画

「西」としない

丶 丷 䒑 丷 产 酋 酋 酋 酋 尊 尊 尊

読み方　音 ソン　訓 たっとい　とうとい　たっとぶ　とうとぶ

使い方　尊重《そんちょう》　尊厳《そんげん》　尊大《そんだい》　本尊《ほんぞん》　自尊心《じそんしん》　独尊的《どくそんてき》

練習

敬 12画

出す

一 十 艹 芍 芍 苟 苟 苟 敬 敬 敬 敬

読み方　音 ケイ　訓 うやまう

使い方　尊敬《そんけい》　敬語《けいご》　敬意《けいい》　敬老《けいろう》　敬礼《けいれい》　敬遠《けいえん》

練習

善 12画

つき出さない

丶 丷 䒑 兰 羊 羊 羊 盖 盖 善 善 善

読み方　音 ゼン　訓 よい

使い方　善意《ぜんい》　善人《ぜんにん》　善良《ぜんりょう》　最善《さいぜん》　改善《かいぜん》　親善《しんぜん》　善《よ》し悪《あ》し

練習

孝 7画

はねる

一 十 土 耂 耂 孝 孝

読み方　音 コウ　訓 ―

使い方　孝行《こうこう》　不孝《ふこう》　忠孝《ちゅうこう》　親孝行《おやこうこう》　親不孝《おやふこう》

練習

❶ □に漢字を書きましょう。

(1) □□《こうふん》してとびはねる。

(2) 親友を□□《そんけい》する。

(3) □《よ》い行いをほめられる。

(4) □□□《おやこうこう》をする。

(5) □《とうと》い教えを説く。

(6) 気持ちを□《ふる》い立たせる。

(7) 目上の人を□《うやま》う。

(8) □□《ぜんい》に感謝する。

(9) 祖父や祖母を□《とうと》ぶ。

(10) □□□《おやふこう》をあやまる。

1つ8点【80点】

スパイラルコーナー　□に漢字を書きましょう。

(1) 大声で名前を□《よ》ぶ。

(2) 感動で□《むね》がいっぱいになる。

1つ10点【20点】

58 人の気持ちや動作②

学習した日　月　日

名前

目標《もくひょう》時間　20分

得点　／100点

解説↓ 183ページ

らくらくマルつけ

2658

忠（8画）

下を広く

音　チュウ
訓　—

使い方：忠告《ちゅうこく》　忠実《ちゅうじつ》　忠犬《ちゅうけん》　忠臣《ちゅうしん》　忠義《ちゅうぎ》　忠孝《ちゅうこう》

誠（13画）

はねる

音　セイ
訓　（まこと）

使い方：誠意《せいい》　誠実《せいじつ》　忠誠《ちゅうせい》

仁（4画）

上よりも長く

音　ジン　（ニ）
訓　—

使い方：仁義《じんぎ》　仁愛《じんあい》　仁術《じんじゅつ》

我（7画）

右上にはらう
左下にはらう

音　（ガ）
訓　われ　（わ）

使い方：我々《われわれ》　我先《われさき》　我知《われし》らず　我流《がりゅう》　無我《むが》　我《が》まん

恩（10画）

はねる

音　オン
訓　—

使い方：恩人《おんじん》　恩師《おんし》　恩義《おんぎ》　恩情《おんじょう》　恩返《おんがえ》し　恩知《おんし》らず

---

1 □に漢字を書きましょう。

(1) □□《ちゅうせい》をちかう。

(2) 仕事に□□《せいじつ》に取り組む。

(3) □□《じんあい》の心を大切にする。

(4) □《われ》を忘《わす》れて夢中になる。

(5) □□《おんがえ》しをする。

(6) 友人に□□《ちゅうこく》する。

(7) □□《じんぎ》を重んじる。

(8) □□《われさき》にとにげる。

(9) 命の□□《おんじん》にお礼を言う。

(10) □□《ちゅうじつ》に任務を行う。

1つ8点【80点】

スパイラルコーナー　□に漢字を書きましょう。

(1) おいしい料理に□《した》を鳴らす。

(2) 物語のあら□《すじ》を説明する。

1つ10点【20点】

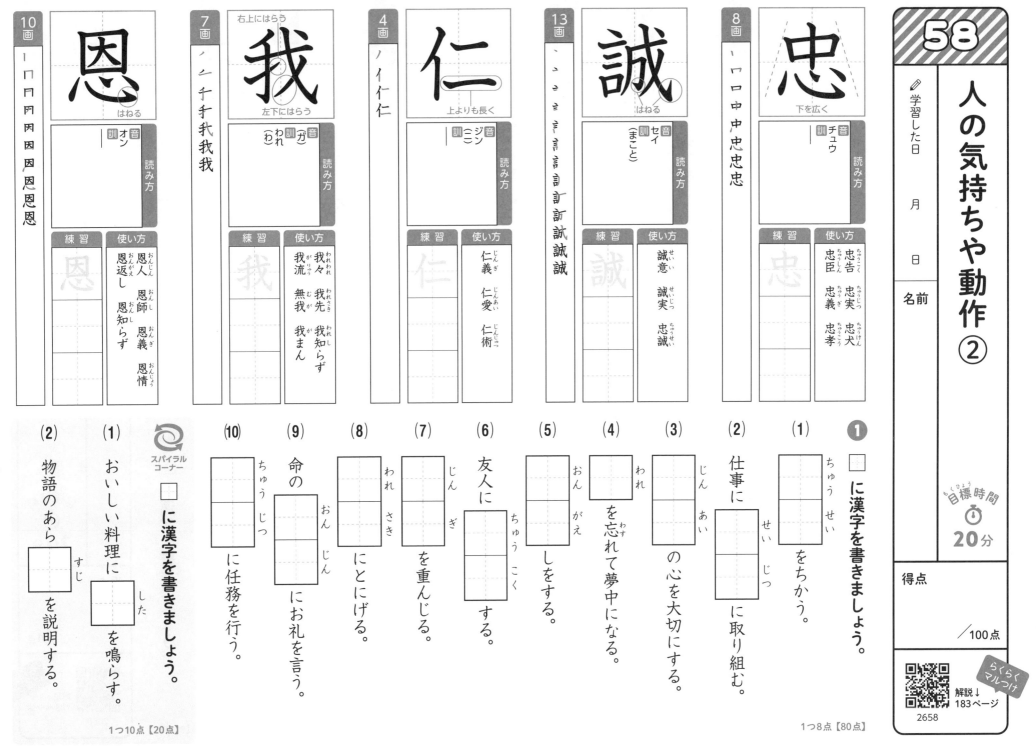

もう1回チャレンジ!!

58 人の気持ちや動作②

学習した日　月　日

名前

目標《もくひょう》時間 20分

得点 ／100点

解説↓183ページ

2658

らくらくマルつけ

忠 8画

忠忠忠忠忠忠忠忠

下を広く

読み方　音 チュウ　訓 ―

使い方　忠告《ちゅうこく》　忠実《ちゅうじつ》　忠犬《ちゅうけん》　忠臣《ちゅうしん》　忠義《ちゅうぎ》　忠孝《ちゅうこう》

練習

誠 13画

誠誠誠誠誠誠誠誠誠誠誠誠誠

はねる

読み方　音 セイ　訓 （まこと）

使い方　誠意《せいい》　誠実《せいじつ》　忠誠《ちゅうせい》

練習

仁 4画

仁仁仁仁

上よりも長く

読み方　音 ジン（ニ）　訓 ―

使い方　仁義《じんぎ》　仁愛《じんあい》　仁術《じんじゅつ》

練習

我 7画

我我我我我我我

右上にはらう　左下にはらう

読み方　音 （ガ）　訓 われ（わ）

使い方　我々《われわれ》　我先《われさき》　我知《われし》らず　我流《がりゅう》　無我《むが》　我まん

練習

恩 10画

恩恩恩恩恩恩恩恩恩恩

はねる

読み方　音 オン　訓 ―

使い方　恩人《おんじん》　恩師《おんし》　恩義《おんぎ》　恩情《おんじょう》　恩返《おんがえ》し　恩知《おんし》らず

練習

❶ □に漢字を書きましょう。

(1) □□《ちゅうせい》をちかう。

(2) 仕事に□□《せいじつ》に取り組む。

(3) □□《じんあい》の心を大切にする。

(4) □《われ》を忘《わす》れて夢中になる。

(5) □□《おんがえ》しをする。

(6) 友人に□□《ちゅうこく》する。

(7) □□《じんぎ》を重んじる。

(8) □□《われさき》にとにげる。

(9) 命の□□《おんじん》にお礼を言う。

(10) □□《ちゅうじつ》に任務を行う。

1つ8点【80点】

スパイラルコーナー　□に漢字を書きましょう。

(1) おいしい料理に□《した》を鳴らす。

(2) 物語のあら□《すじ》を説明する。

1つ10点【20点】

59 人との関係

学習した日　月　日

名前

目標時間《もくひょうじかん》 20分

得点　／100点

らくらくマルつけ

解説↓ 184ページ

2659

忘 7画

曲げてとめる

読み方　音 (ボウ)　訓 わすれる

使い方：忘《わす》れ物《もの》　物忘《ものわす》れ　度忘《どわす》れ　年忘《としわす》れ　忘年会《ぼうねんかい》　忘《ぼう》きゃく

訳 11画

はらう

読み方　音 ヤク　訓 わけ

使い方：通訳《つうやく》　訳者《やくしゃ》　和訳《わやく》　内訳《うちわけ》　言《い》い訳《わけ》　ほん訳《やく》

秘 10画

点のうちかたに注意

読み方　音 ヒ　訓 (ひめる)

使い方：神秘《しんぴ》　秘境《ひきょう》　秘書《ひしょ》　秘蔵《ひぞう》　秘伝《ひでん》　秘策《ひさく》

密 11画

「必」よりはばをせまく

読み方　音 ミツ　訓 ―

使い方：秘密《ひみつ》　密度《みつど》　密集《みっしゅう》　親密《しんみつ》　密林《みつりん》　精密《せいみつ》

困 7画

とめる

読み方　音 コン　訓 こまる

使い方：困難《こんなん》　貧困《ひんこん》　困苦《こんく》　困《こん》わく　困《こん》きゅう　困《こま》り果《は》てる

---

1 □に漢字を書きましょう。　1つ8点【80点】

(1) 大事な約束を□《わす》れる。

(2) おくれた言い□《わけ》をする。

(3) □□《ひみつ》を必ず守る。

(4) 質問の返事に□《こま》る。

(5) □□《しんみつ》な関係になる。

(6) 共に□□《こんなん》に立ち向かう。

(7) 会話を□□《つうやく》する。

(8) 友達に□《わす》れ物をわたす。

(9) □□《ひきょう》をおとずれる。

(10) □□《みつりん》を探検《たんけん》する。

スパイラルコーナー

□に漢字を書きましょう。　1つ10点【20点】

(1) 悲しい事件に心を□《いた》める。

(2) 新たな□□《してん》で見る。

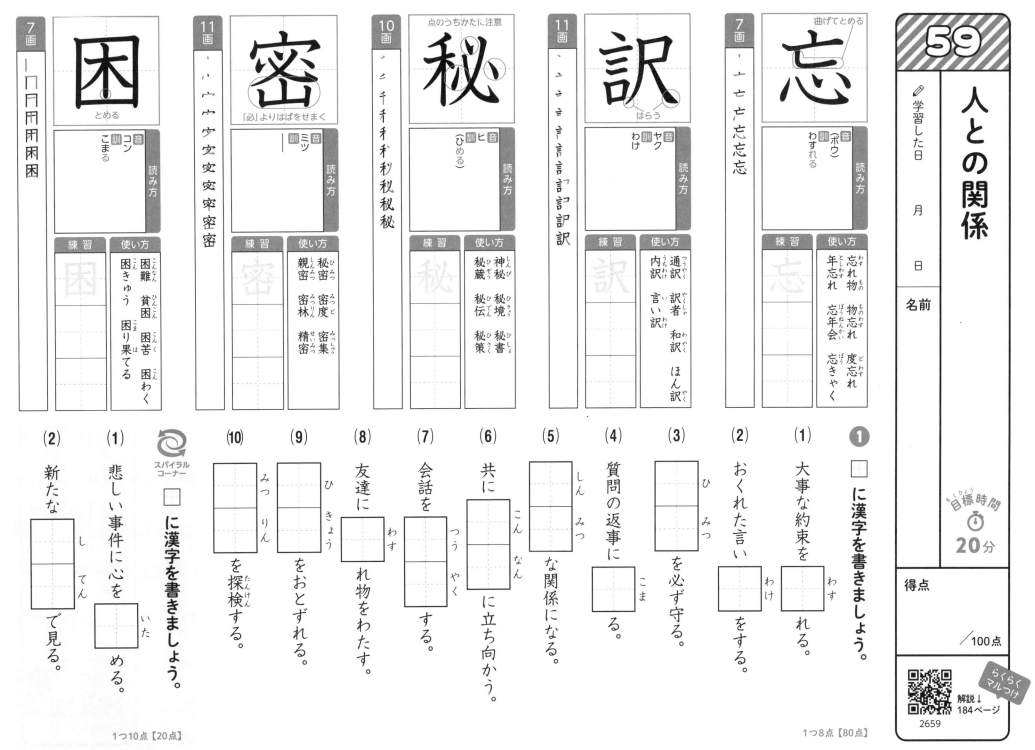

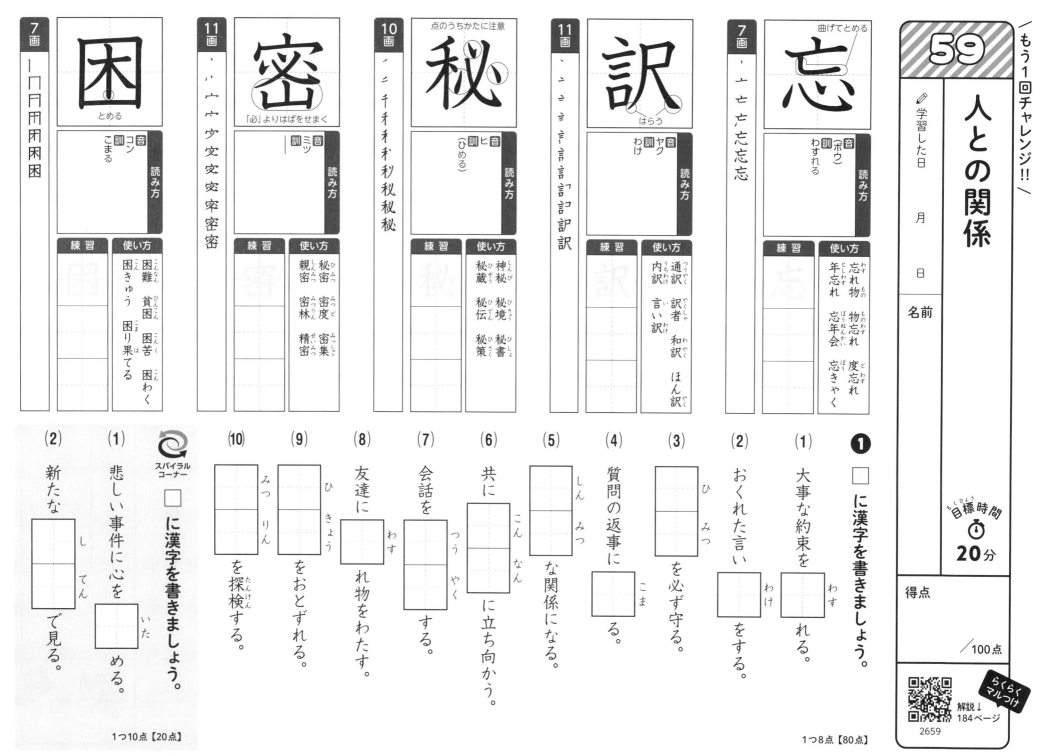

もう1回チャレンジ!!

59 人との関係

学習した日　月　日

名前

目標《もくひょう》時間 20分

得点　／100点

らくらくマルつけ
解説↓ 184ページ
2659

忘（7画）

曲げてとめる

読み方：音（ボウ）　訓 わすれる

使い方：忘《わす》れ物《もの》　物忘《ものわす》れ　度忘《どわす》れ　年忘《としわす》れ　忘年会《ぼうねんかい》　忘《ぼう》きゃく

練習

訳（11画）

はらう

読み方：音 ヤク　訓 わけ

使い方：通訳《つうやく》　訳者《やくしゃ》　和訳《わやく》　ほん訳《やく》　内訳《うちわけ》　言《い》い訳《わけ》

練習

秘（10画）

点のうちかたに注意

読み方：音 ヒ　訓（ひめる）

使い方：神秘《しんぴ》　秘境《ひきょう》　秘書《ひしょ》　秘蔵《ひぞう》　秘伝《ひでん》　秘策《ひさく》

練習

密（11画）

「必」よりはばをせまく

読み方：音 ミツ　訓 ―

使い方：秘密《ひみつ》　密度《みつど》　密集《みっしゅう》　親密《しんみつ》　密林《みつりん》　精密《せいみつ》

練習

困（7画）

とめる

読み方：音 コン　訓 こまる

使い方：困難《こんなん》　貧困《ひんこん》　困苦《こんく》　困《こん》わく　困《こん》きゅう　困《こま》り果《は》てる

練習

1 □に漢字を書きましょう。

(1) 大事な約束を□《わす》れる。

(2) おくれた言い□《わけ》をする。

(3) □□《ひみつ》を必ず守る。

(4) 質問の返事に□《こま》る。

(5) □□《しんみつ》な関係になる。

(6) 共に□□《こんなん》に立ち向かう。

(7) 会話を□□《つうやく》する。

(8) 友達に□《わす》れ物をわたす。

(9) □□《ひきょう》をおとずれる。

(10) □□《みつりん》を探検《たんけん》する。

1つ8点【80点】

スパイラルコーナー □に漢字を書きましょう。

(1) 悲しい事件に心を□《いた》める。

(2) 新たな□□《してん》で見る。

1つ10点【20点】

60

人の性格

学習した日　月　日

名前

目標《もくひょう》時間
20分

得点
／100点

解説↓
184ページ
2660

らくらくマルつけ

厳

17画

つき出さない

読み方
音 ゲン　(ゴン)
訓 きびしい　(おごそか)

練習

使い方
厳重《げんじゅう》　厳禁《げんきん》　厳守《げんしゅ》　厳格《げんかく》
厳密《げんみつ》　手厳《てきび》しい

純

10画

つき出す

読み方
音 ジュン
訓 ―

練習

使い方
単純《たんじゅん》　純白《じゅんぱく》　純金《じゅんきん》　純真《じゅんしん》
純情《じゅんじょう》　純《じゅん》すい

疑

14画

とめる

読み方
音 ギ
訓 うたがう

練習

使い方
疑問《ぎもん》　疑念《ぎねん》　容疑《ようぎ》　質疑《しつぎ》
半信半疑《はんしんはんぎ》　疑《うたが》わしい

欲

11画

とめる

読み方
音 ヨク
訓 (ほっする)　(ほしい)

練習

使い方
意欲《いよく》　食欲《しょくよく》　欲求《よっきゅう》　欲望《よくぼう》
無欲《むよく》　欲張《よくば》り

朗

10画

まっすぐにつける

読み方
音 ロウ
訓 (ほがらか)

練習

使い方
明朗《めいろう》　朗読《ろうどく》　朗報《ろうほう》　晴朗《せいろう》
朗《ろう》えい　朗《ほが》らか

1 □に漢字を書きましょう。　1つ8点【80点】

(1) 妹は時間に□《きび》しい。
(2) □□《じゅんしん》な心に感動する。
(3) □《うたが》い深いところがある。
(4) 弟は□□《よくば》りである。
(5) 姉は□□《めいろう》な人物だ。
(6) □□《げんかく》なルールを定める。
(7) □□《じゅんじょう》な少年と出会う。
(8) □□《いよく》にあふれる。
(9) □□《ろうほう》が届《とど》いて喜ぶ。
(10) 友達の行動に□□《ぎもん》をもつ。

スパイラルコーナー

□に漢字を書きましょう。　1つ10点【20点】

(1) 不用品を□□《しょぶん》する。
(2) 店に□□《かんばん》をとりつける。

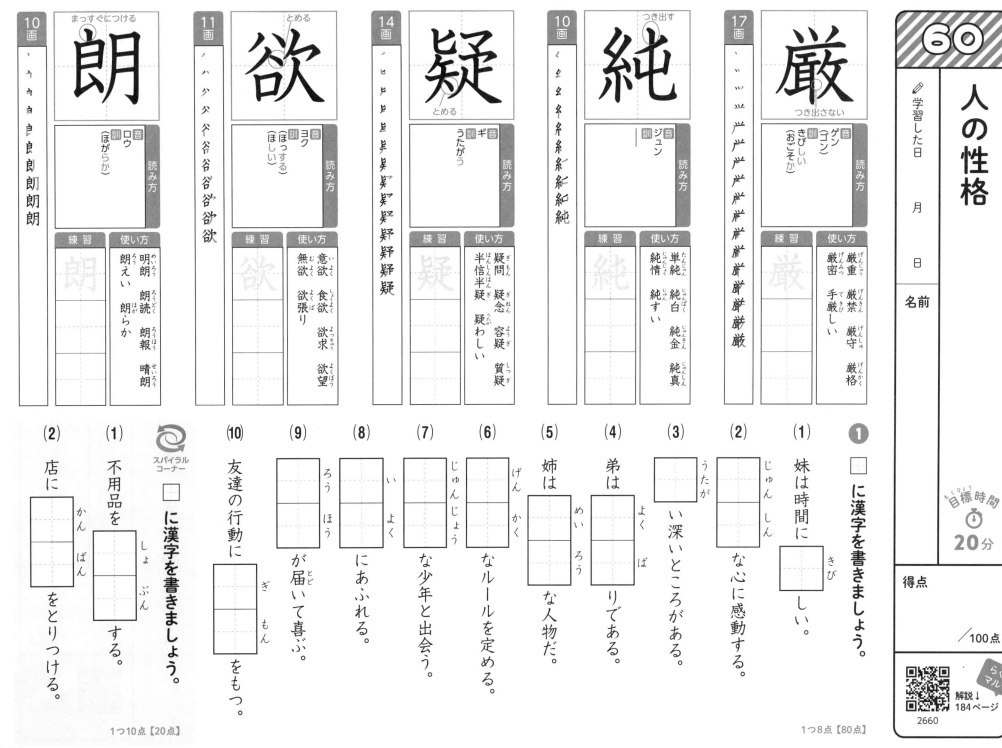

もう1回チャレンジ!!

60 人の性格

学習した日　月　日

名前

目標時間《もくひょうじかん》 20分

得点　／100点

解説↓184ページ

2660

らくらくマルつけ

厳 17画

つき出さない

読み方
音 ゲン（ゴン）
訓 きびしい（おごそか）

使い方
厳重《げんじゅう》　厳禁《げんきん》　厳守《げんしゅ》　厳格《げんかく》
厳密《げんみつ》　手厳《てきび》しい

練習

純 10画

つき出す

読み方
音 ジュン
訓 ―

使い方
単純《たんじゅん》　純白《じゅんぱく》　純金《じゅんきん》　純真《じゅんしん》
純情《じゅんじょう》　純《じゅん》すい

練習

疑 14画

とめる

読み方
音 ギ
訓 うたがう

使い方
疑問《ぎもん》　疑念《ぎねん》　容疑《ようぎ》　質疑《しつぎ》
半信半疑《はんしんはんぎ》　疑《うたが》わしい

練習

欲 11画

とめる

読み方
音 ヨク
訓（ほっする）（ほしい）

使い方
意欲《いよく》　食欲《しょくよく》　欲求《よっきゅう》　欲望《よくぼう》
無欲《むよく》　欲張《よくば》り

練習

朗 10画

まっすぐにつける

読み方
音 ロウ
訓（ほがらか）

使い方
明朗《めいろう》　朗読《ろうどく》　朗報《ろうほう》　晴朗《せいろう》
朗《ろう》えい　朗《ほが》らか

練習

---

❶ □に漢字を書きましょう。

(1) 妹は時間に□《きび》しい。

(2) □□《じゅんしん》な心に感動する。

(3) □《うたが》い深いところがある。

(4) 弟は□□《よくば》りである。

(5) 姉は□□《めいろう》な人物だ。

(6) □□《げんかく》なルールを定める。

(7) □□《じゅんじょう》な少年と出会う。

(8) □□《いよく》にあふれる。

(9) □□《ろうほう》が届《とど》いて喜ぶ。

(10) 友達の行動に□□《ぎもん》をもつ。

1つ8点【80点】

スパイラルコーナー

□に漢字を書きましょう。

(1) 不用品を□□《しょぶん》する。

(2) 店に□□《かんばん》をとりつける。

1つ10点【20点】

61 まとめのテスト 15

✎学習した日　月　日

名前

目標《もくひょう》時間 20分

得点　／100点

解説↓ 184ページ

2661

らくらくマルつけ

1 （　）に――線の読みがなを書きましょう。

1つ4点【52点】

(1) 名前を度忘れする。（　）
(2) 個人の意見を尊重する。（　）
(3) 世の中には善人が多い。（　）
(4) 大きな声で朗読する。（　）
(5) 海外小説の訳者と話す。（　）
(6) 警察官《けいさつかん》が敬礼する。（　）
(7) 勝利をめざして奮起する。（　）
(8) 忠臣がとの様に仕える。（　）
(9) 善良な人々が集まる。（　）
(10) 秘蔵の絵画が公開される。（　）
(11) 代金の内訳を明らかにする。（　）
(12) 尊大な態度をとる。（　）
(13) めんどうなことを敬遠する。（　）

2 □に漢字を書きましょう。

1つ4点【48点】

(1) 本当かどうか□《うたが》わしい。
(2) 道に迷って□《こま》り果てる。
(3) □《われ》知らず走り出していた。
(4) 時間を□□《げんしゅ》する。
(5) 友人に□□《おんぎ》を感じる。
(6) □□《たんじゅん》な機械を動かす。
(7) 物質の□□《みつど》を調べる。
(8) □□《こうこう》息子《むすこ》とほめられる。
(9) □□《せいい》をこめて話す。
(10) □□《げんじゅう》に周囲を警備《けいび》する。
(11) □□《よっきゅう》が満たされる。
(12) □□□□《はんしんはんぎ》で話を聞く。

＼もう1回チャレンジ!!／

61 まとめのテスト⑮

学習した日　月　日

名前

目標《もくひょう》時間 20分

得点　／100点

解説↓184ページ　らくらくマルつけ　2661

❶ （　）に——線の読みがなを書きましょう。

1つ4点【52点】

(1) 名前を度忘れする。（　　）

(2) 個人の意見を尊重する。（　　）

(3) 世の中には善人が多い。（　　）

(4) 大きな声で朗読する。（　　）

(5) 海外小説の訳者と話す。（　　）

(6) 警察官《けいさつかん》が敬礼する。（　　）

(7) 勝利をめざして奮起する。（　　）

(8) 忠臣がとの様に仕える。（　　）

(9) 善良な人々が集まる。（　　）

(10) 秘蔵の絵画が公開される。（　　）

(11) 代金の内訳を明らかにする。（　　）

(12) 尊大な態度をとる。（　　）

(13) めんどうなことを敬遠する。（　　）

❷ □に漢字を書きましょう。

1つ4点【48点】

(1) 本当かどうか□《うたが》わしい。

(2) 道に迷って□《こま》り果てる。

(3) □《われ》知らず走り出していた。

(4) 時間を□□《げんしゅ》する。

(5) 友人に□□《おんぎ》を感じる。

(6) □□《たんじゅん》な機械を動かす。

(7) 物質の□□《みつど》を調べる。

(8) □□《こうこう》息子《むすこ》とほめられる。

(9) □□《せいい》をこめて話す。

(10) □□《げんじゅう》に周囲を警備《けいび》する。

(11) □□《よっきゅう》が満たされる。

(12) □□□□《はんしんはんぎ》で話を聞く。

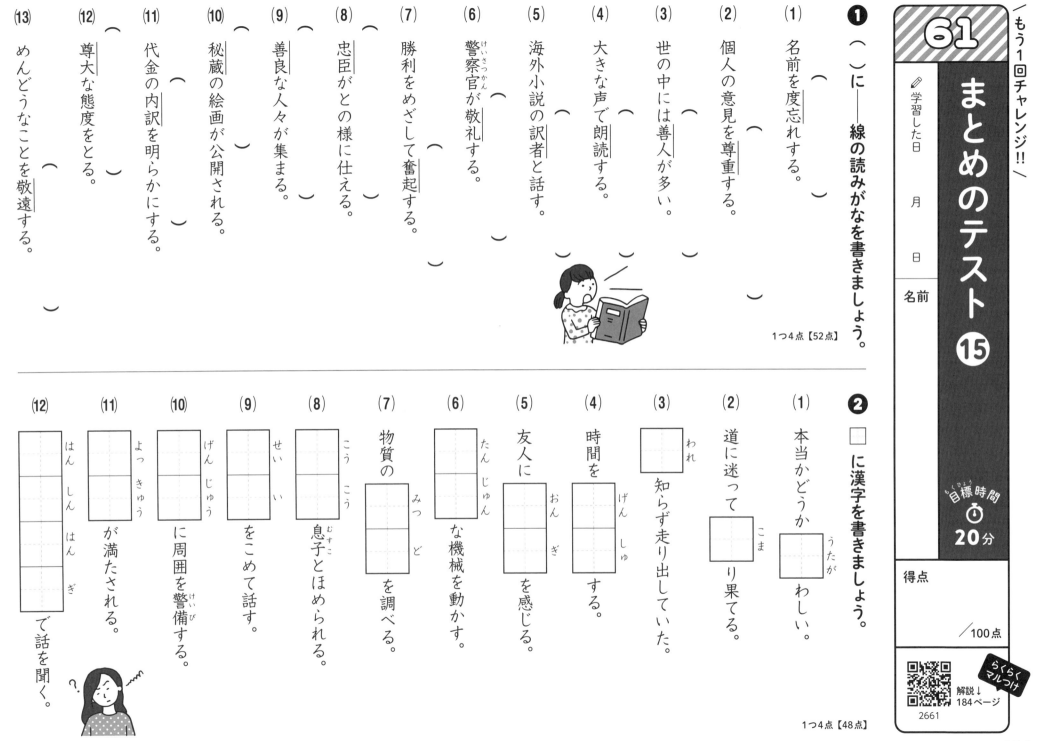

62

まとめのテスト16

学習した日　　月　　日

名前

目標時間《もくひょう》
20分

得点
／100点

解説↓
184ページ
2662

らくらくマルつけ

1 （　）に――線の読みがなを書きましょう。

1つ4点【52点】

(1) 手厳しい意見を言う。（　　）
(2) 困わくした様子になる。（　　）
(3) 純すいな思いが伝わる。（　　）
(4) 欲望をがまんする。（　　）
(5) 計画に対して疑念をもつ。（　　）
(6) 我々は小学生である。（　　）
(7) 精密な検査を受ける。（　　）
(8) 仁義を大切にする。（　　）
(9) 無欲が勝利につながる。（　　）
(10) 純白の雪が降《ふ》り積もる。（　　）
(11) 厳密な調査を行う。（　　）
(12) 容疑者の一人に会う。（　　）
(13) 自尊心を大切にする。（　　）

2 □に漢字を書きましょう。

1つ4点【48点】

(1) ほん□《やく》された小説を読む。
(2) □《おん》知らずだとしかられる。
(3) □《もの》□《わす》れが激《はげ》しい。
(4) □《けい》□《ろう》の日を祝う。
(5) □《ひ》□《しょ》の仕事をする。
(6) □《さい》□《ぜん》の方法を考える。
(7) □《ちゅう》□《けん》ハチ公の像を見る。
(8) □《とし》□《わす》れの会を開く。
(9) 英語の文を□《わ》□《やく》する。
(10) 生活習慣を□《かい》□《ぜん》する。
(11) 校長先生に□《けい》□《い》を表す。
(12) □《しん》□《ぴ》□《てき》な印象がある。

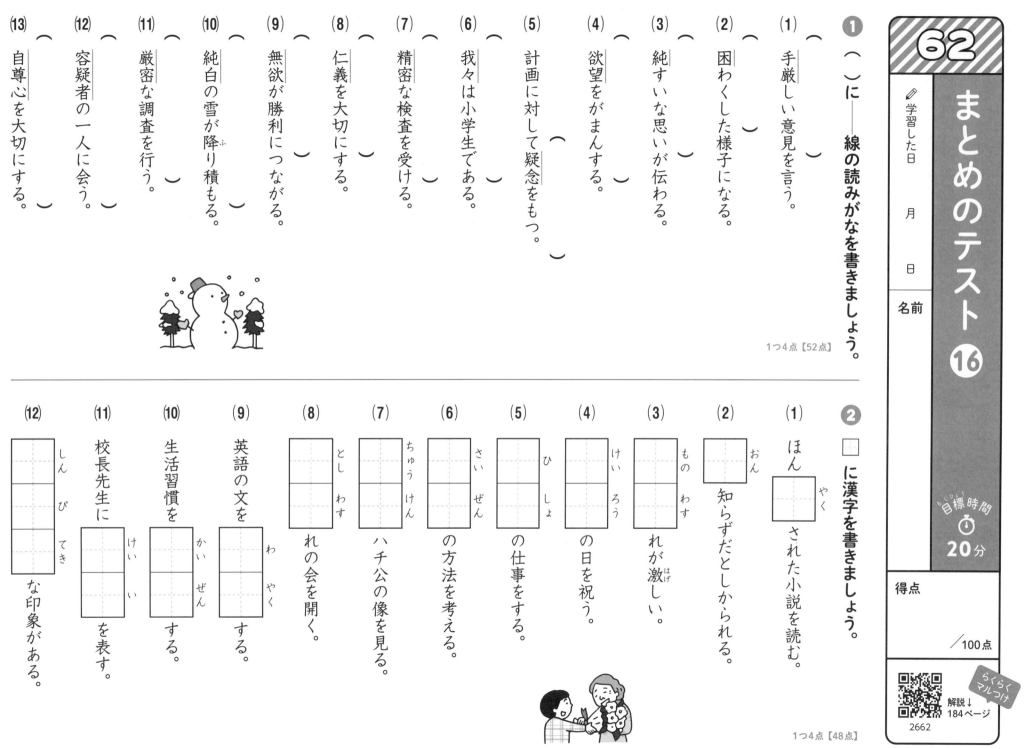

もう1回チャレンジ!!

62

まとめのテスト 16

学習した日　月　日

名前

目標《もくひょう》時間 20分

得点　／100点

解説↓ 184ページ

2662

らくらくマルつけ

1 （　）に――線の読みがなを書きましょう。

1つ4点【52点】

(1) 手厳しい意見を言う。（　）

(2) 困わくした様子になる。（　）

(3) 純すいな思いが伝わる。（　）

(4) 欲望をがまんする。（　）

(5) 計画に対して疑念をもつ。（　）

(6) 我々は小学生である。（　）

(7) 精密な検査を受ける。（　）

(8) 仁義を大切にする。（　）

(9) 無欲が勝利につながる。（　）

(10) 純白の雪が降《ふ》り積もる。（　）

(11) 厳密な調査を行う。（　）

(12) 容疑者の一人に会う。（　）

(13) 自尊心を大切にする。（　）

2 □に漢字を書きましょう。

1つ4点【48点】

(1) ほん□《やく》された小説を読む。

(2) □《おん》知らずだとしかられる。

(3) □□《ものわす》れが激《はげ》しい。

(4) □□《けいろう》の日を祝う。

(5) □□《ひしょ》の仕事をする。

(6) □□《さいぜん》の方法を考える。

(7) □□《ちゅうけん》ハチ公の像を見る。

(8) □□《としわす》れの会を開く。

(9) 英語の文を□□《わやく》する。

(10) 生活習慣を□□《かいぜん》する。

(11) 校長先生に□□《けいい》を表す。

(12) □□□《しんぴてき》な印象がある。

63 パズル・実践《せん》 15

学習した日　月　日

名前

目標《もくひょう》時間 20分

得点　／100点

らくらくマルつけ

解説↓ 185ページ

2663

❶ 矢印の向きに読むと熟語《じゅくご》になるように、次の□に入る漢字を書きましょう。

1つ6点【12点】

(1) □ → 林　集　度

(2) 食　意　無 → □

❷ 次の①・②が反対の意味の言葉の組み合わせになるように、――線のカタカナを漢字で書きましょう。

1つ6点【36点】

(1)
① フクザツな問題だ。（　　）
② タンジュンな問題だ。（　　）

(2)
① 日時をオボえる。（　　）
② 日時をワスれる。（　　）

(3)
① ゼンイを感じる。（　　）
② アクイを感じる。（　　）

❸ 次の――線の漢字の読み方を（　）にひらがなで書きましょう。

1つ5点【40点】

(1)
① 興奮が冷める。（　　）
② 勇気を奮う。（　　）

(2)
① 通訳の仕事。（　　）
② 言い訳をする。（　　）

(3)
① 困難にたえる。（　　）
② 返事に困る。（　　）

(4)
① 疑問がうかぶ。（　　）
② 疑いをいだく。（　　）

❹ 次の漢字のカードを二枚《にまい》組み合わせて、漢字を四つ作りましょう。（同じカードは一度しか使えません。）

1つ3点【12点】

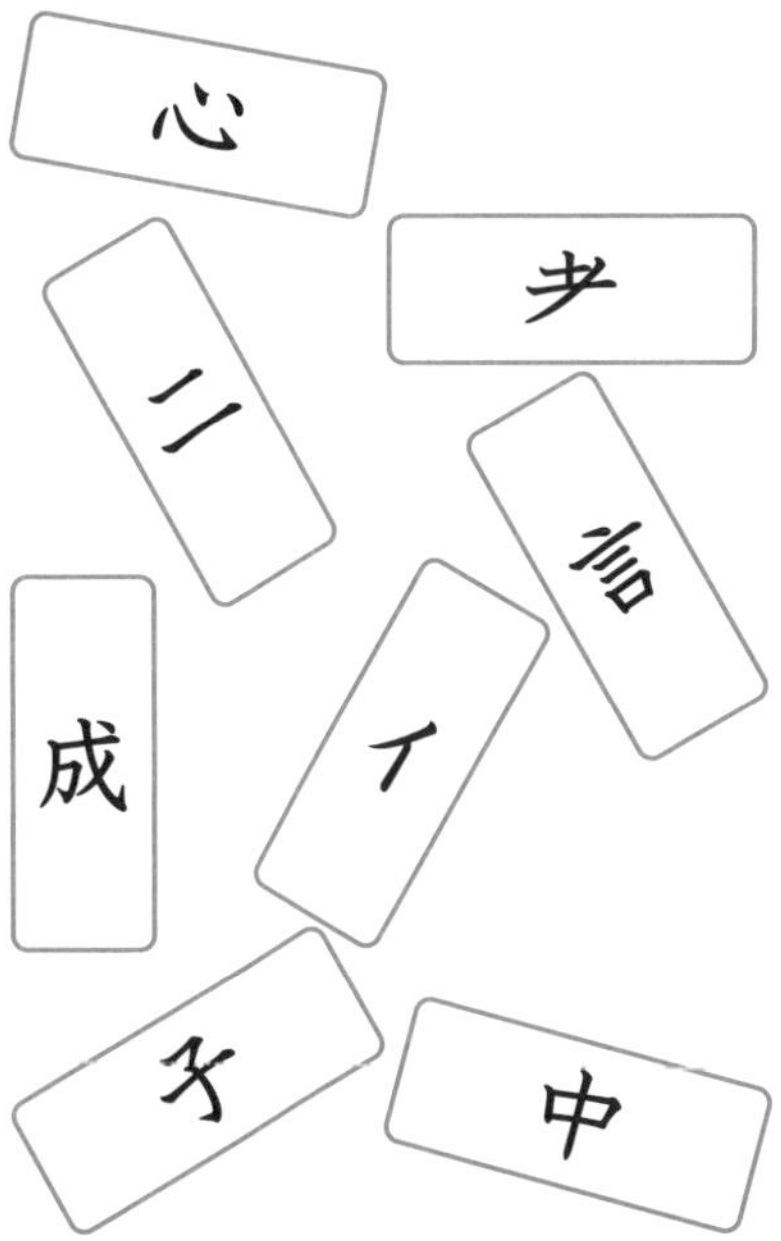

□　□　□　□

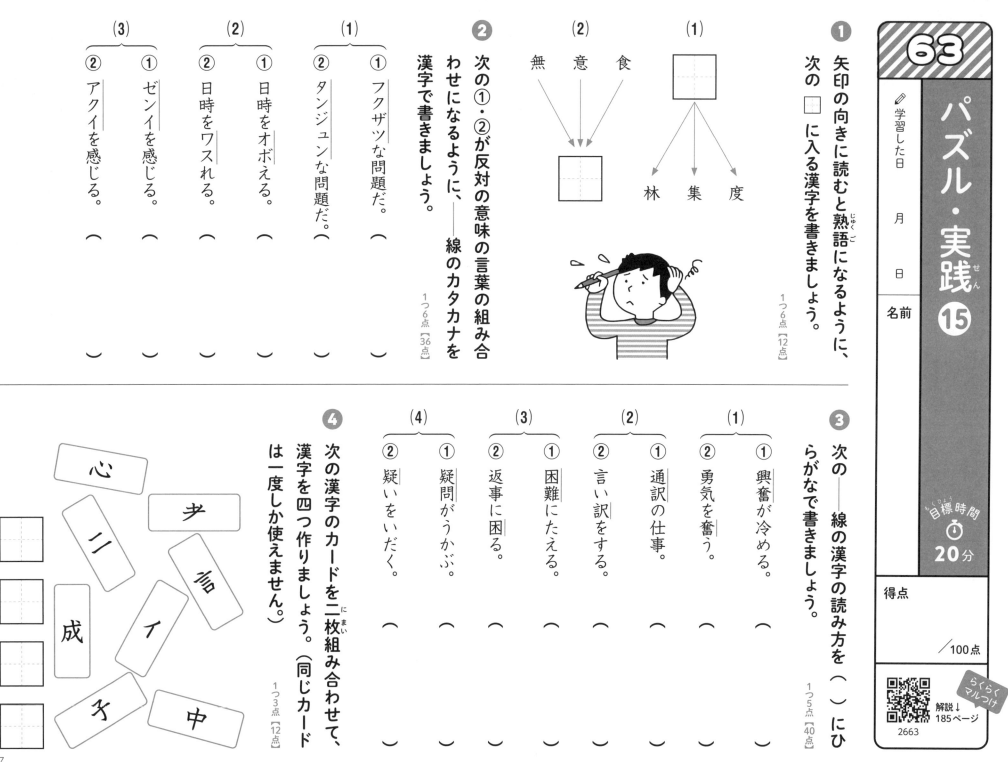

／もう1回チャレンジ!!／

63 パズル・実践《せん》⑮

学習した日　月　日

名前

目標《もくひょう》時間 20分

得点　／100点

らくらくマルつけ

解説↓185ページ

2663

❶ 矢印の向きに読むと熟語《じゅくご》になるように、次の□に入る漢字を書きましょう。 1つ6点【12点】

(1)

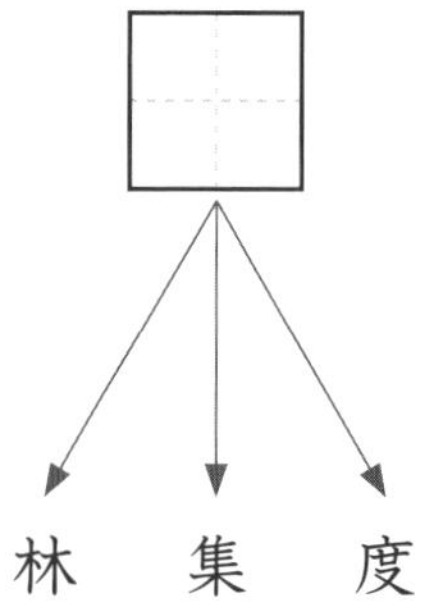

(2)

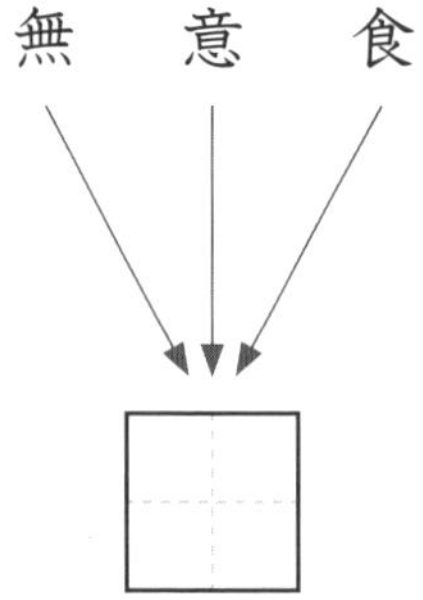

❷ 次の①・②が反対の意味の言葉の組み合わせになるように、——線のカタカナを漢字で書きましょう。 1つ6点【36点】

(1)
① フクザツな問題だ。（　　）
② タンジュンな問題だ。（　　）

(2)
① 日時をオボえる。（　　）
② 日時をワスれる。（　　）

(3)
① ゼンイを感じる。（　　）
② アクイを感じる。（　　）

❸ 次の——線の漢字の読み方を（　）にひらがなで書きましょう。 1つ5点【40点】

(1)
① 興奮が冷める。（　　）
② 勇気を奮う。（　　）

(2)
① 通訳の仕事。（　　）
② 言い訳をする。（　　）

(3)
① 困難にたえる。（　　）
② 返事に困る。（　　）

(4)
① 疑問がうかぶ。（　　）
② 疑いをいだく。（　　）

❹ 次の漢字のカードを二枚《にまい》組み合わせて、漢字を四つ作りましょう。（同じカードは一度しか使えません。） 1つ3点【12点】

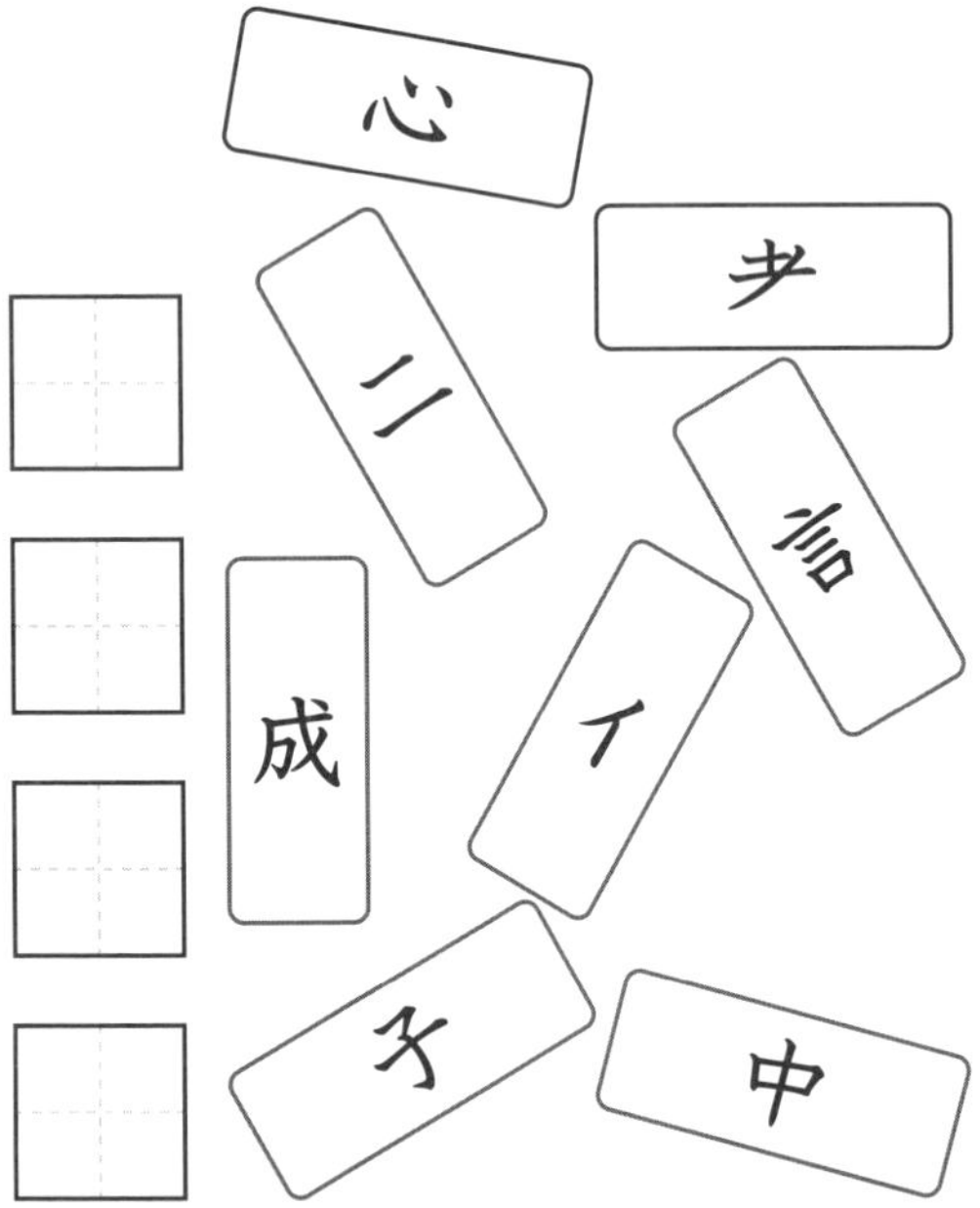

パズル・実践《せん》 16

学習した日　月　日

名前

目標《もくひょう》時間 20分

得点　／100点

らくらくマルつけ 解説↓185ページ 2664

1 次の——線のカタカナを、漢字と送りがなで書きましょう。 1つ6点【18点】

(1) 命はトウトイものだ。（　　）

(2) 相手をウヤマウ。（　　）

(3) 本心かとウタガウ。（　　）

2 次の——線のカタカナにあてはまる漢字を線で結びましょう。 全部できて1つ8点【16点】

(1)
① 品質がヨい。・　　・良
② ヨい行いを心がける。・　　・善

(2)
① 親コウ行をする。・　　・考
② 本を参コウにする。・　　・孝

3 次の漢字の→の部分は、何画目に書きますか。（　）に数字で答えましょう。 1つ6点【24点】

(1) 我……（　　）画目

(2) 純……（　　）画目

(3) 秘……（　　）画目

(4) 朗……（　　）画目

4 次は、ある人物が友人にあてて書いた手紙の一部です。

> ひなさんへ
>
> ①キビしい暑さが続いていますが、お元気ですか？　私《わたし》は元気に過ごしています。
>
> 新しい町に引っこして数か月がたちますが、ひなさんのことを②ワスれたことはありません。
>
> 私は、ひなさんを③ソンケイしています。だれにも④誠実で、ひなさんは、私が⑤困っていると、いつも助けてくれましたね。いつか音返しができたらと思っています。
>
> まだみんなには⑥秘密にしておいてほしいのですが、休みに会いに行くことができそうです。会えるのを楽しみにしています。
>
> めいより

(1) ——線①～③のカタカナを漢字に直して書きましょう。また、——線④～⑥の漢字の読みをひらがなで書きましょう。 1つ6点【36点】

①（　　）　②（　　）

③（　　）

④（　　）　⑤（　　）

⑥（　　）

(2) 右の手紙には、漢字のまちがいが一つあります。その漢字を見つけ、正しく書き直しましょう。 【6点】

□ → □

64 パズル・実践《せん》⑯

学習した日　月　日

名前

目標《もくひょう》時間 20分

得点　／100点

らくらくマルつけ

解説↓185ページ

2664

❶ 次の――線のカタカナを、漢字と送りがなで書きましょう。 1つ6点【18点】

(1) 命はトウトイものだ。（　　）

(2) 相手をウヤマウ。（　　）

(3) 本心かとウタガウ。（　　）

❷ 次の――線のカタカナにあてはまる漢字を線で結びましょう。 全部できて1つ8点【16点】

(1)
① 品質がヨい。・　・良
② ヨい行いを心がける。・　・善

(2)
① 親コウ行をする。・　・考
② 本を参コウにする。・　・孝

❸ 次の漢字の→の部分は、何画目に書きますか。（　）に数字で答えましょう。 1つ6点【24点】

(1) 我……（　）画目

(2) 純……（　）画目

(3) 秘……（　）画目

(4) 朗……（　）画目

❹ 次は、ある人物が友人にあてて書いた手紙の一部です。

ひなさんへ

①キビしい暑さが続いていますが、お元気ですか？　私《わたし》は元気に過ごしています。

新しい町に引っこして数か月がたちますが、ひなさんのことを②ワスれたことはありません。

私は、ひなさんを③ソンケイしています。だれにも④誠実で、ひなさんは、私が⑤困っていると、いつも助けてくれましたね。いつか音返しができたらと思っています。

まだみんなには⑥秘密にしておいてほしいのですが、休みに会いに行くことができそうです。会えるのを楽しみにしています。

めいより

(1) ――線①～③のカタカナを漢字に直して書きましょう。また、――線④～⑥の漢字の読みをひらがなで書きましょう。 1つ6点【36点】

①（　　）　②（　　）

③（　　）

④（　　）　⑤（　　）

⑥（　　）

(2) 右の手紙には、漢字のまちがいが一つあります。その漢字を見つけ、正しく書き直しましょう。 【6点】

□ → □

65

作家の仕事

学習した日　月　日

名前

目標時間《もくひょうじかん》 20分

得点　／100点

らくらくマルつけ

解説↓ 185ページ

2665

冊　5画

とめる

読み方：音 サツ（サク）　訓 —

使い方：冊子《さっし》　冊数《さっすう》　別冊《べっさつ》　分冊《ぶんさつ》　一冊《いっさつ》　短《たん》ざく

練習

創　12画

とめる

読み方：音 ソウ　訓 つくる

使い方：創作《そうさく》　創立《そうりつ》　創始《そうし》　創造《そうぞう》　創業《そうぎょう》　独創的《どくそうてき》

練習

著　11画

長く

読み方：音 チョ　訓（あらわす）（いちじるしい）

使い方：著者《ちょしゃ》　著書《ちょしょ》　著作《ちょさく》　著述《ちょじゅつ》　名著《めいちょ》　著名《ちょめい》

練習

推　11画

左にはらう

読み方：音 スイ　訓（おす）

使い方：推理《すいり》　推定《すいてい》　推測《すいそく》　推論《すいろん》　推進《すいしん》　推《すい》せん

練習

誌　14画

「土」としない

読み方：音 シ　訓 —

使い方：雑誌《ざっし》　日誌《にっし》　会誌《かいし》　誌面《しめん》　週刊誌《しゅうかんし》　情報誌《じょうほうし》

練習

---

1 □に漢字を書きましょう。

(1) □□《なんさつ》もの本を読む。

(2) □□《そうさく》活動にはげむ。

(3) □□《ちょしゃ》の話を聞く。

(4) □□《すいり》小説を発表する。

(5) 本屋で□□《ざっし》を買う。

(6) □□□《どくそうてき》な案を考える。

(7) □□《ちょしょ》が発売される。

(8) 売れた数を□□《すいてい》する。

(9) 新しい文化を□《つく》る。

(10) 作文を□□《さっし》にまとめる。

1つ8点【80点】

スパイラルコーナー

□に漢字を書きましょう。

(1) 勇気を□《ふる》って発言する。

(2) □□《けいご》を使って話す。

1つ10点【20点】

もう1回チャレンジ!!

65 作家の仕事

学習した日　月　日

名前

目標時間《もくひょうじかん》 20分

得点 ／100点

らくらくマルつけ

解説↓185ページ

2665

冊（5画）

とめる

読み方　音 サツ（サク）　訓 —

使い方：冊子《さっし》　冊数《さっすう》　別冊《べっさつ》　分冊《ぶんさつ》　一冊《いっさつ》　短《たん》ざく

練習

創（12画）

とめる

読み方　音 ソウ　訓 つくる

使い方：創作《そうさく》　創立《そうりつ》　創始《そうし》　創造《そうぞう》　創業《そうぎょう》　独創的《どくそうてき》

練習

著（11画）

長く

読み方　音 チョ　訓（あらわす）（いちじるしい）

使い方：著者《ちょしゃ》　著書《ちょしょ》　著作《ちょさく》　著述《ちょじゅつ》　名著《めいちょ》　著名《ちょめい》

練習

推（11画）

左にはらう

読み方　音 スイ　訓（おす）

使い方：推理《すいり》　推定《すいてい》　推測《すいそく》　推論《すいろん》　推進《すいしん》　推《すい》せん

練習

誌（14画）

「土」としない

読み方　音 シ　訓 —

使い方：雑誌《ざっし》　日誌《にっし》　会誌《かいし》　誌面《しめん》　週刊誌《しゅうかんし》　情報誌《じょうほうし》

練習

❶ □に漢字を書きましょう。

(1) □□《なんさつ》もの本を読む。

(2) □□《そうさく》活動にはげむ。

(3) □□《ちょしゃ》の話を聞く。

(4) □□《すいり》小説を発表する。

(5) 本屋で□□《ざっし》を買う。

(6) □□□《どくそうてき》な案を考える。

(7) □□《ちょしょ》が発売される。

(8) 売れた数を□□《すいてい》する。

(9) 新しい文化を□《つく》る。

(10) 作文を□□《さっし》にまとめる。

1つ8点【80点】

スパイラルコーナー □に漢字を書きましょう。

(1) 勇気を□《ふる》って発言する。

(2) □□《けいご》を使って話す。

1つ10点【20点】

66 鉄道の仕事

学習した日　月　日

名前

目標《もくひょう》時間　20分

得点　／100点

らくらくマルつけ　解説↓185ページ

2666

蒸　13画　「×」としない

音　ジョウ
訓　（むす）（むれる）（むらす）

使い方：蒸気《じょうき》　蒸発《じょうはつ》　蒸留《じょうりゅう》

練習：蒸

操　16画　下の「口」より少し大きく

音　ソウ
訓　（みさお）（あやつる）

使い方：体操《たいそう》　操作《そうさ》　操業《そうぎょう》　操船《そうせん》　節操《せっそう》　情操《じょうそう》

練習：操

縦　16画　左にはらう

音　ジュウ
訓　たて

使い方：操縦《そうじゅう》　縦横《じゅうおう》　縦断《じゅうだん》　縦列《じゅうれつ》　縦糸《たていと》　縦書《たてが》き

練習：縦

券　8画　上に出ない

音　ケン
訓　—

使い方：食券《しょっけん》　旅券《りょけん》　金券《きんけん》　入場券《にゅうじょうけん》　乗車券《じょうしゃけん》　券売機《けんばいき》

練習：券

預　13画　はねる

音　ヨ
訓　あずける　あずかる

使い方：預金《よきん》　預言《よげん》　預貯金《よちょきん》　預《あず》かり物《もの》

練習：預

1 □に漢字を書きましょう。

(1) □《じょうき》機関車が走る。

(2) 電車を□《そうじゅう》する。

(3) □《じょうしゃけん》を買う。

(4) 荷物を□《あず》ける。

(5) 乗客が□《たて》に一列に並《なら》ぶ。

(6) □《けんばいき》で切ぷを買う。

(7) ハンドルを□《そうさ》する。

(8) 鉄道で国土を□《じゅうだん》する。

(9) 銀行に□《よきん》する。

(10) 水分が□《じょうはつ》する。

1つ8点【80点】

スパイラルコーナー

□に漢字を書きましょう。

(1) 大きな物音で□《われ》に返る。

(2) □《おんし》に会いに行く。

1つ10点【20点】

もう1回チャレンジ!!

66

鉄道の仕事

学習した日　月　日

名前

目標《もくひょう》時間 20分

得点　／100点

解説↓185ページ

2666

らくらくマルつけ

蒸（13画）

「×」としない

読み方　音 ジョウ　訓 (むす) (むれる) (むらす)

使い方：蒸気《じょうき》　蒸発《じょうはつ》　蒸留《じょうりゅう》

操（16画）

下の「口」より少し大きく

読み方　音 ソウ　訓 (みさお) (あやつる)

使い方：体操《たいそう》　操作《そうさ》　操業《そうぎょう》　操船《そうせん》　節操《せっそう》　情操《じょうそう》

縦（16画）

左にはらう

読み方　音 ジュウ　訓 たて

使い方：操縦《そうじゅう》　縦横《じゅうおう》　縦断《じゅうだん》　縦列《じゅうれつ》　縦糸《たていと》　縦書《たてが》き

券（8画）

上に出ない

読み方　音 ケン　訓 ―

使い方：食券《しょっけん》　旅券《りょけん》　金券《きんけん》　入場券《にゅうじょうけん》　乗車券《じょうしゃけん》　券売機《けんばいき》

預（13画）

はねる

読み方　音 ヨ　訓 あずける　あずかる

使い方：預金《よきん》　預言《よげん》　預貯金《よちょきん》　預《あず》かり物《もの》

---

1 □に漢字を書きましょう。

(1) □《じょうき》機関車が走る。

(2) 電車を□《そうじゅう》する。

(3) □《じょうしゃけん》を買う。

(4) 荷物を□《あず》ける。

(5) 乗客が□《たて》に一列に並《なら》ぶ。

(6) □《けんばいき》で切ぷを買う。

(7) ハンドルを□《そうさ》する。

(8) 鉄道で国土を□《じゅうだん》する。

(9) 銀行に□《よきん》する。

(10) 水分が□《じょうはつ》する。

1つ8点【80点】

スパイラルコーナー

□に漢字を書きましょう。

(1) 大きな物音で□《われ》に返る。

(2) □《おんし》に会いに行く。

1つ10点【20点】

67 デザイナーの仕事

学習した日　月　日

名前

目標時間《もくひょうじかん》 20分

得点　／100点

解説↓186ページ

2667

らくらくマルつけ

針（10画）

とめる

読み方　音 シン　訓 はり

使い方　秒針《びょうしん》　長針《ちょうしん》　方針《ほうしん》　運針《うんしん》　針葉樹《しんようじゅ》　針金《はりがね》

練習

尺（4画）

はらう

読み方　音 シャク　訓 ―

使い方　巻尺《まきじゃく》　縮尺《しゅくしゃく》　長尺《ちょうじゃく》　尺度《しゃくど》　尺八《しゃくはち》　尺取虫《しゃくとりむし》

練習

寸（3画）

はねる

読み方　音 スン　訓 ―

使い方　寸法《すんぽう》　寸前《すんぜん》　寸劇《すんげき》　原寸《げんすん》　採寸《さいすん》　一寸法師《いっすんぼうし》

練習

背（9画）

つき出さない

読み方　音 ハイ　訓 せ　せい　(そむく)　(そむける)

使い方　背景《はいけい》　背後《はいご》　背泳《はいえい》　背面《はいめん》　背中《せなか》　背負《せお》う　背比《せいくら》べ

練習

巻（9画）

つき出す　あける

読み方　音 カン　訓 まく　まき

使い方　巻頭《かんとう》　上巻《じょうかん》　全巻《ぜんかん》　巻《ま》き貝《がい》　巻物《まきもの》　絵巻《えまき》

練習

---

1 □に漢字を書きましょう。

(1) □《はり》に糸を通す。

(2) □□《いっしゃく》の布を用意する。

(3) 定規で□□《すんぽう》を測る。

(4) □□《せなか》に布を当てる。

(5) ミシンに使う糸を□《ま》く。

(6) □□《はいめん》にしわができる。

(7) □□《まきじゃく》を使用する。

(8) 作業の□□《ほうしん》を決める。

(9) 資料の□□《じょうかん》を読む。

(10) □□《せいくら》べをする。

1つ8点【80点】

スパイラルコーナー □に漢字を書きましょう。

(1) 荷物が届《とど》かずに□《こま》る。

(2) 住宅《じゅうたく》が□□《みっしゅう》している。

1つ10点【20点】

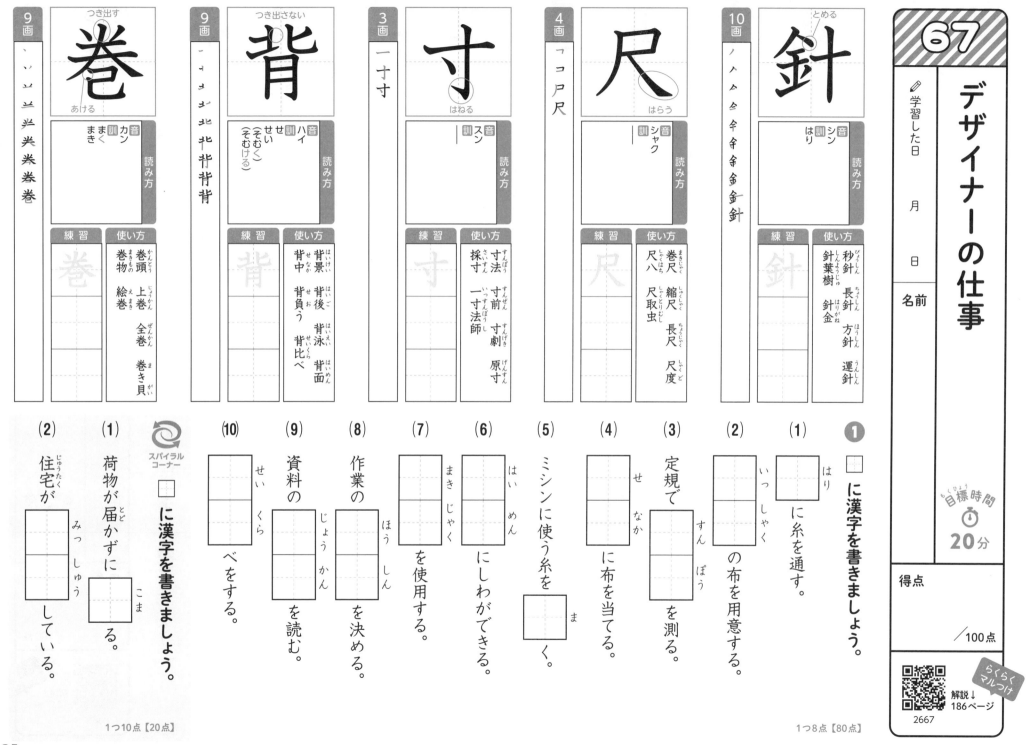

＼もう1回チャレンジ!!／

67

デザイナーの仕事

学習した日　月　日

名前

目標時間《もくひょうじかん》 20分

得点　／100点

解説↓186ページ

らくらくマルつけ

2667

針（10画）

ノ 𠆢 亼 亼 牟 余 金 金 金一 針

とめる

読み方　音 シン　訓 はり

使い方：秒針《びょうしん》　長針《ちょうしん》　方針《ほうしん》　運針《うんしん》　針葉樹《しんようじゅ》　針金《はりがね》

練習

尺（4画）

コ コ 尸 尺

はらう

読み方　音 シャク　訓 ―

使い方：巻尺《まきじゃく》　縮尺《しゅくしゃく》　長尺《ちょうじゃく》　尺度《しゃくど》　尺八《しゃくはち》　尺取虫《しゃくとりむし》

練習

寸（3画）

一 十 寸

はねる

読み方　音 スン　訓 ―

使い方：寸法《すんぽう》　寸前《すんぜん》　寸劇《すんげき》　原寸《げんすん》　採寸《さいすん》　一寸法師《いっすんぼうし》

練習

背（9画）

つき出さない

一 ㅓ ㅓ ㅓ 北 北 背 背 背

読み方　音 ハイ　訓 せ　せい　(そむく)　(そむける)

使い方：背景《はいけい》　背後《はいご》　背泳《はいえい》　背面《はいめん》　背中《せなか》　背負《せお》う　背比《せいくら》べ

練習

巻（9画）

つき出す　あける

丶 丷 㐅 兰 米 关 巻 巻 巻

読み方　音 カン　訓 まく　まき

使い方：巻頭《かんとう》　上巻《じょうかん》　全巻《ぜんかん》　巻《ま》き貝《がい》　巻物《まきもの》　絵巻《えまき》

練習

---

1 □に漢字を書きましょう。

(1) □《はり》に糸を通す。

(2) □□《いっしゃく》の布を用意する。

(3) 定規で□□《すんぽう》を測る。

(4) □□《せなか》に布を当てる。

(5) ミシンに使う糸を□《ま》く。

(6) □□《はいめん》にしわができる。

(7) □□《まきじゃく》を使用する。

(8) 作業の□□《ほうしん》を決める。

(9) 資料の□□《じょうかん》を読む。

(10) □□《せいくら》べをする。

1つ8点【80点】

スパイラルコーナー　□に漢字を書きましょう。

(1) 荷物が届《とど》かずに□《こま》る。

(2) 住宅《じゅうたく》が□□《みっしゅう》している。

1つ10点【20点】

68 伝統的な仕事

学習した日　月　日

名前

目標時間《もくひょうじかん》 20分

得点　／100点

解説↓ 186ページ

2668

らくらくマルつけ

蚕（10画）

とめる

読み方　音 サン　訓 かいこ

使い方　養蚕《ようさん》　蚕糸《さんし》　蚕業《さんぎょう》　蚕《かいこ》だな

練習　蚕

絹（13画）

はねる

読み方　音（ケン）　訓 きぬ

使い方　絹糸《きぬいと》　絹地《きぬじ》　絹張《きぬば》り　絹織物《きぬおりもの》　絹《きぬ》ごし豆《どう》ふ

練習　絹

染（9画）

「丸」としない

読み方　音（セン）　訓 そめる　そまる　（しみる）　（しみ）

使い方　染《そ》め物《もの》　手染《てぞ》め　染《そ》め上《あ》がり　染料《せんりょう》　感染《かんせん》　伝染《でんせん》

練習　染

俵（10画）

はねる

読み方　音 ヒョウ　訓 たわら

使い方　米俵《こめだわら》　俵型《たわらがた》［俵形《たわらがた》］　土俵《どひょう》

練習　俵

1 □に漢字を書きましょう。

(1) □□□《ようさんぎょう》が栄える。

(2) □《きぬ》の着物を仕立てる。

(3) 布を青く□《そ》める。

(4) □□《こめだわら》をかつぐ。

(5) □□□《きぬおりもの》を生産する。

(6) 力士が□□《どひょう》に上がる。

(7) 布を□□《てぞ》めする。

(8) まゆから□□《きぬいと》をつむぐ。

(9) □《たわら》型《がた》にご飯をにぎる。

(10) □《かいこ》がくわの葉を食べる。

1つ8点【80点】

スパイラルコーナー　□に漢字を書きましょう。

(1) 詩を□□《ろうどく》する。

(2) 秋は□□《しょくよく》がわく。

1つ10点【20点】

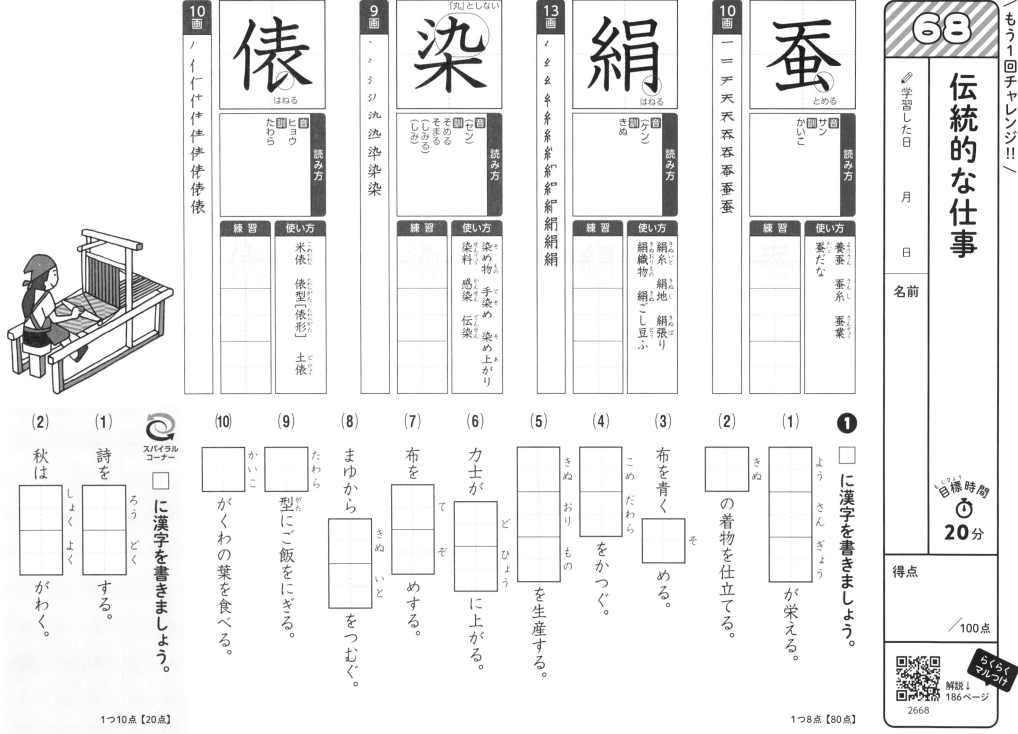

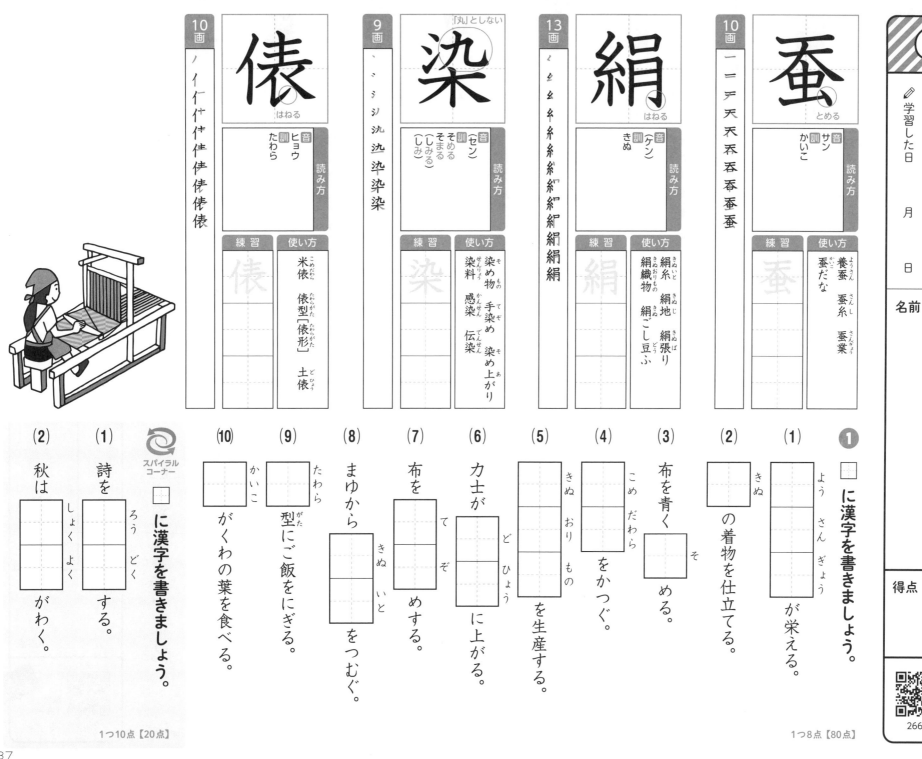

＼もう1回チャレンジ!!／

伝統的な仕事

学習した日　月　日

名前

目標《もくひょう》時間 20分

得点　／100点

らくらくマルつけ

解説↓ 186ページ

2668

蚕 10画
とめる
読み方　音 サン　訓 かいこ
一 二 于 天 天 吞 吞 吞 蚕 蚕
使い方　養蚕《ようさん》　蚕糸《さんし》　蚕業《さんぎょう》　蚕《かいこ》だな
練習

絹 13画
はねる
読み方　音 (ケン)　訓 きぬ
𠃋 幺 幺 糸 糸 糸 糸 糸 絎 絹 絹 絹 絹
使い方　絹糸《きぬいと》　絹地《きぬじ》　絹張《きぬば》り　絹織物《きぬおりもの》　絹《きぬ》ごし豆《どう》ふ
練習

染 9画
「丸」としない
読み方　音 (セン)　訓 そめる　そまる　(しみる)　(しみ)
丶 冫 氵 氿 氿 沈 染 染 染
使い方　染《そ》め物《もの》　手《て》染《ぞ》め　染《そ》め上《あ》がり　染料《せんりょう》　感染《かんせん》　伝染《でんせん》
練習

俵 10画
はねる
読み方　音 ヒョウ　訓 たわら
ノ 亻 亻 仁 仕 住 佳 佳 俵 俵
使い方　米俵《こめだわら》　俵型《たわらがた》［俵形《たわらがた》］　土俵《どひょう》
練習

1 □に漢字を書きましょう。

(1) □□□《ようさんぎょう》が栄える。

(2) □《きぬ》の着物を仕立てる。

(3) 布を青く□《そ》める。

(4) □□《こめだわら》をかつぐ。

(5) □□□《きぬおりもの》を生産する。

(6) 力士が□□《どひょう》に上がる。

(7) 布を□□《てぞ》めする。

(8) まゆから□□《きぬいと》をつむぐ。

(9) □《たわら》型《がた》にご飯をにぎる。

(10) □《かいこ》がくわの葉を食べる。

1つ8点【80点】

スパイラルコーナー

□に漢字を書きましょう。

(1) 詩を□□《ろうどく》する。

(2) 秋は□□《しょくよく》がわく。

1つ10点【20点】

69

まとめのテスト 17

学習した日　　月　　日

名前

目標《もくひょう》時間　20分

得点　　／100点

らくらくマルつけ　解説↓186ページ　2669

1 （　）に――線の読みがなを書きましょう。

1つ4点【52点】

(1) 俵に米をつめる。（　　）
(2) 縦糸と横糸が交わる。（　　）
(3) 会誌を全員に配る。（　　）
(4) みんなの前で推論を述べる。（　　）
(5) 秒針の動きを見つめる。（　　）
(6) 工場の操業を休止する。（　　）
(7) 書物を分冊で出版する。（　　）
(8) 蚕糸をつむぐ。（　　）
(9) 船長に操船を代わる。（　　）
(10) 運針のやり方を調べる。（　　）
(11) 縦列に並《なら》べかえる。（　　）
(12) 預貯金を確かめる。（　　）
(13) 情報誌を発行する。（　　）

2 □に漢字を書きましょう。

1つ4点【48点】

(1) 多くの荷物を□□《せお》う。
(2) 海岸で□《ま》き貝を見つける。
(3) みごとな□《そ》め物ができる。
(4) 出かける□□《すんぜん》に晴れた。
(5) □□《しょっけん》を一枚《いちまい》買う。
(6) 新しい文化を□□《そうぞう》する。
(7) □□《いっすん》法師《ぼうし》の昔話を読む。
(8) □□《ちょさく》をすべて読む。
(9) まんがを□□《ぜんかん》そろえる。
(10) □□《はいご》から声をかける。
(11) 地図の□□《しゅくしゃく》を確かめる。
(12) □□□《にゅうじょうけん》を買う。

もう1回チャレンジ!!

69

まとめのテスト ⑰

学習した日　月　日

名前

目標《もくひょう》時間 20分

得点　／100点

らくらくマルつけ

解説↓ 186ページ

2669

❶ （　）に――線の読みがなを書きましょう。

1つ4点【52点】

(1) 俵に米をつめる。（　）
(2) 縦糸と横糸が交わる。（　）
(3) 会誌を全員に配る。（　）
(4) みんなの前で推論を述べる。（　）
(5) 秒針の動きを見つめる。（　）
(6) 工場の操業を休止する。（　）
(7) 書物を分冊で出版する。（　）
(8) 蚕糸をつむぐ。（　）
(9) 船長に操船を代わる。（　）
(10) 運針のやり方を調べる。（　）
(11) 縦列に並《なら》べかえる。（　）
(12) 預貯金を確かめる。（　）
(13) 情報誌を発行する。（　）

❷ □に漢字を書きましょう。

1つ4点【48点】

(1) 多くの荷物を□□（せ　お）う。
(2) 海岸で□（ま）き貝を見つける。
(3) みごとな□（そ）め物ができる。
(4) 出かける□□（すん　ぜん）に晴れた。
(5) □□（しょっ　けん）を一枚《いちまい》買う。
(6) 新しい文化を□□（そう　ぞう）する。
(7) □□（いっ　すん）法師《ぼうし》の昔話を読む。
(8) □□（ちょ　さく）をすべて読む。
(9) まんがを□□（ぜん　かん）そろえる。
(10) □□（はい　ご）から声をかける。
(11) 地図の□□（しゅく　しゃく）を確かめる。
(12) □□□（にゅう　じょう　けん）を買う。

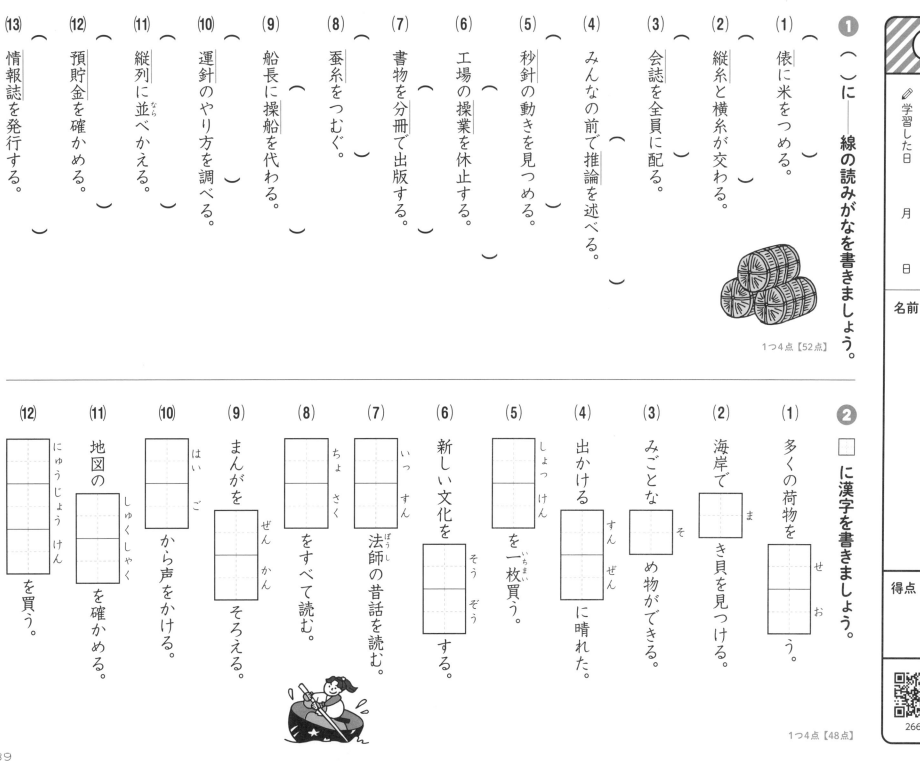

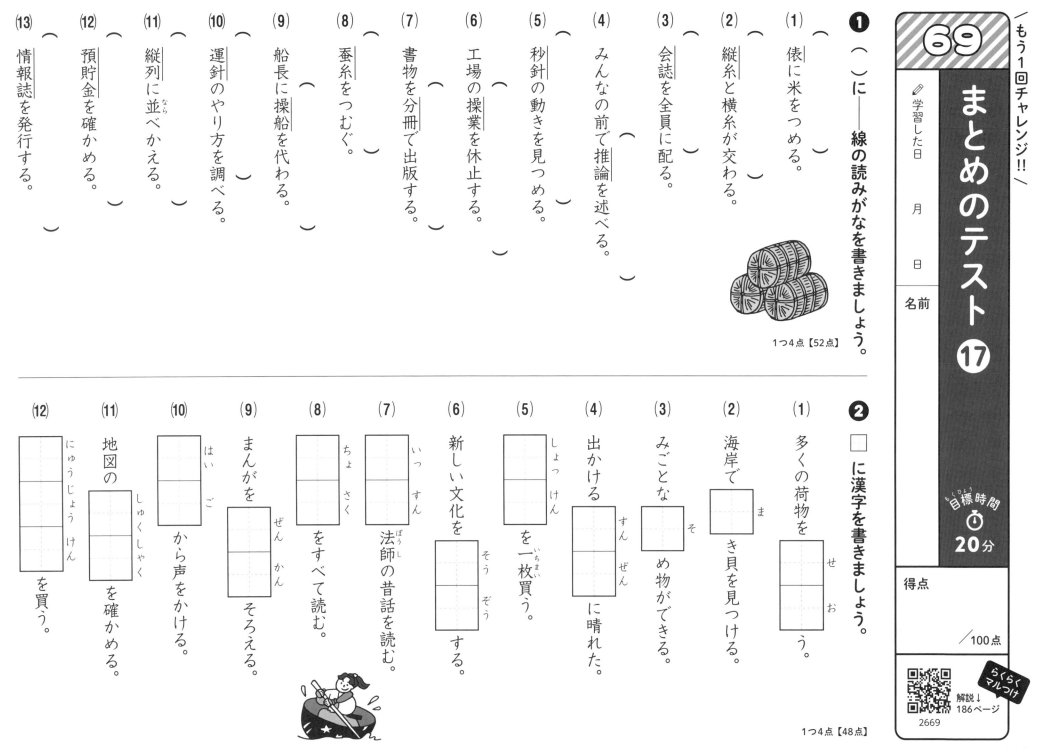

70

まとめのテスト 18

学習した日　月　日

名前

目標《もくひょう》時間 20分

得点　／100点

らくらくマルつけ

解説↓ 186ページ

2670

1 （　）に――線の読みがなを書きましょう。

(1) 蚕の成長を観察する。（　）
(2) 布の染め上がりを見る。（　）
(3) 名著を借りて読む。（　）
(4) 長尺の動画を見る。（　）
(5) 制服の採寸をする。（　）
(6) 雑誌《ざっし》の巻頭で特集する。（　）（　）
(7) 創業百周年を祝う。（　）
(8) 文化について著述する。（　）
(9) 旅券を発行してもらう。（　）
(10) 古い絵巻が見つかる。（　）
(11) 原寸大の模型《もけい》を作る。（　）
(12) 尺取虫の生態を調べる。（　）
(13) 蒸留水を作って飲む。（　）

1つ4点【52点】

2 □に漢字を書きましょう。

(1) □《あず》かり物をわたす。
(2) 委員長に□《すい》せんする。
(3) □《きぬ》ごし豆ふを食べる。
(4) □□《たてが》きで文字を記す。
(5) □□《はりがね》を折り曲げる。
(6) 学級□□《にっし》をつける。
(7) □□《べっさつ》の解説を読む。
(8) 国際交流を□□《すいしん》する。
(9) 町の□□《じゅうおう》に鉄道が走る。
(10) 貸し出し□□《さっすう》を調べる。
(11) □□□《しんようじゅ》の森を歩く。
(12) □□□《しゅうかんし》が発売される。

1つ4点【48点】

もう1回チャレンジ!!

70

まとめのテスト⑱

学習した日　月　日

名前

目標《もくひょう》時間 20分

得点

／100点

らくらくマルつけ

解説↓ 186ページ

2670

1 （　）に――線の読みがなを書きましょう。

1つ4点【52点】

(1) 蚕の成長を観察する。（　　）
(2) 布の染め上がりを見る。（　　）
(3) 名著を借りて読む。（　　）
(4) 長尺の動画を見る。（　　）
(5) 制服の採寸をする。（　　）
(6) 雑誌《ざっし》の巻頭で特集する。（　　）
(7) 創業百周年を祝う。（　　）
(8) 文化について著述する。（　　）
(9) 旅券を発行してもらう。（　　）
(10) 古い絵巻が見つかる。（　　）
(11) 原寸大の模型《もけい》を作る。（　　）
(12) 尺取虫の生態を調べる。（　　）
(13) 蒸留水を作って飲む。（　　）

2 □に漢字を書きましょう。

1つ4点【48点】

(1) □《あず》かり物をわたす。
(2) 委員長に□《すい》せんする。
(3) □《きぬ》ごし豆ふを食べる。
(4) □□《たてが》きで文字を記す。
(5) □□《はりがね》を折り曲げる。
(6) 学級□□《にっし》をつける。
(7) □□《べっさつ》の解説を読む。
(8) 国際交流を□□《すいしん》する。
(9) 町の□□《じゅうおう》に鉄道が走る。
(10) 貸し出し□□《さっすう》を調べる。
(11) □□□《しんようじゅ》の森を歩く。
(12) □□□《しゅうかんし》が発売される。

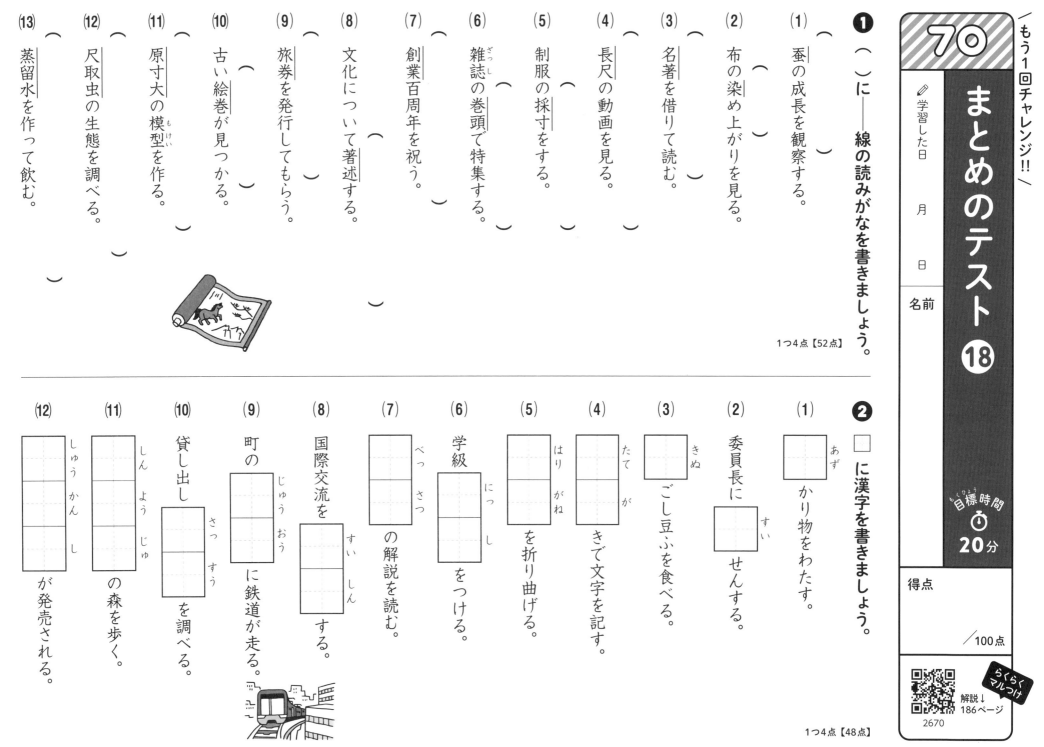

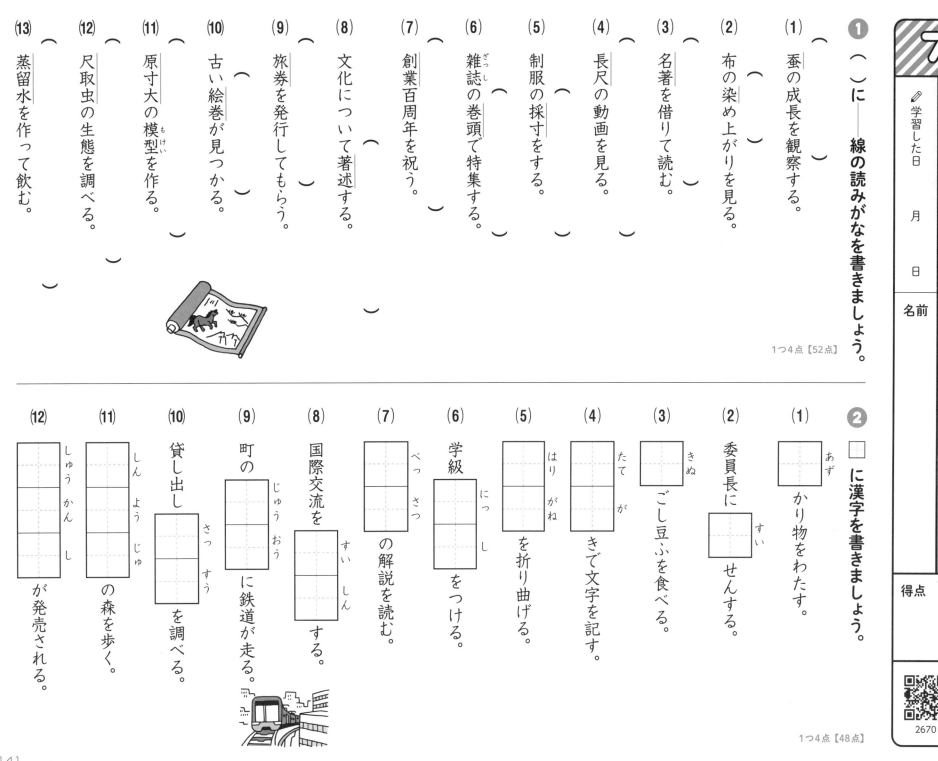

71

パズル・実践《せん》 ⑰

学習した日　月　日

名前

目標《もくひょう》時間 20分

得点　／100点

解説↓ 187ページ

2671

らくらくマルつけ

1 次の漢字のカードを二枚《にまい》ずつ組み合わせて、熟語《じゅくご》を四つ作りましょう。（同じカードは一度しか使えません。） 1つ5点【20点】

冊　作　食　気　子　蒸　券　操

□□　□□　□□　□□

2 次の——線のカタカナを漢字で書き分けましょう。 1つ6点【36点】

(1)
① 将来《しょうらい》のシンロを思う。（　　）
② 船がシンロを変える。（　　）

(2)
① ソウゾウ上の生き物。（　　）
② 作品をソウゾウする。（　　）

(3)
① 湖のスイシンを測る。（　　）
② 計画をスイシンする。（　　）

3 次の——線の漢字の読み方を（　）にひらがなで書きましょう。 1つ4点【32点】

(1)
① 養蚕業が栄える。（　　）
② 蚕にえさをやる。（　　）

(2)
① 縦横に移動する。（　　）
② 縦に並《なら》ぶ。（　　）

(3)
① 預金をする。（　　）
② 手紙を預ける。（　　）

(4)
① 巻末の付録。（　　）
② 包帯を巻く。（　　）

4 次の漢字の足し算をしてできる一つの漢字を、□に書きましょう。 1つ3点【12点】

(1) イ＋表＝□
(2) 言＋志＝□
(3) 北＋月＝□
(4) 糸＋口＋月＝□

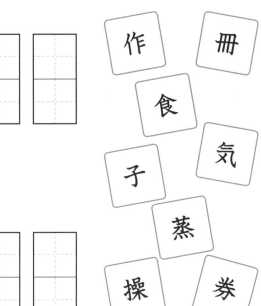

71

パズル・実践《せん》 17

学習した日　月　日

名前

目標《もくひょう》時間 20分

得点　／100点

らくらくマルつけ

解説↓ 187ページ

2671

1 次の漢字のカードを二枚《にまい》ずつ組み合わせて、熟語《じゅくご》を四つ作りましょう。（同じカードは一度しか使えません。） 1つ5点【20点】

冊　作　食　気　子　蒸　操　券

□□　□□
□□　□□

2 次の——線のカタカナを漢字で書き分けましょう。 1つ6点【36点】

(1)
① 将来《しょうらい》のシンロを思う。（　　）
② 船がシンロを変える。（　　）

(2)
① ソウゾウ上の生き物。（　　）
② 作品をソウゾウする。（　　）

(3)
① 湖のスイシンを測る。（　　）
② 計画をスイシンする。（　　）

3 次の——線の漢字の読み方を（　）にひらがなで書きましょう。 1つ4点【32点】

(1)
① 養蚕業が栄える。（　　）
② 蚕にえさをやる。（　　）

(2)
① 縦横に移動する。（　　）
② 縦に並《なら》ぶ。（　　）

(3)
① 預金をする。（　　）
② 手紙を預ける。（　　）

(4)
① 巻末の付録。（　　）
② 包帯を巻く。（　　）

4 次の漢字の足し算をしてできる一つの漢字を、□に書きましょう。 1つ3点【12点】

(1) イ＋表＝□
(2) 言＋志＝□
(3) 北＋月＝□
(4) 糸＋口＋月＝□

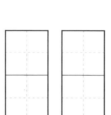

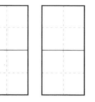

72

パズル・実践《せん》⑱

目標《もくひょう》時間 20分

学習した日　月　日

名前

得点　／100点

らくらくマルつけ　解説↓187ページ　2672

1 次の文には、漢字のまちがいが一つずつあります。その漢字を見つけ、正しく書き直しましょう。　全部できて1つ8点【24点】

(1) 書店《しょてん》で新刊小説《しんかんしょうせつ》と雑詞《ざっし》を買《か》った。　□→□

(2) 力士《りきし》が土表《どひょう》で戦《たたか》う姿《すがた》に感動《かんどう》する。　□→□

(3) 住宅街《じゅうたくがい》の地図《ちず》の縮戸《しゅくしゃく》を確《たし》かめる。　□→□

2 次の――線のカタカナを、漢字と送りがなで書きましょう。　1つ5点【10点】

(1) 上着をアズケル。（　　）

(2) 手が青くソマル。（　　）

3 次の漢字の画数を数字で書きましょう。　1つ4点【12点】

(1) 蒸……（　）画

(2) 縦……（　）画

(3) 巻……（　）画

4 次は、ある新聞記事の一部です。

祝！　山田氏〇〇文学賞受賞！

山田氏の①チョジュツした②ゴサツ目の③スイリ小説が、〇〇文学賞を受賞した。

④創作のなやみについて聞くと、しめきりの⑤寸前まで苦しみながら文章を書いているということであった。

次回作は大作で、上下⑥巻に分けて出版が予定されているとのことだ。

ちなみに、背表紙の文字は、山田氏本人によるものだということである。……

(1) ――線①～③のカタカナを漢字に直して書きましょう。また、――線④～⑥の漢字の読みをひらがなで書きましょう。　1つ8点【48点】

①（　　）　②（　　）

③（　　）

④（　　）　⑤（　　）

⑥（　　）

(2) ＝線「背」と同じ読み方をするものをふくむ熟語《じゅくご》を次から選び、記号で書きましょう。　【6点】

ア 背景　イ 上背

ウ 背中　エ 背後

（　　）

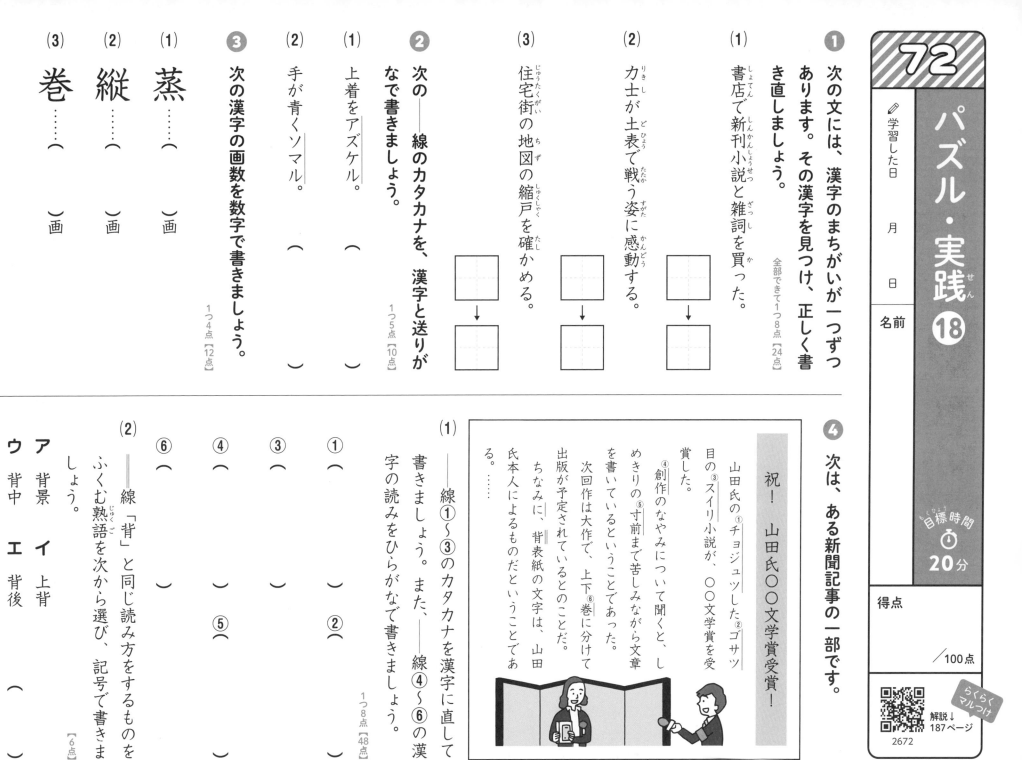

もう1回チャレンジ!!

72

パズル・実践《せん》⑱

学習した日　月　日

名前

目標《もくひょう》時間 20分

得点　／100点

らくらくマルつけ　解説↓187ページ

2672

❶ 次の文には、漢字のまちがいが一つずつあります。その漢字を見つけ、正しく書き直しましょう。　全部できて1つ8点【24点】

(1) 書店《しょてん》で新刊小説《しんかんしょうせつ》と雑詞《ざっし》を買《か》った。　□→□

(2) 力士《りきし》が土表《どひょう》で戦《たたか》う姿《すがた》に感動《かんどう》する。　□→□

(3) 住宅街《じゅうたくがい》の地図《ちず》の縮戸《しゅくしゃく》を確《たし》かめる。　□→□

❷ 次の――線のカタカナを、漢字と送りがなで書きましょう。　1つ5点【10点】

(1) 上着をアズケル。（　　）

(2) 手が青くソマル。（　　）

❸ 次の漢字の画数を数字で書きましょう。　1つ4点【12点】

(1) 蒸……（　）画

(2) 縦……（　）画

(3) 巻……（　）画

❹ 次は、ある新聞記事の一部です。

祝！　山田氏〇〇文学賞受賞！

山田氏の①チョジュツした②ゴサツ目の③スイリ小説が、〇〇文学賞を受賞した。

④創作のなやみについて聞くと、しめきりの⑤寸前まで苦しみながら文章を書いているということであった。

次回作は大作で、上下⑥巻に分けて出版が予定されているとのことだ。

ちなみに、背表紙の文字は、山田氏本人によるものだということである。……

(1) ――線①～③のカタカナを漢字に直して書きましょう。また、――線④～⑥の漢字の読みをひらがなで書きましょう。　1つ8点【48点】

①（　　）　②（　　）

③（　　）

④（　　）　⑤（　　）

⑥（　　）

(2) ＝線「背」と同じ読み方をするものをふくむ熟語《じゅくご》を次から選び、記号で書きましょう。　【6点】

ア 背景　イ 上背

ウ 背中　エ 背後

（　　）

73 文化遺産《いさん》

学習した日　月　日

名前

目標《もくひょう》時間 20分

得点　／100点

解説↓ 187ページ

らくらくマルつけ

2673

遺　15画

やや長く

読み方　音 イ（ユイ）　訓 —

使い方　遺産《いさん》　遺伝《いでん》　遺書《いしょ》　遺品《いひん》　遺物《いぶつ》　遺失物《いしつぶつ》　遺《い》せき

展　10画

「衣」としない

読み方　音 テン　訓 —

使い方　展示《てんじ》　展開《てんかい》　発展《はってん》　進展《しんてん》　展望台《てんぼうだい》　展覧会《てんらんかい》

貴　12画

上につき出す

読み方　音 キ　訓 （たっとい）（とうとい）（たっとぶ）（とうとぶ）

使い方　貴重《きちょう》　貴族《きぞく》　高貴《こうき》　貴人《きじん》　貴公子《きこうし》　貴金属《ききんぞく》

存　6画

少し出す

読み方　音 ソン　ゾン　訓 —

使い方　存在《そんざい》　存続《そんぞく》　存立《そんりつ》　保存《ほぞん》　生存《せいぞん》　一存《いちぞん》

承　8画

はねる

読み方　音 ショウ　訓 （うけたまわる）

使い方　伝承《でんしょう》　口承《こうしょう》　承知《しょうち》　承認《しょうにん》　りょう承《しょう》　承《しょう》だく

---

1 □に漢字を書きましょう。

(1) 文化□□《いさん》を守る。

(2) 美術品を□□《てんじ》する。

(3) □□《きちょう》な絵画が見つかる。

(4) 文化財を□□《ほぞん》する。

(5) 祭りを□□《でんしょう》していく。

(6) 博物館を□□《そんぞく》させる。

(7) □《い》せきの調査をする。

(8) □□《きぞく》の暮《く》らしを知る。

(9) 技術が□□《はってん》する。

(10) 申し出を□□《しょうち》する。

1つ8点【80点】

スパイラルコーナー

□に漢字を書きましょう。

(1) 学校を□□《そうりつ》する。

(2) 結果を□□《すいそく》する。

1つ10点【20点】

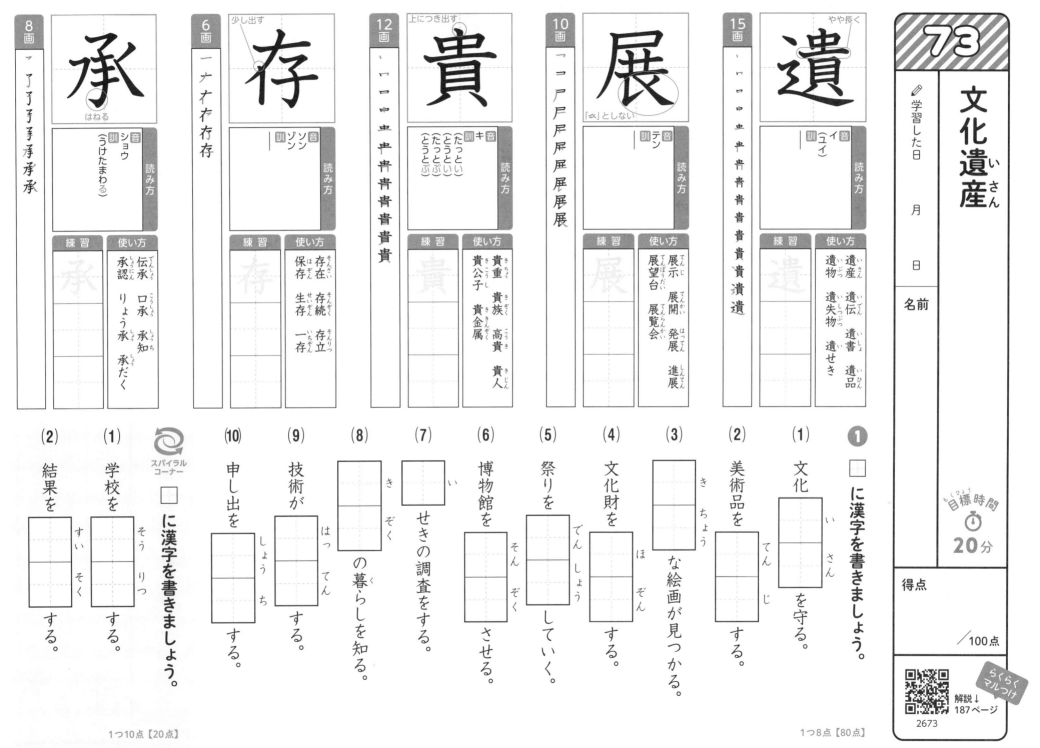

＼もう1回チャレンジ!!／

73 文化遺産《いさん》

学習した日 月 日

名前

目標《もくひょう》時間 20分

得点 ／100点

らくらくマルつけ

解説↓ 187ページ

2673

遺 15画

やや長く

読み方　音 イ（ユイ）　訓 ―

使い方　遺産《いさん》　遺伝《いでん》　遺書《いしょ》　遺品《いひん》　遺物《いぶつ》　遺失物《いしつぶつ》　遺《い》せき

練習

展 10画

「ㄨ」としない

読み方　音 テン　訓 ―

使い方　展示《てんじ》　展開《てんかい》　発展《はってん》　進展《しんてん》　展望台《てんぼうだい》　展覧会《てんらんかい》

練習

貴 12画

上につき出す

読み方　音 キ　訓（たっとい）（とうとい）（たっとぶ）（とうとぶ）

使い方　貴重《きちょう》　貴族《きぞく》　高貴《こうき》　貴人《きじん》　貴公子《きこうし》　貴金属《ききんぞく》

練習

存 6画

少し出す

読み方　音 ソン ゾン　訓 ―

使い方　存在《そんざい》　存続《そんぞく》　存立《そんりつ》　保存《ほぞん》　生存《せいぞん》　一存《いちぞん》

練習

承 8画

はねる

読み方　音 ショウ　訓（うけたまわる）

使い方　伝承《でんしょう》　口承《こうしょう》　承知《しょうち》　承認《しょうにん》　りょう承《しょう》　承《しょう》だく

練習

---

1 □に漢字を書きましょう。

(1) 文化［いさん］を守る。

(2) 美術品を［てんじ］する。

(3) ［きちょう］な絵画が見つかる。

(4) 文化財を［ほぞん］する。

(5) 祭りを［でんしょう］していく。

(6) 博物館を［そんぞく］させる。

(7) ［い］せきの調査をする。

(8) ［きぞく］の暮《く》らしを知る。

(9) 技術が［はってん］する。

(10) 申し出を［しょうち］する。

1つ8点【80点】

スパイラルコーナー □に漢字を書きましょう。

(1) 学校を［そうりつ］する。

(2) 結果を［すいそく］する。

1つ10点【20点】

74 皇室《こうしつ》の方々

学習した日　月　日

名前

目標《もくひょう》時間 20分

得点　／100点

らくらくマルつけ　解説↓187ページ

2674

皇（9画）

「自」としない

読み方　音 コウ　オウ　訓

使い方　皇居《こうきょ》　皇室《こうしつ》　皇太子《こうたいし》　天皇《てんのう》　皇子《おうじ》　法皇《ほうおう》

練習　皇

后（6画）

あける

読み方　音 コウ　訓

使い方　皇后《こうごう》　皇太后《こうたいごう》

練習　后

陛（10画）

「北」としない

読み方　音 ヘイ　訓

使い方　陛下《へいか》

練習　陛

覧（17画）

上より短く

読み方　音 ラン　訓

使い方　観覧《かんらん》　遊覧《ゆうらん》　一覧《いちらん》　内覧《ないらん》　回覧板《かいらんばん》　博覧会《はくらんかい》

練習　覧

従（10画）

大きくはらう

読み方　音 ジュウ　（ショウ）　（ジュ）　訓 したがう　したがえる

使い方　従来《じゅうらい》　従事《じゅうじ》　服従《ふくじゅう》　従順《じゅうじゅん》　従者《じゅうしゃ》　従業員《じゅうぎょういん》　つき従《したが》う

練習　従

1 □に漢字を書きましょう。

(1) 歴代の□《てんのう》を調べる。

(2) □《こうごう》がお話をされる。

(3) □《へいか》にお会いする。

(4) □《はくらんかい》が開かれる。

(5) 王が家来を□《したが》える。

(6) □《こうきょ》の周囲を走る。

(7) □《じゅうしゃ》に命令する。

(8) □《こうしつ》のニュースを知る。

(9) 王が作品をご□《らん》になる。

(10) 係員の指示に□《したが》う。

1つ8点【80点】

スパイラルコーナー

□に漢字を書きましょう。

(1) みんなで□《たいそう》をする。

(2) 友達の上着を□《あず》かる。

1つ10点【20点】

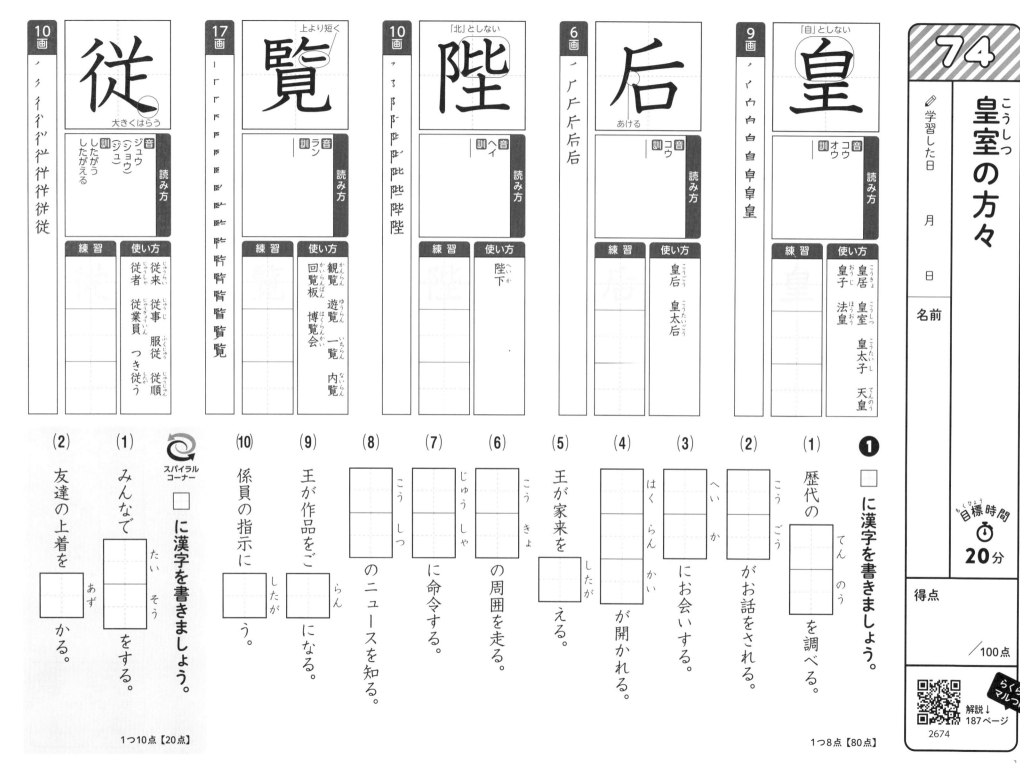

74 皇室《こうしつ》の方々

学習した日　月　日

名前

目標《もくひょう》時間 20分

得点　／100点

解説↓ 187ページ

らくらくマルつけ

2674

皇 9画
「自」としない

読み方　音 コウ オウ　訓

使い方　皇居《こうきょ》　皇室《こうしつ》　皇太子《こうたいし》　天皇《てんのう》　皇子《おうじ》　法皇《ほうおう》

后 6画
あける

読み方　音 コウ　訓

使い方　皇后《こうごう》　皇太后《こうたいごう》

陛 10画
「北」としない

読み方　音 ヘイ　訓

使い方　陛下《へいか》

覧 17画
上より短く

読み方　音 ラン　訓

使い方　観覧《かんらん》　遊覧《ゆうらん》　一覧《いちらん》　内覧《ないらん》　回覧板《かいらんばん》　博覧会《はくらんかい》

従 10画
大きくはらう

読み方　音 ジュウ（ショウ）（ジュ）　訓 したがう　したがえる

使い方　従来《じゅうらい》　従事《じゅうじ》　服従《ふくじゅう》　従順《じゅうじゅん》　従者《じゅうしゃ》　従業員《じゅうぎょういん》　つき従《したが》う

1 □に漢字を書きましょう。

(1) 歴代の□□《てんのう》を調べる。

(2) □□《こうごう》がお話をされる。

(3) □□《へいか》にお会いする。

(4) □□□《はくらんかい》が開かれる。

(5) 王が家来を□《したが》える。

(6) □□《こうきょ》の周囲を走る。

(7) □□《じゅうしゃ》に命令する。

(8) □□《こうしつ》のニュースを知る。

(9) 王が作品をご□《らん》になる。

(10) 係員の指示に□《したが》う。

1つ8点【80点】

スパイラルコーナー

□に漢字を書きましょう。

(1) みんなで□□《たいそう》をする。

(2) 友達の上着を□《あず》かる。

1つ10点【20点】

75

憲法《けんぽう》と政治 ①

学習した日　月　日

名前

目標時間《もくひょうじかん》 20分

得点　／100点

らくらくマルつけ　解説↓188ページ　2675

憲　16画

つき出す

読み方　音 ケン　訓 —

使い方：憲法《けんぽう》　憲章《けんしょう》　憲政《けんせい》　改憲《かいけん》　立憲《りっけん》　憲兵《けんぺい》

練習：憲

律　9画

のばす

読み方　音 リツ（リチ）　訓 —

使い方：法律《ほうりつ》　規律《きりつ》　調律《ちょうりつ》　一律《いちりつ》　自律《じりつ》　律《りっ》する

練習：律

党　10画

「ツ」としない

読み方　音 トウ　訓 —

使い方：政党《せいとう》　党員《とういん》　党派《とうは》　結党《けっとう》　徒党《ととう》　悪党《あくとう》

練習：党

策　12画

はねる

読み方　音 サク　訓 —

使い方：対策《たいさく》　方策《ほうさく》　政策《せいさく》　策略《さくりゃく》　散策《さんさく》　解決策《かいけつさく》

練習：策

盟　13画

左右をつき出す

読み方　音 メイ　訓 —

使い方：連盟《れんめい》　同盟《どうめい》　加盟《かめい》　盟約《めいやく》　盟友《めいゆう》

練習：盟

---

1 □に漢字を書きましょう。

(1) □□《けんぽう》の条文を読む。

(2) □□《ほうりつ》を制定する。

(3) □□《せいとう》を結成する。

(4) 選挙の□□《たいさく》を練る。

(5) 外国と□□《どうめい》を結ぶ。

(6) □□《かいけん》について議論《ぎろん》する。

(7) □□《きりつ》をしっかり守る。

(8) □□《とういん》が投票する。

(9) □□《せいさく》を発表する。

(10) 国際連合に□□《かめい》する。

1つ8点【80点】

スパイラルコーナー

□に漢字を書きましょう。

(1) 時計の□□《ちょうしん》が動く。

(2) 絵の□□《はいけい》をえがく。

1つ10点【20点】

もう1回チャレンジ!!

75 憲法《けんぽう》と政治①

学習した日　月　日

名前

目標《もくひょう》時間 20分

得点 ／100点

解説↓188ページ

らくらくマルつけ

2675

漢字	画数	読み方	使い方
憲（つき出す）	16画	音 ケン　訓	憲法《けんぽう》　憲章《けんしょう》　憲政《けんせい》　改憲《かいけん》　立憲《りっけん》　憲兵《けんぺい》
律（のばす）	9画	音 リツ（リチ）　訓	法律《ほうりつ》　規律《きりつ》　調律《ちょうりつ》　一律《いちりつ》　自律《じりつ》　律《りっ》する
党（「ツ」としない）	10画	音 トウ　訓	政党《せいとう》　党員《とういん》　党派《とうは》　結党《けっとう》　徒党《ととう》　悪党《あくとう》
策（はねる）	12画	音 サク　訓	対策《たいさく》　方策《ほうさく》　政策《せいさく》　策略《さくりゃく》　散策《さんさく》　解決策《かいけつさく》
盟（左右をつき出す）	13画	音 メイ　訓	連盟《れんめい》　同盟《どうめい》　加盟《かめい》　盟約《めいやく》　盟友《めいゆう》

練習

1 □に漢字を書きましょう。

(1) □□《けんぽう》の条文を読む。

(2) □□《ほうりつ》を制定する。

(3) □□《せいとう》を結成する。

(4) 選挙の□□《たいさく》を練る。

(5) 外国と□□《どうめい》を結ぶ。

(6) □□《かいけん》について議論《ぎろん》する。

(7) □□《きりつ》をしっかり守る。

(8) □□《とういん》が投票する。

(9) □□《せいさく》を発表する。

(10) 国際連合に□□《かめい》する。

1つ8点【80点】

スパイラルコーナー □に漢字を書きましょう。

(1) 時計の□□《ちょうしん》が動く。

(2) 絵の□□《はいけい》をえがく。

1つ10点【20点】

76

憲法《けんぽう》と政治 ②

学習した日　月　日

名前

目標時間《もくひょうじかん》 20分

得点　／100点

らくらくマルつけ
解説↓ 188ページ
2676

裁（12画）

とめる

読み方　音 サイ　訓 さばく　（たつ）

練習　裁

使い方　裁判《さいばん》　独裁《どくさい》　仲裁《ちゅうさい》　裁断《さいだん》　裁《さい》ほう　洋裁《ようさい》　裁《さば》き

閣（14画）

とめる　はねる

読み方　音 カク　訓 ―

練習　閣

使い方　内閣《ないかく》　閣議《かくぎ》　入閣《にゅうかく》　閣下《かっか》　仏閣《ぶっかく》　天守閣《てんしゅかく》

権（15画）

つき出さない

読み方　音 ケン　（ゴン）　訓 ―

練習　権

使い方　権力《けんりょく》　権利《けんり》　権限《けんげん》　実権《じっけん》　人権《じんけん》　主権《しゅけん》　選挙権《せんきょけん》

衆（12画）

形と書き順に注意

読み方　音 シュウ　（シュ）　訓 ―

練習　衆

使い方　民衆《みんしゅう》　大衆《たいしゅう》　観衆《かんしゅう》　衆知《しゅうち》　衆議院《しゅうぎいん》　公衆電話《こうしゅうでんわ》

1 □に漢字を書きましょう。

(1) □□□《さいばんしょ》を見学する。

(2) □□《ないかく》が解散する。

(3) 国民に□□《しゅけん》がある。

(4) □□□《しゅうぎいん》選挙を行う。

(5) 法廷《ほうてい》で罪が□《さば》かれる。

(6) □□《かくぎ》が開かれる。

(7) 義務と□□《けんり》を考える。

(8) □□《たいしゅう》の支持を得る。

(9) □□《じんけん》を尊重《そんちょう》する。

(10) □□□《どくさいしゃ》を追放する。

1つ8点【80点】

スパイラルコーナー

□に漢字を書きましょう。

(1) 空が赤く□《そ》まる。

(2) □《きぬ》のハンカチを買う。

1つ10点【20点】

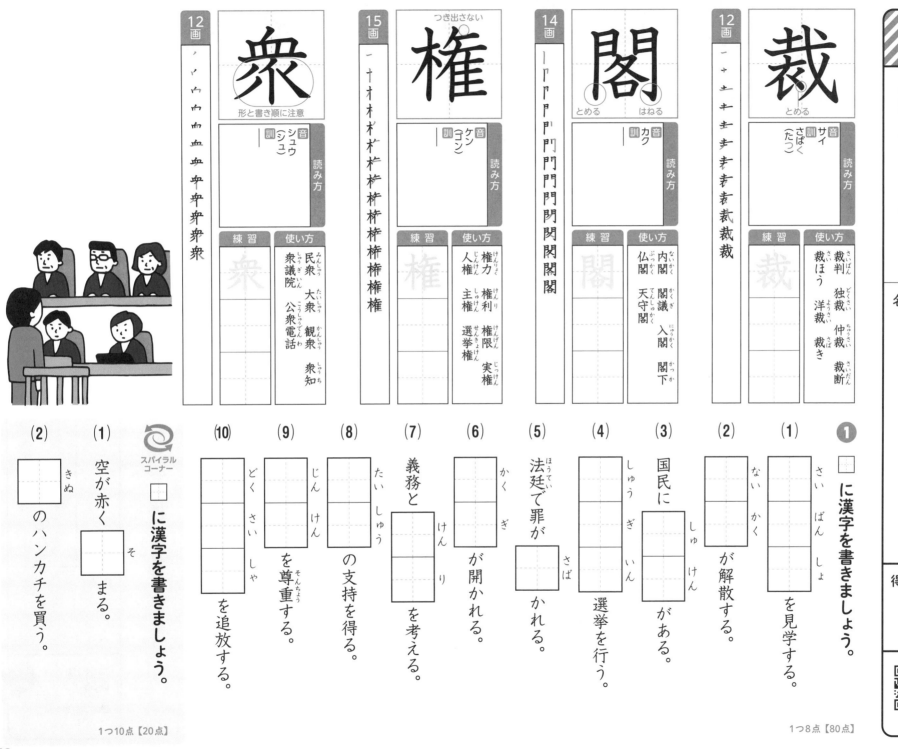

もう1回チャレンジ!!

76 憲法《けんぽう》と政治②

学習した日　月　日

名前

目標《もくひょう》時間 20分

得点　／100点

裁（12画）

とめる

読み方　音 サイ　訓 さばく（たつ）

使い方　裁判《さいばん》　独裁《どくさい》　仲裁《ちゅうさい》　裁断《さいだん》　裁《さい》ほう　洋裁《ようさい》　裁《さば》き

練習

閣（14画）

とめる　はねる

読み方　音 カク　訓 ―

使い方　内閣《ないかく》　閣議《かくぎ》　入閣《にゅうかく》　閣下《かっか》　仏閣《ぶっかく》　天守閣《てんしゅかく》

練習

権（15画）

つき出さない

読み方　音 ケン（ゴン）　訓 ―

使い方　権力《けんりょく》　権利《けんり》　権限《けんげん》　実権《じっけん》　人権《じんけん》　主権《しゅけん》　選挙権《せんきょけん》

練習

衆（12画）

形と書き順に注意

読み方　音 シュウ（シュ）　訓 ―

使い方　民衆《みんしゅう》　大衆《たいしゅう》　観衆《かんしゅう》　衆知《しゅうち》　衆議院《しゅうぎいん》　公衆電話《こうしゅうでんわ》

練習

1 □に漢字を書きましょう。

(1) □□□《さいばんしょ》を見学する。

(2) □□《ないかく》が解散する。

(3) 国民に□□《しゅけん》がある。

(4) □□□《しゅうぎいん》選挙を行う。

(5) 法廷《ほうてい》で罪が□《さば》かれる。

(6) □□《かくぎ》が開かれる。

(7) 義務と□□《けんり》を考える。

(8) □□《たいしゅう》の支持を得る。

(9) □□《じんけん》を尊重《そんちょう》する。

(10) □□□《どくさいしゃ》を追放する。

1つ8点【80点】

スパイラルコーナー　□に漢字を書きましょう。

(1) 空が赤く□《そ》まる。

(2) □《きぬ》のハンカチを買う。

1つ10点【20点】

らくらくマルつけ

解説↓188ページ

2676

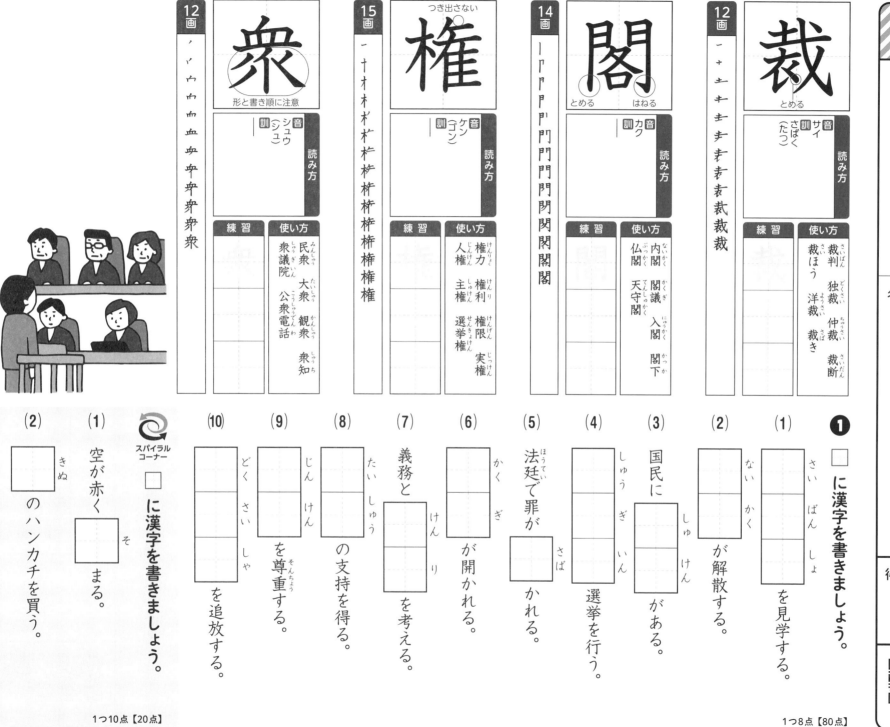

77

まとめのテスト⑲

学習した日　月　日

名前

目標時間《もくひょうじかん》 20分

得点　／100点

らくらくマルつけ

解説↓ 188ページ

2677

1 （　）に――線の読みがなを書きましょう。

1つ4点【52点】

(1) たくさんの観衆が集まる。（　　）
(2) 森の中を散策する。（　　）
(3) 児童憲章について調べる。（　　）
(4) 私《わたし》の一存では決められない。（　　）
(5) 法皇が政治を行う。（　　）
(6) いくつかの党派に分かれる。（　　）
(7) 口承で昔話が伝わる。（　　）
(8) ある人が強い権限をもつ。（　　）
(9) さまざまな策略を練る。（　　）
(10) 学校が存続の危機《きき》にある。（　　）
(11) 布地を裁断する。（　　）
(12) 皇太子が各国をおとずれる。（　　）
(13) 遊覧船に乗って観光する。（　　）

2 □に漢字を書きましょう。

1つ4点【48点】

(1) 自分の行動を□《りっ》する。
(2) □□《こうき》な家に生まれる。
(3) 才能が□□《いでん》する。
(4) 話が□□《てんかい》していく。
(5) □□《じゅうらい》の方法を改める。
(6) □□《へいか》とお話しする。
(7) ピアノの□□《ちょうりつ》をする。
(8) 祖母の□□《いひん》を整理する。
(9) 大勢の□□□《じゅうぎょういん》が働く。
(10) □□□《ききんぞく》を保管する。
(11) 城主が□□□《てんしゅかく》にのぼる。
(12) □□□《てんぼうだい》から町を見る。

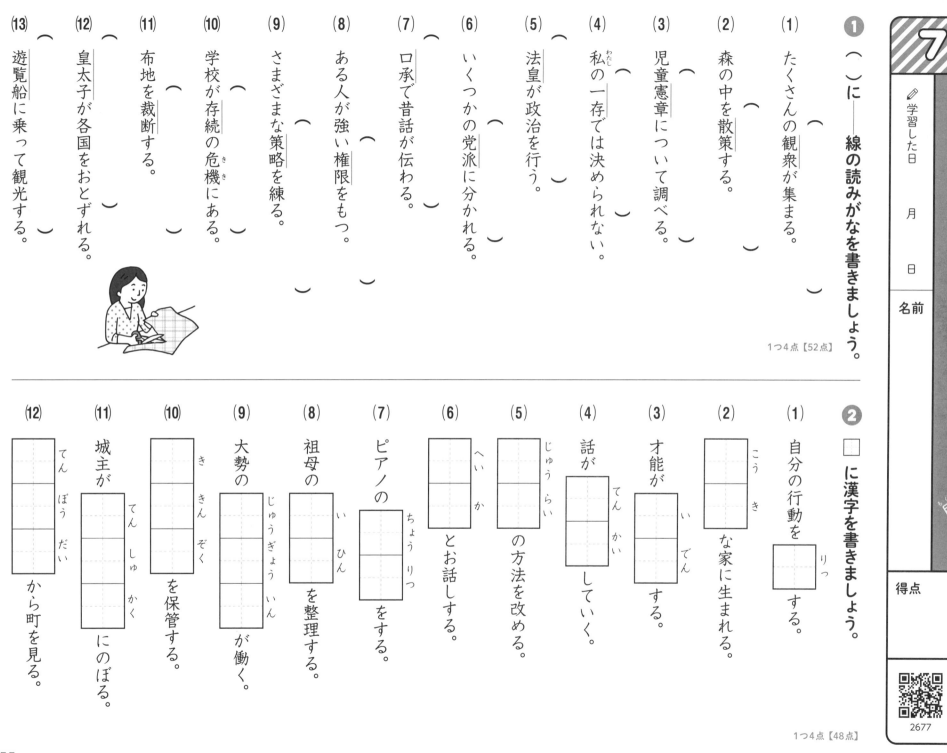

もう1回チャレンジ!!

77

まとめのテスト 19

学習した日　月　日

名前

目標時間《もくひょうじかん》 20分

得点　／100点

解説↓188ページ

らくらくマルつけ

2677

1 （　）に──線の読みがなを書きましょう。

1つ4点【52点】

(1) たくさんの観衆が集まる。（　　）

(2) 森の中を散策する。（　　）

(3) 児童憲章について調べる。（　　）

(4) 私《わたし》の一存では決められない。（　　）

(5) 法皇が政治を行う。（　　）

(6) いくつかの党派に分かれる。（　　）

(7) 口承で昔話が伝わる。（　　）

(8) ある人が強い権限をもつ。（　　）

(9) さまざまな策略を練る。（　　）

(10) 学校が存続の危機《きき》にある。（　　）

(11) 布地を裁断する。（　　）

(12) 皇太子が各国をおとずれる。（　　）

(13) 遊覧船に乗って観光する。（　　）

2 □に漢字を書きましょう。

1つ4点【48点】

(1) 自分の行動を□《りっ》する。

(2) □□《こうき》な家に生まれる。

(3) 才能が□□《いでん》する。

(4) 話が□□《てんかい》していく。

(5) □□《じゅうらい》の方法を改める。

(6) □□《へいか》とお話しする。

(7) ピアノの□□《ちょうりつ》をする。

(8) 祖母の□□《いひん》を整理する。

(9) 大勢の□□□《じゅうぎょういん》が働く。

(10) □□□《ききんぞく》を保管する。

(11) 城主が□□□《てんしゅかく》にのぼる。

(12) □□□《てんぼうだい》から町を見る。

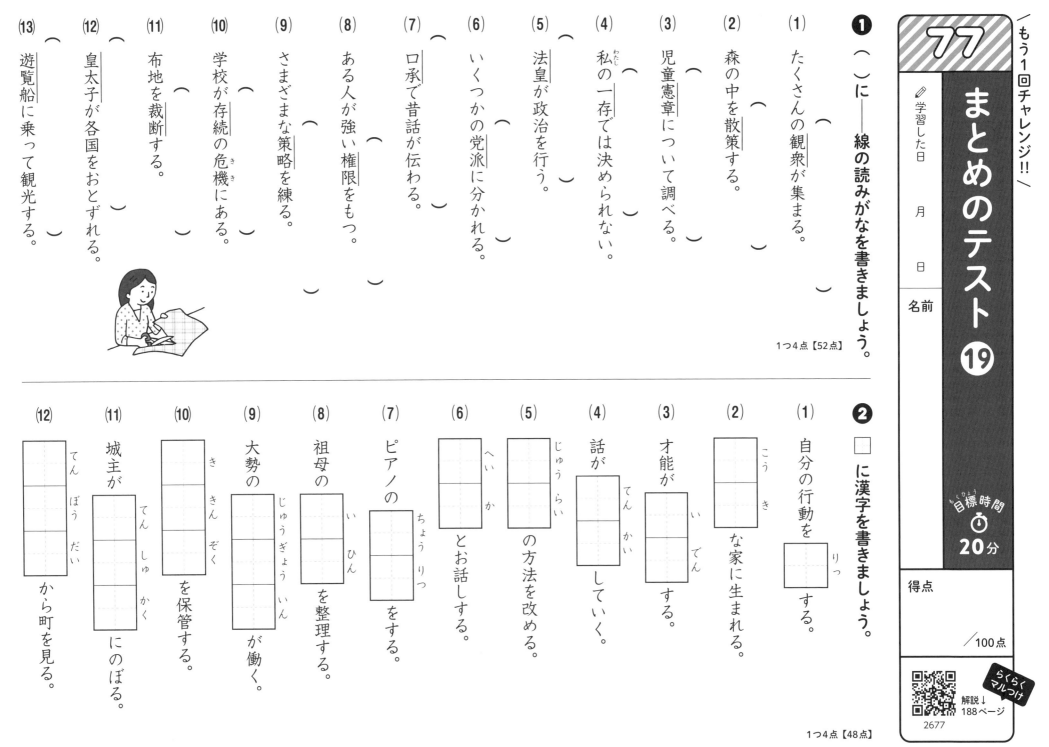

78 まとめのテスト 20

学習した日　月　日

名前

目標時間《もくひょうじかん》 20分

得点　／100点

解説↓ 188ページ

2678

らくらくマルつけ

1 （　）に――線の読みがなを書きましょう。

1つ4点【52点】

(1) 料金を一律にする。（　　）

(2) 祖父の残した遺書を読む。（　　）

(3) 計画が進展する。（　　）

(4) 皇子が誕生《たんじょう》する。（　　）

(5) 医学の研究に従事する。（　　）

(6) 有名な神社仏閣をおとずれる。（　　）

(7) 国際的な連盟に加入する。（　　）

(8) 自律することを心がける。（　　）

(9) 命令に服従する。（　　）

(10) 皇太后のお話を聞く。（　　）

(11) 貴公子が登場する。（　　）

(12) 展望台から景色《けしき》をながめる。（　　）

(13) 遺失物を駅員に届《とど》ける。（　　）

2 □に漢字を書きましょう。

1つ4点【48点】

(1) □《さい》ほう道具をそろえる。

(2) さまざまな□□《ほうさく》を考える。

(3) 多くの動物が□□《せいぞん》する。

(4) 目標を□□《いちらん》にする。

(5) □□《みんしゅう》の生活を知る。

(6) 国王が□□《けんりょく》をもつ。

(7) □□《あくとう》を退治《たいじ》する。

(8) □□《こうしゅう》電話を見つける。

(9) 宇宙人《うちゅうじん》の□□《そんざい》を信じる。

(10) □□□《せんきょけん》をあたえる。

(11) □□□《かいけつさく》を考える。

(12) □□□《かんらんしゃ》に乗る。

＼もう1回チャレンジ!!／

78 まとめのテスト 20

学習した日　月　日

名前

目標時間《もくひょうじかん》 20分

得点　／100点

解説↓ 188ページ

2678

らくらくマルつけ

1 （　）に——線の読みがなを書きましょう。

1つ4点【52点】

(1) 料金を一律にする。（　　）

(2) 祖父の残した遺書を読む。（　　）

(3) 計画が進展する。（　　）

(4) 皇子が誕生《たんじょう》する。（　　）

(5) 医学の研究に従事する。（　　）

(6) 有名な神社仏閣をおとずれる。（　　）

(7) 国際的な連盟に加入する。（　　）

(8) 自律することを心がける。（　　）

(9) 命令に服従する。（　　）

(10) 皇太后のお話を聞く。（　　）

(11) 貴公子が登場する。（　　）

(12) 展望台から景色《けしき》をながめる。（　　）

(13) 遺失物を駅員に届《とど》ける。（　　）

2 □に漢字を書きましょう。

1つ4点【48点】

(1) □《さい》ほう道具をそろえる。

(2) さまざまな□□《ほうさく》を考える。

(3) 多くの動物が□□《せいぞん》する。

(4) 目標を□□《いちらん》にする。

(5) □□《みんしゅう》の生活を知る。

(6) 国王が□□《けんりょく》をもつ。

(7) □□《あくとう》を退治《たいじ》する。

(8) □□《こうしゅう》電話を見つける。

(9) 宇宙人《うちゅうじん》の□□《そんざい》を信じる。

(10) □□□《せんきょけん》をあたえる。

(11) □□□《かいけつさく》を考える。

(12) □□□《かんらんしゃ》に乗る。

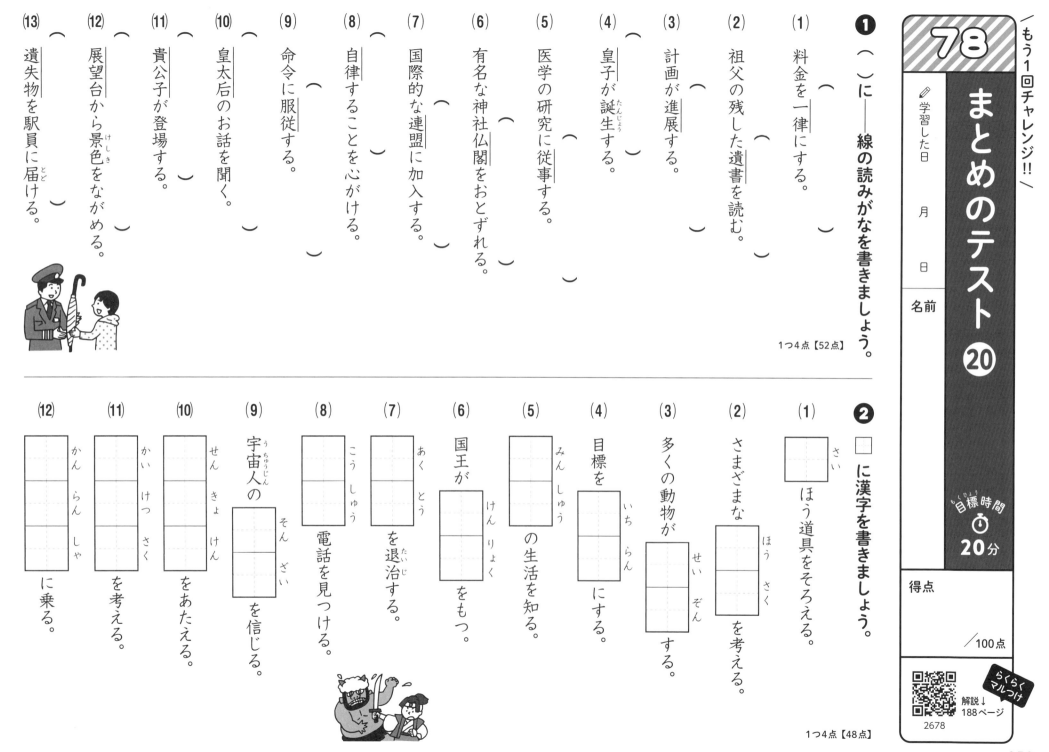

79

パズル・実践《せん》⑲

✎学習した日　月　日

名前

目標《もくひょう》時間 20分

得点　／100点

らくらくマルつけ

解説↓ 189ページ

2679

❶ 矢印の向きに読むと熟語《じゅくご》になるように、次の□に入る漢字を書きましょう。 1つ4点【8点】

(1)
観
↓
望 一 → □ ← 回
↑
遊

(2)
発
↓
開 ← □ → 望
↑
進

❷ 次の——線のカタカナにあてはまる漢字を線で結びましょう。 全部できて1つ8点【24点】

(1)
① ケン法の改正。 ・　　・権
② ケン利の主張。 ・　　・憲

(2)
① 対トウに話す。 ・　　・党
② 悪トウをたおす。 ・　　・等

(3)
① 優勝《ゆうしょう》のショウ金。 ・　　・承
② 文化の伝ショウ。 ・　　・賞
③ 文章のショウ略。 ・　　・省

❸ 次の——線の漢字の読み方を（　）にひらがなで書きましょう。 1つ6点【48点】

(1)
① 野生動物の存在。（　　）
② 食料を保存する。（　　）

(2)
① 皇后のお話。（　　）
② 皇子のご誕生《たんじょう》。（　　）

(3)
① 従来の方法。（　　）
② 命令に従う。（　　）

(4)
① 洋裁の学校。（　　）
② 罪人を裁く。（　　）

❹ 次の漢字のカードを二枚《にまい》ずつ組み合わせて、漢字を四つ作りましょう。（同じカードは一度しか使えません。） 1つ5点【20点】

皿　辶　明　坒　阝　各　門　貴

□
□
□
□

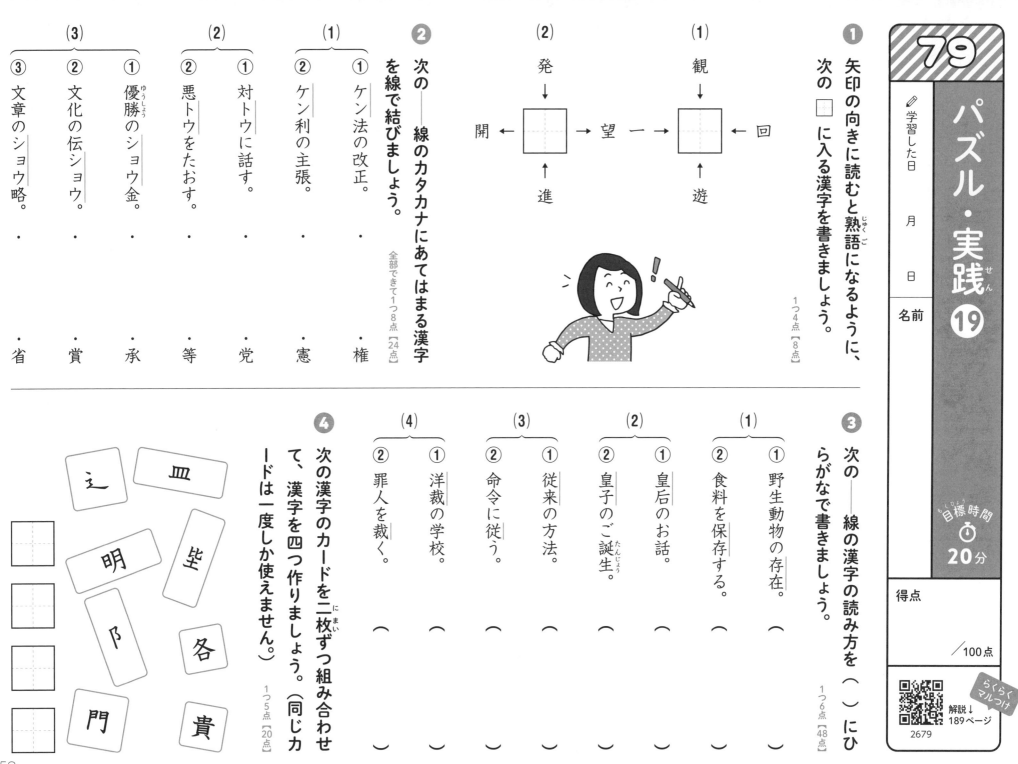

＼もう1回チャレンジ!!／

79 パズル・実践《せん》 19

学習した日　　月　　日

名前

目標《もくひょう》時間 20分

得点　　／100点

らくらくマルつけ

解説↓ 189ページ

2679

❶ 矢印の向きに読むと熟語《じゅくご》になるように、次の□に入る漢字を書きましょう。 1つ4点【8点】

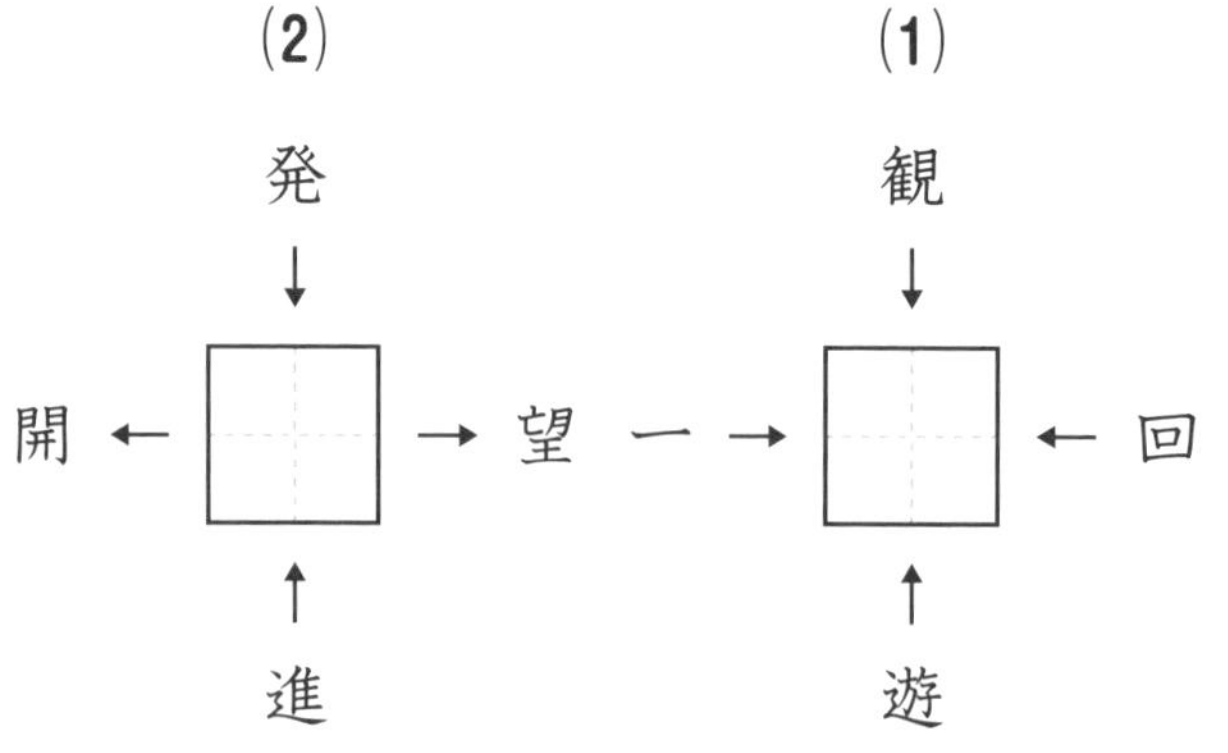

❷ 次の――線のカタカナにあてはまる漢字を線で結びましょう。 全部できて1つ8点【24点】

(1)
① ケン法の改正。　・　・権
② ケン利の主張。　・　・憲

(2)
① 対トウに話す。　・　・党
② 悪トウをたおす。　・　・等

(3)
① 優勝《ゆうしょう》のショウ金。　・　・承
② 文化の伝ショウ。　・　・賞
③ 文章のショウ略。　・　・省

❸ 次の――線の漢字の読み方を（　）にひらがなで書きましょう。 1つ6点【48点】

(1)
① 野生動物の存在。（　）
② 食料を保存する。（　）

(2)
① 皇后のお話。（　）
② 皇子のご誕生《たんじょう》。（　）

(3)
① 従来の方法。（　）
② 命令に従う。（　）

(4)
① 洋裁の学校。（　）
② 罪人を裁く。（　）

❹ 次の漢字のカードを二枚《にまい》ずつ組み合わせて、漢字を四つ作りましょう。（同じカードは一度しか使えません。） 1つ5点【20点】

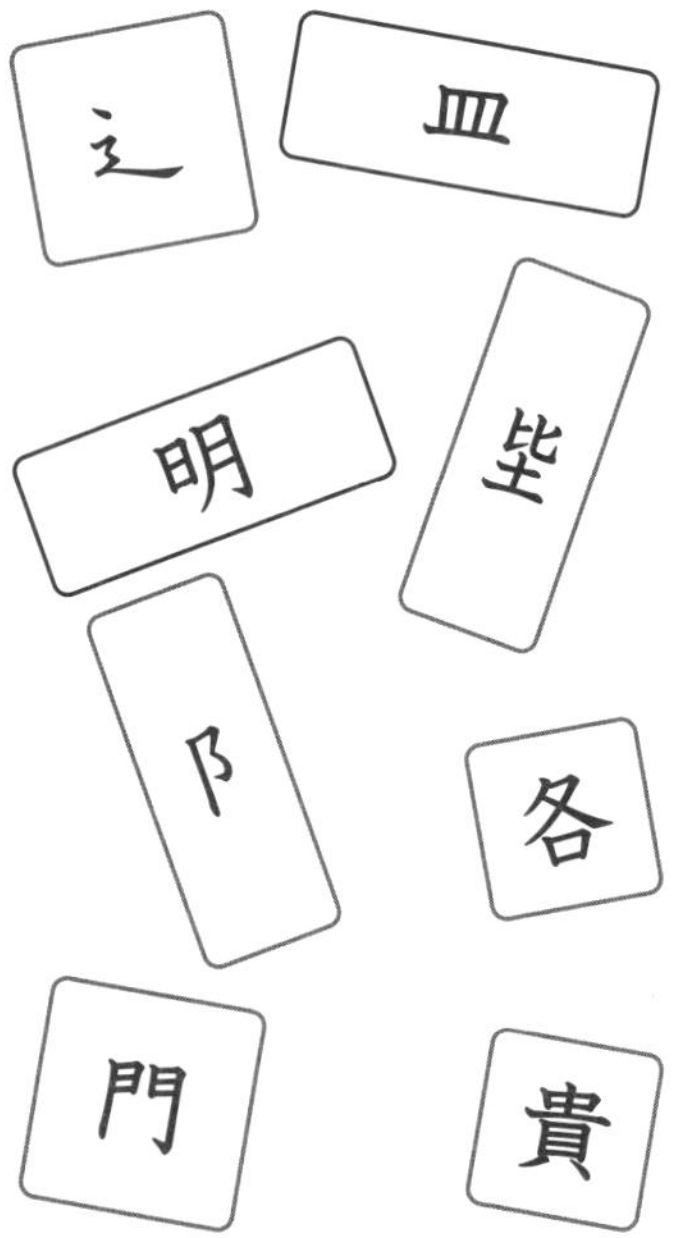

80

パズル・実践《せん》 20

学習した日　月　日

名前

目標《もくひょう》時間 20分

得点　／100点

らくらくマルつけ

解説↓189ページ

2680

1 次の――線のカタカナを漢字で書き分けましょう。 1つ6点【48点】

(1)
① キリツを守る。（　　）
② キリツして発言する。（　　）

(2)
① 夏休みのコウキ。（　　）
② コウキな出身。（　　）

(3)
① タイサクを立てる。（　　）
② タイサクの絵画。（　　）

(4)
① コウシュウを受ける。（　　）
② 一台のコウシュウ電話。（　　）

2 次の文には、送りがなのまちがいが一つずつあります。その漢字を見つけ、漢字と送りがなを正しく書き直しましょう。 1つ6点【12点】

(1) 研究を正しく進めるためには、きちんと指示に従がう必要がある。（　　）

(2) 代表者を選んで、仲間の中で起きた争いを公平に裁ばくことにした。（　　）

3 次は、「三権分立」というものの仕組みについて図解したものです。

三権分立の仕組み

三権分立とは、①権力がひとつの機関に集まってしまわないようにするための仕組みである。

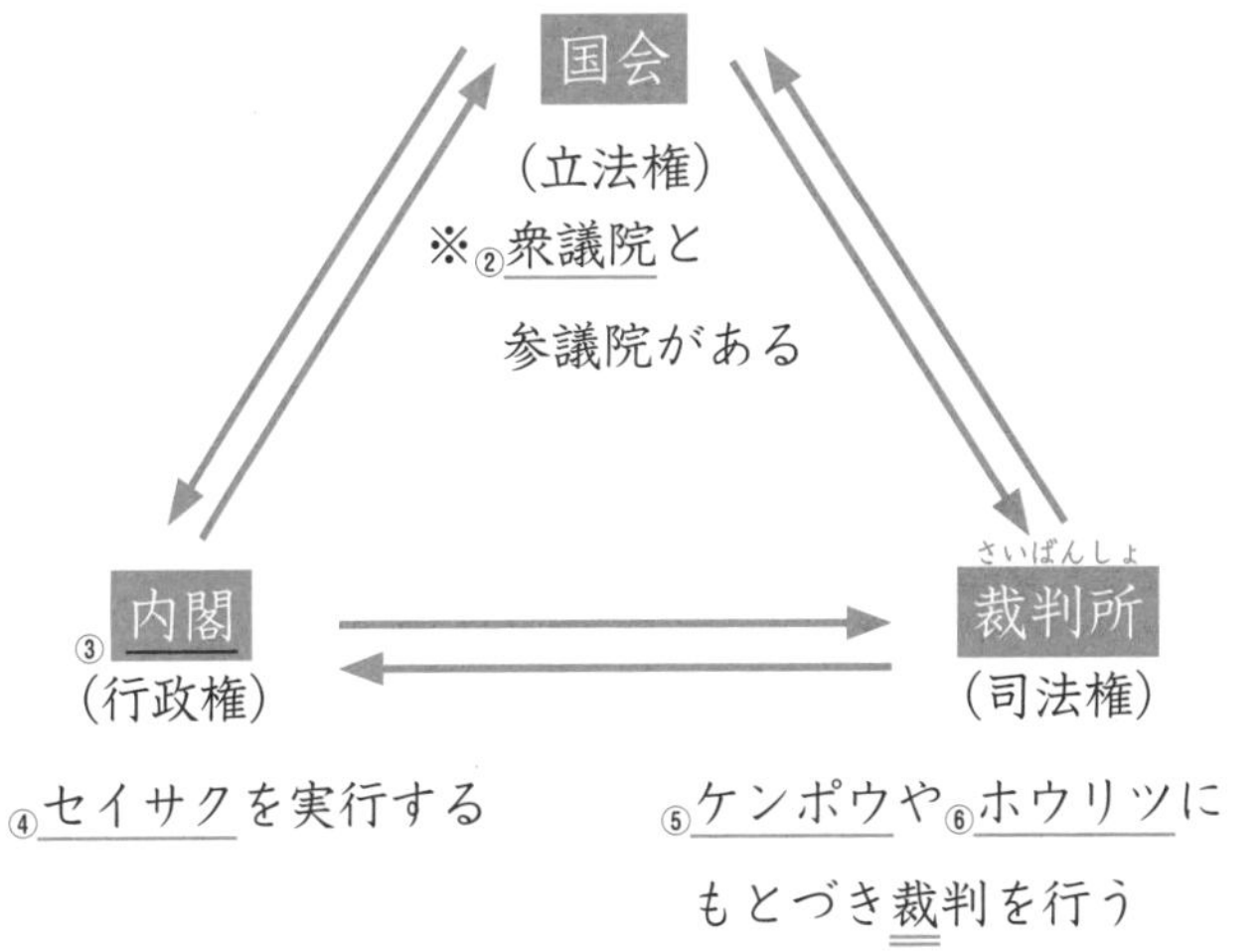

(1) ――線①〜③の漢字の読みをひらがなで書きましょう。また、――線④〜⑥のカタカナを漢字に直して書きましょう。 1つ6点【36点】

①（　　）　②（　　）
③（　　）
④（　　）　⑤（　　）
⑥（　　）

(2) ＝線「裁」の画数を書きましょう。【4点】

（　　）画

80

パズル・実践《せん》 ⑳

学習した日　月　日

名前

目標《もくひょう》時間 20分

得点　／100点

解説↓189ページ

らくらくマルつけ

2680

❶ 次の——線のカタカナを漢字で書き分けましょう。 1つ6点【48点】

(1)
① キリツを守る。（　　）
② キリツして発言する。（　　）

(2)
① 夏休みのコウキ。（　　）
② コウキな出身。（　　）

(3)
① タイサクを立てる。（　　）
② タイサクの絵画。（　　）

(4)
① コウシュウを受ける。（　　）
② 一台のコウシュウ電話。（　　）

❷ 次の文には、送りがなのまちがいが一つずつあります。その漢字を見つけ、漢字と送りがなを正しく書き直しましょう。 1つ6点【12点】

(1) 研究を正しく進めるためには、きちんと指示に従がう必要がある。（　　）

(2) 代表者を選んで、仲間の中で起きた争いを公平に裁ばくことにした。（　　）

❸ 次は、「三権分立」というものの仕組みについて図解したものです。

三権分立の仕組み

三権分立とは、①権力がひとつの機関に集まってしまわないようにするための仕組みである。

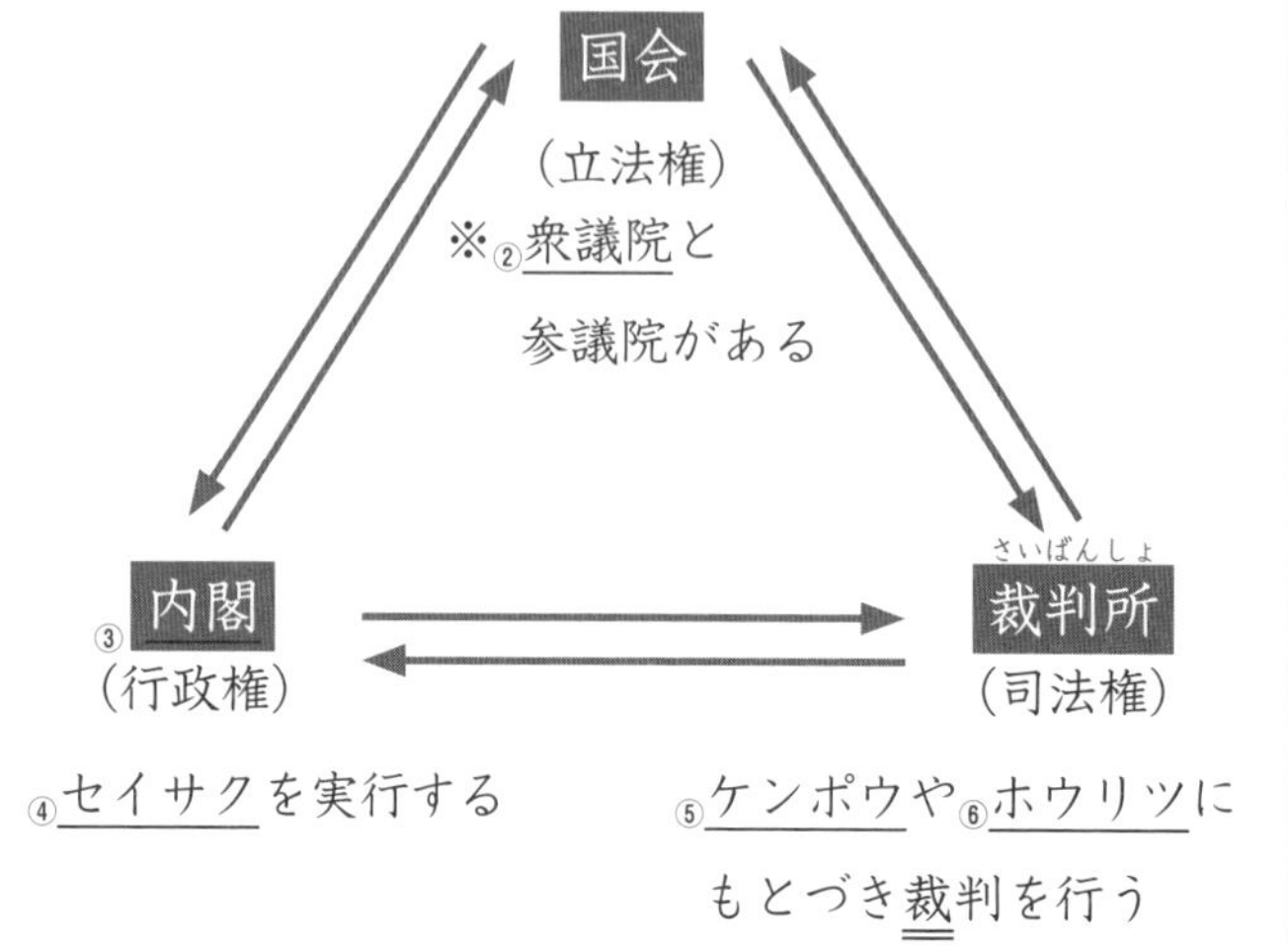

(1) ——線①〜③の漢字の読みをひらがなで書きましょう。また、——線④〜⑥のカタカナを漢字に直して書きましょう。 1つ6点【36点】

①（　　）　②（　　）
③（　　）
④（　　）　⑤（　　）
⑥（　　）

(2) ═線「裁」の画数を書きましょう。【4点】

（　　）画

81 総復習＋先取り①

学習した日　月　日
名前

目標時間《もくひょうじかん》 20分

得点　／100点

らくらくマルつけ
解説↓189ページ
2681

❶ □に漢字を書きましょう。　1つ4点【32点】

(1) さまざまな考えを□《みと》める。
(2) 入り口の戸を□《し》める。
(3) 学級のきまりに□《したが》う。
(4) 倉庫に荷物を□□《しゅうのう》する。
(5) 両親を□□《そんけい》する。
(6) □□《ひみつ》を打ち明ける。
(7) 時間を□□《えんちょう》する。
(8) □□《じしん》が起こる。

❷ 次の――線のカタカナを、漢字と送りがなで書きましょう。　1つ5点【20点】

(1) 方向をアヤマル。（　　）
(2) 話をウタガウ。（　　）
(3) 荷物をカカエル。（　　）
(4) 道路をワタル。（　　）

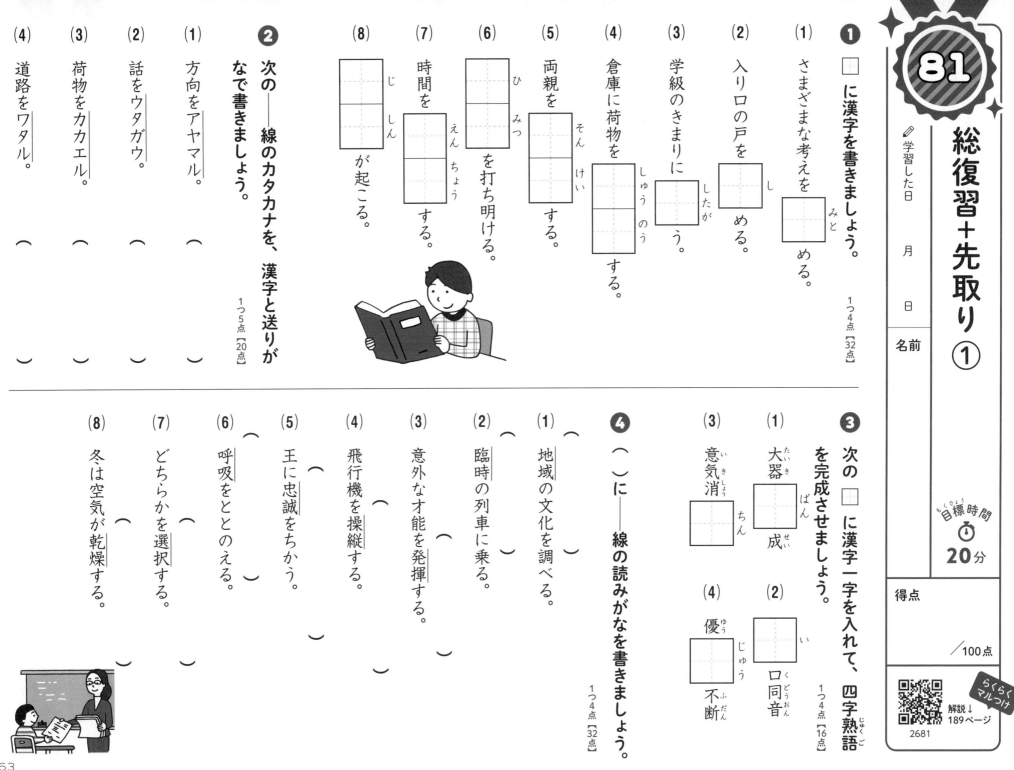

❸ 次の□に漢字一字を入れて、四字熟語《じゅくご》を完成させましょう。　1つ4点【16点】

(1) 大器《たいき》□《ばん》成《せい》
(2) □《い》口同音《くどうおん》
(3) 意気消《いきしょう》□《ちん》
(4) 優《ゆう》□《じゅう》不断《ふだん》

❹ （　）に――線の読みがなを書きましょう。　1つ4点【32点】

(1) 地域の文化を調べる。（　　）
(2) 臨時の列車に乗る。（　　）
(3) 意外な才能を発揮する。（　　）
(4) 飛行機を操縦する。（　　）
(5) 王に忠誠をちかう。（　　）
(6) 呼吸をととのえる。（　　）
(7) どちらかを選択する。（　　）
(8) 冬は空気が乾燥する。（　　）

81 総復習＋先取り①

学習した日　月　日

名前

目標《もくひょう》時間 20分

得点　／100点

らくらくマルつけ

解説↓189ページ

2681

1 □に漢字を書きましょう。　1つ4点【32点】

(1) さまざまな考えを□《みと》める。

(2) 入り口の戸を□《し》める。

(3) 学級のきまりに□《したが》う。

(4) 倉庫に荷物を□□《しゅうのう》する。

(5) 両親を□□《そんけい》する。

(6) □□《ひみつ》を打ち明ける。

(7) 時間を□□《えんちょう》する。

(8) □□《じしん》が起こる。

2 次の――線のカタカナを、漢字と送りがなで書きましょう。　1つ5点【20点】

(1) 方向をアヤマル。（　　）

(2) 話をウタガウ。（　　）

(3) 荷物をカカエル。（　　）

(4) 道路をワタル。（　　）

3 次の□に漢字一字を入れて、四字熟語《じゅくご》を完成させましょう。　1つ4点【16点】

(1) 大器《たいき》□《ばん》成《せい》

(2) □《い》口同音《くどうおん》

(3) 意気消《いきしょう》□《ちん》

(4) 優《ゆう》□《じゅう》不断《ふだん》

4 （　）に――線の読みがなを書きましょう。　1つ4点【32点】

(1) 地域の文化を調べる。（　　）

(2) 臨時の列車に乗る。（　　）

(3) 意外な才能を発揮する。（　　）

(4) 飛行機を操縦する。（　　）

(5) 王に忠誠をちかう。（　　）

(6) 呼吸をととのえる。（　　）

(7) どちらかを選択する。（　　）

(8) 冬は空気が乾燥する。（　　）

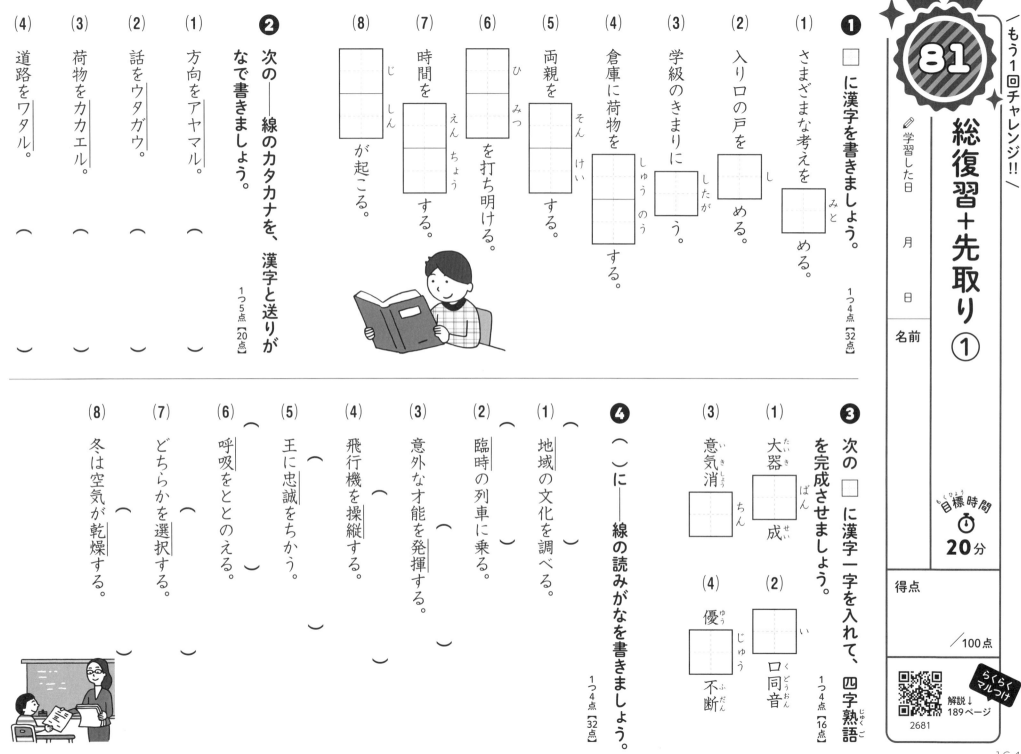

82

総復習＋先取り②

学習した日　月　日

名前

目標《もくひょう》時間　20分

得点　／100点

らくらくマルつけ

解説↓190ページ

2682

1 □に漢字を書きましょう。　1つ5点【30点】

(1) 遠くに人の□《すがた》が見える。

(2) □□《うちゅう》開発が進められる。

(3) 全員で□□《とうろん》を行う。

(4) □□□《しんようじゅ》の森が広がる。

(5) 感動して□《なみだ》を流す。

(6) □□《いっしょ》に遊園地に行く。

2 【　】の意味のことわざになるように、次の□に入る漢字を書きましょう。　1つ4点【16点】

(1) □は急げ
【よいことはためらわずすぐするのがよい】

(2) 犬も歩けば□に当たる
【行動すると、幸運や災難《さいなん》にめぐり合う】

(3) □からぼたもち
【何もしないで幸運がやってくる】

(4) □に小判
【きちょうなものも持ち主によっては値《ね》うちがなくなる】

3 次の――線のカタカナを漢字で書き分けましょう。　1つ5点【30点】

(1)
① コウカな商品。（　　）
② 気温のコウカ。（　　）

(2)
① 人類のキゲン。（　　）
② キゲンが悪い。（　　）

(3)
① コウキな家がら。（　　）
② コウキ心が強い。（　　）

4 （　）に――線の読みがなを書きましょう。　1つ4点【24点】

(1) 花びらからしずくが垂れる。（　　）

(2) うすい板を半分に割る。（　　）

(3) 前を走る選手との差が縮む。（　　）

(4) 矢を放って的を射る。（　　）

(5) 次の電車で追い抜く。（　　）

(6) 強風で自転車が倒れる。（　　）

もう1回チャレンジ!!

82

総復習＋先取り②

学習した日　月　日

名前

目標《もくひょう》時間　20分

得点　／100点

らくらくマルつけ

解説↓190ページ

2682

1 □に漢字を書きましょう。　1つ5点【30点】

(1) 遠くに人の□《すがた》が見える。

(2) □□《うちゅう》開発が進められる。

(3) 全員で□□《とうろん》を行う。

(4) □□□《しんようじゅ》の森が広がる。

(5) 感動して□《なみだ》を流す。

(6) □□《いっしょ》に遊園地に行く。

2 【 】の意味のことわざになるように、次の□に入る漢字を書きましょう。　1つ4点【16点】

(1) □は急げ【よいことはためらわずすぐするのがよい】

(2) 犬も歩けば□に当たる【行動すると、幸運や災難《さいなん》にめぐり合う】

(3) □からぼたもち【何もしないで幸運がやってくる】

(4) □に小判【きちょうなものも持ち主によっては値《ね》うちがなくなる】

3 次の――線のカタカナを漢字で書き分けましょう。　1つ5点【30点】

(1) ① コウカな商品。（　　）
② 気温のコウカ。（　　）

(2) ① 人類のキゲン。（　　）
② キゲンが悪い。（　　）

(3) ① コウキな家がら。（　　）
② コウキ心が強い。（　　）

4 （ ）に――線の読みがなを書きましょう。　1つ4点【24点】

(1) 花びらからしずくが垂れる。（　　）

(2) うすい板を半分に割る。（　　）

(3) 前を走る選手との差が縮む。（　　）

(4) 矢を放って的を射る。（　　）

(5) 次の電車で追い抜く。（　　）

(6) 強風で自転車が倒れる。（　　）

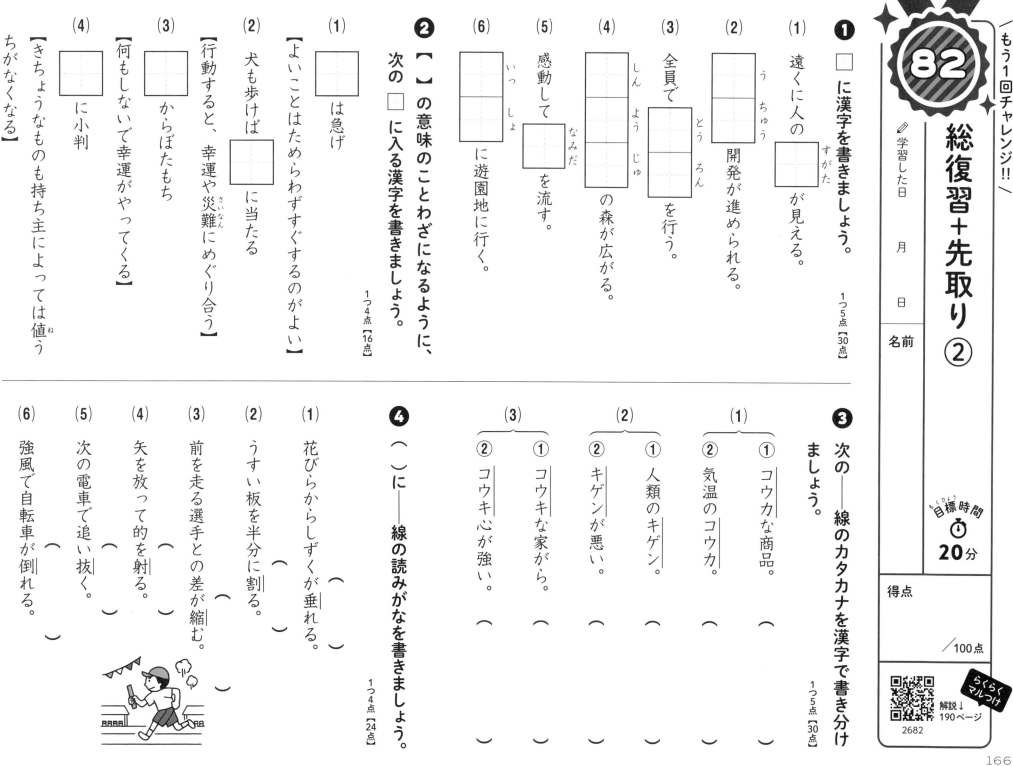

83 総復習＋先取り③

学習した日　月　日

名前

目標時間《もくひょう》　20分

得点　／100点

らくらくマルつけ

解説↓190ページ

2683

❶ □に漢字を書きましょう。　1つ6点【36点】

(1) □□《わかくさ》が風にゆれる。

(2) □□《たからもの》を見つける。

(3) □□《いちょう》の調子がよい。

(4) 水に□□《さとう》を加える。

(5) 道で□□《ぐうぜん》に友達と会う。

(6) 自己《じこ》□□《しょうかい》をする。

❷ 【　】の意味の慣用句になるように、次の□に入る漢字を書きましょう。　1つ4点【16点】

(1) □を折る　【あれこれ苦労などをする】

(2) □を忘《わす》れる　【心をうばわれてしまう】

(3) □をふるう　【才能や実力を十分に示す】

(4) □を落とす　【しょんぼりとする】

❸ 次の①・②が反対の意味の言葉の組み合わせになるように、――線のカタカナを漢字で書きましょう。　1つ4点【16点】

(1)
① マンチョウの海。（　　）
② カンチョウの海。（　　）

(2)
① 意見をヒテイする。（　　）
② 意見をコウテイする。（　　）

❹ 次の――線の漢字の読み方を（　）にひらがなで書きましょう。　1つ4点【32点】

(1)
① 頭痛がする。（　　）
② 足が痛い。（　　）

(2)
① 時間を厳守する。（　　）
② 厳しい寒さ。（　　）

(3)
① 迫力がある。（　　）
② 時間が迫る。（　　）

(4)
① 詳細な説明。（　　）
② 詳しく話す。（　　）

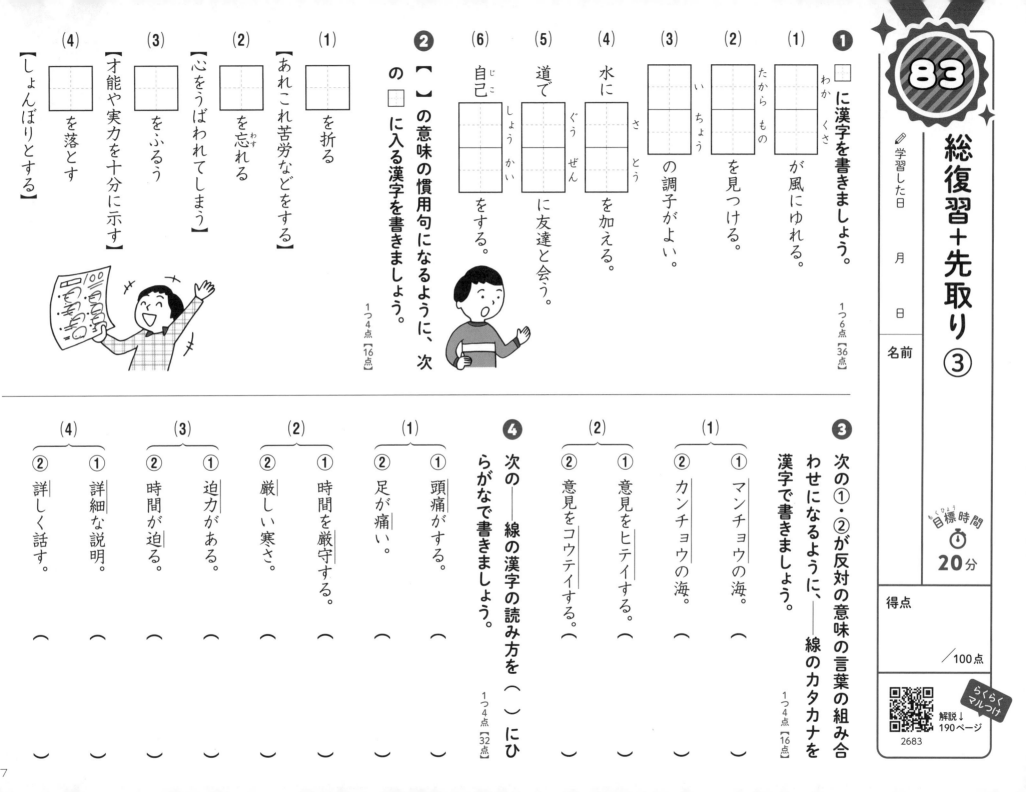

もう1回チャレンジ!!

83 総復習＋先取り③

学習した日　月　日

名前

目標《もくひょう》時間 20分

得点　／100点

らくらくマルつけ

解説↓190ページ

2683

1 □に漢字を書きましょう。　1つ6点【36点】

(1) □□《わかくさ》が風にゆれる。

(2) □□《たからもの》を見つける。

(3) □□《いちょう》の調子がよい。

(4) 水に□□《さとう》を加える。

(5) 道で□□《ぐうぜん》に友達と会う。

(6) 自己《じこ》□□《しょうかい》をする。

2 【　】の意味の慣用句になるように、次の□に入る漢字を書きましょう。　1つ4点【16点】

(1) □を折る【あれこれ苦労などをする】

(2) □を忘《わす》れる【心をうばわれてしまう】

(3) □をふるう【才能や実力を十分に示す】

(4) □を落とす【しょんぼりとする】

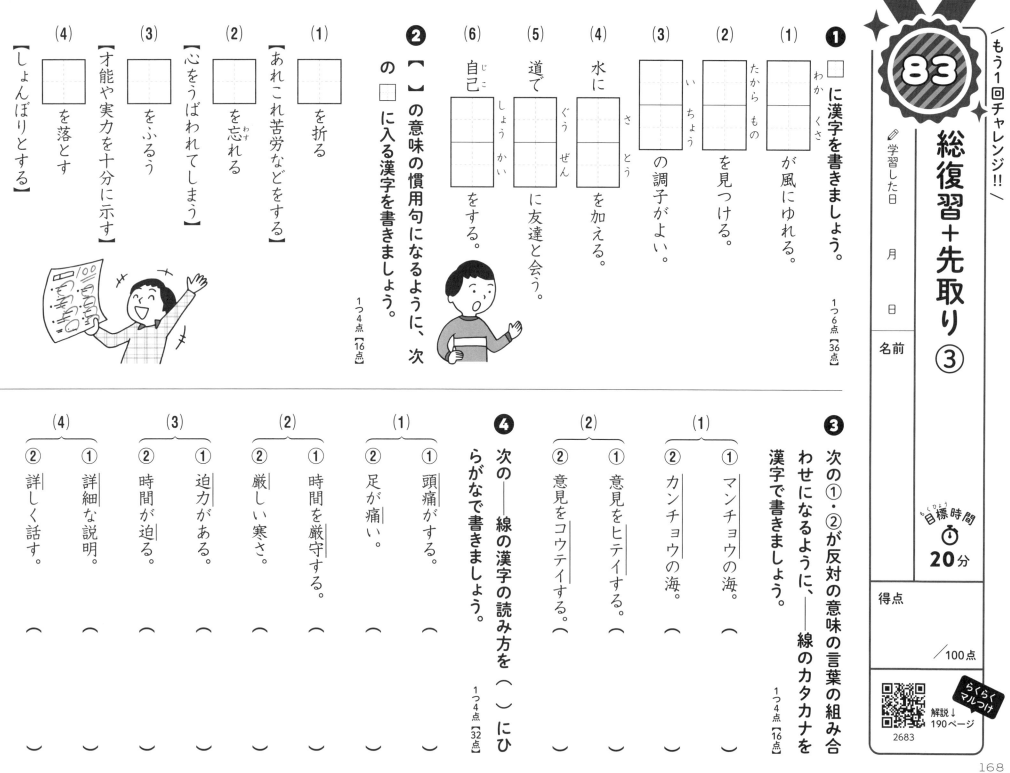

3 次の①・②が反対の意味の言葉の組み合わせになるように、――線のカタカナを漢字で書きましょう。　1つ4点【16点】

(1)
① マンチョウの海。（　　）
② カンチョウの海。（　　）

(2)
① 意見をヒテイする。（　　）
② 意見をコウテイする。（　　）

4 次の――線の漢字の読み方を（　）にひらがなで書きましょう。　1つ4点【32点】

(1)
① 頭痛がする。（　　）
② 足が痛い。（　　）

(2)
① 時間を厳守する。（　　）
② 厳しい寒さ。（　　）

(3)
① 迫力がある。（　　）
② 時間が迫る。（　　）

(4)
① 詳細な説明。（　　）
② 詳しく話す。（　　）

漢字ギガドリル　小学6年

答え

わからなかった問題は、ポイントの解説をよく読んで、確認《かくにん》してください。

1　楽しい新学期　3ページ

❶
(1)私　(2)担任　(3)自己
(4)私語　(5)立候補　(6)主将
(7)分担　(8)補　(9)私事
(10)将来

(1)額　(2)減少

まちがえたら、5年の漢字を見直しましょう。

❶ ポイント

(1)「私」の訓読みには、「わたし」「わたくし」があります。音読みは「シ」です。

(3)「己《こ》」の総画数は、三画です。筆順に注意して書くようにしましょう。

(5)「補《ほ》」の部首は「ネ（ころもへん）」です。「ネ（しめすへん）」と書きまちがえないようにしましょう。

(6)「主将《しゅしょう》」は、「チームをまとめる人物。キャプテン」のことです。「首相《しゅしょう》」という同じ読みの熟語《じゅくご》があるので注意しましょう。

(9)「私事」は「わたくしごと」と読み、「自分個人のこと」という意味です。

2　勉強をする　5ページ

❶
(1)机　(2)簡単　(3)難
(4)済　(5)誤　(6)学習机
(7)難題　(8)簡潔　(9)経済
(10)誤解

(1)歴史　(2)運転士

まちがえたら、5年の漢字を見直しましょう。

❶ ポイント

(1)「机《つくえ》」の「几」は、はねに注意して書くようにしましょう。

(3)「難《むずか》しい」の対義語は「易しい」です。組み合わせで覚えておきましょう。

(4)「済《す》む」は、同じ訓読みの「住む」に注意しましょう。

(5)「誤《あやま》り」は、「まちがい」という意味です。

(8)「簡潔《かんけつ》」は、「はっきりしていてわかりやすいさま」という意味です。

3　修学旅行　7ページ

❶
(1)服装　(2)班　(3)拝
(4)検討　(5)参拝　(6)班長
(7)包装　(8)宗教　(9)討
(10)宗

(1)過　(2)現地

まちがえたら、5年の漢字を見直しましょう。

❶ ポイント

(1)「装《そう》」の「士」を「土」と書かないようにしましょう。

(4)「検討《けんとう》」は、「しっかり調べて考えること」という意味です。

(5)「参拝《さんぱい》」は、「神社などにお参りして拝《おが》むこと」という意味です。「拝」の「手」の部分は横画の数に注意して書くようにしましょう。

(7)「包装《ほうそう》」は、「放送」という同じ読みの熟語《じゅくご》があるので注意しましょう。

4　学級会で話し合う　9ページ

❶
(1)議論　(2)批判　(3)否定
(4)異　(5)認　(6)異議
(7)結論　(8)否決　(9)批評
(10)認

(1)夢　(2)性格

まちがえたら、5年の漢字を見直しましょう。

❶ ポイント

(2)「批判《ひはん》」は、「物事を調べたり考えたりして、判定や評価をすること」という意味です。

(3)「否定《ひてい》」は、「認《みと》めないこと。打ち消すこと」という意味です。反対の意味の言葉は「肯定《こうてい》」です。

(6)「異議《いぎ》」は、「ある意見に対する反対意見」という意味です。「意義」という同じ読みの熟語《じゅくご》があるので注意しましょう。

(9)「批評」は、「物事の良い点や悪い点などを取り上げて、自分の評価を述べること」という意味です。

5 まとめのテスト❶　11ページ

❶
(1) みと　(2) かんい
(3) しょうぐん　(4) けっさい
(5) しがく　(6) いぶつ
(7) かたん　(8) たいしょう
(9) はいどく　(10) こうし
(11) きゅうさい　(12) しょかん
(13) りこてき

❷
(1) 補欠　(2) 軽装　(3) 難解
(4) 賛否　(5) 誤字　(6) 合否
(7) 装備　(8) 口論　(9) 災難
(10) 誤　(11) 補習　(12) 作業班

ポイント

❶ (2)「簡易《かんい》」は、「簡単で手軽なさま」という意味です。
(4)「決済《けっさい》」は、「売買の取引を終えること」という意味です。
(8)「大将《たいしょう》」には、「大賞」「対象」「対照」などの同じ読みの熟語《じゅくご》があるので注意しましょう。
(9)「拝読《はいどく》」は「読む」ことをへりくだって言う表現です。
(12)「書簡《しょかん》」は「手紙。書状」のことです。

❷ (5)「誤《ご》」の十一画目の「㇄」は、一画で書きます。

6 まとめのテスト❷　13ページ

❶
(1) ほそく　(2) ごさん
(3) ついとう　(4) なんもん
(5) はんべつ　(6) あんぴ
(7) ごさ　(8) そうち
(9) ほじょ　(10) かいしゅう
(11) とうぎ　(12) ひなん
(13) ひ

❷
(1) 将　(2) 用済　(3) 私服
(4) 異国　(5) 論文　(6) 私的
(7) 拝見　(8) 返済　(9) 武将
(10) 負担　(11) 勉強机　(12) 簡略化

ポイント

❶ (3)「追討《ついとう》」は、「追いかけて敵《てき》をほろぼすこと」という意味です。
(6)「否」の音読みは「ヒ」ですが、「安否」「賛否」などの熟語《じゅくご》では「ピ」と読むことに注意しましょう。
(10)「改宗《かいしゅう》」は、「それまで信じていた宗教を捨《す》てて他の宗教を信じること」という意味です。
(11)「討議《とうぎ》」は、「ある物事について意見を述べ合うこと」という意味です。
(13)「批《ひ》じゅん」は、「条約に同意する手続き」という意味です。

7 パズル・実践《せん》❶　15ページ

❶ (1) 簡　(2) 済

❷
(1) ① 易しい　② 難しい
(2) ① 否決　② 可決
(3) ① 公的　② 私的

❸
(1) ① ほしゅう　② おぎな
(2) ① ごほう　② あやま
(3) ① さんぱい　② おが

❹ 異・装・否・宗（順不同）

ポイント

❶ (1)「簡素《かんそ》」「簡潔」「簡略」「簡単」の熟語《じゅくご》ができます。
(2)「返済《へんさい》」「決済」「救済」「経済」の熟語ができます。

❷ 反対の意味の言葉は、組み合わせで覚えておくようにしましょう。

❸ それぞれ①は音読み、②は訓読みで読みます。

❹ 漢字の組み立てを覚えておきましょう。

8 パズル・実践《せん》❷　17ページ

❶
(1) ① 自己　② 事故
(2) ① 放送　② 包装
(3) ① 見当　② 検討

❷ (1) エ　(2) ア　(3) イ　(4) ウ

❸
(1) ① 私　② 班　③ 分担　④ かんたん　⑤ むずか　⑥ ふくそう
(2) 住→済

ポイント

❶ 同じ読みの熟語《じゅくご》を、文に合わせて書き分けることができるようにしておきましょう。(3)①「見当」は「だいたいの予想」、②「検討《けんとう》」は「しっかり調べて考えること」という意味です。

❷ (1)「己《こ》」「久」の総画数は三画です。「王」「公」の総画数は四画、「立」の総画数は五画です。
(2)「認」「慣」の総画数は十四画です。「幹」「解」「資」の総画数は十三画です。
(3)「批《ひ》」「似」の総画数は七画です。「争」「任」「灯」の総画数は六画です。
(4)「机《つくえ》」「団」の総画数は六画です。「旧」「弁」「永」の総画数は五画です。

❸ (2)「すっかり終わらせる」という意味の場合は、

「済《す》ます」と書きます。

9 手伝いをする

19ページ

1
(1) 洗　(2) 干　(3) 収
(4) 捨　(5) 収納　(6) 洗
(7) 回収　(8) 納　(9) 四捨
(10) 干害

(1) 担当
(2) 補給

まちがえたら、見直しましょう。 ≫3ページ

ポイント

1
(3)「決まった場所にしまう・きちんとしまう」という意味で用いる場合には、「収《おさ》める」と書きます。
(8)「わたさなければならないものを受け取る相手にわたす」という意味で用いる場合には、「納《おさ》める」と書きます。(3)の「収める」と書き分けることができるようにしましょう。
(9)「四捨五入《ししゃごにゅう》」は、「四以下なら切り捨《す》て、五以上なら切り上げる計算方法」という意味の四字熟語《じゅくご》です。

10 そうじをする

21ページ

1
(1) 除　(2) 窓　(3) 皮革
(4) 故障　(5) 除草　(6) 障子紙
(7) 出窓　(8) 除　(9) 改革
(10) 車窓

(1) 机
(2) 困難

まちがえたら、見直しましょう。 ≫5ページ

ポイント

1
(3)「皮革《ひかく》」は、「皮《かわ》と革《かわ》」という意味です。レザーなどのことを指します。
(6)「障子《しょうじ》」は、室内をしきるためのもので、「障子紙」はその障子に張る紙のことです。
(8)「除《のぞ》く」は、「その中に加えない・取りのける」という意味です。

11 料理をする①

23ページ

1
(1) 卵　(2) 割　(3) 熟
(4) 盛　(5) 穀物　(6) 卵焼
(7) 半熟　(8) 山盛　(9) 雑穀
(10) 役割

(1) 拝
(2) 班員

まちがえたら、見直しましょう。 ≫7ページ

ポイント

1
(1)「卵《たまご》」は、とめ・はね・はらいに注意して書くようにしましょう。食用の鳥のたまごは、「玉子」と書くこともあります。
(5)「穀物《こくもつ》」は、「米・麦・あわなどの、人間が日常的に食べる農作物」のことです。
(9)「雑穀」は、「米・麦以外の穀物類」という意味です。
(10)「役割《やくわり》」は、「役割り」のように送りがなはつかないことに注意しましょう。

12 料理をする②

25ページ

1
(1) 砂糖　(2) 牛乳　(3) 冷蔵庫
(4) 糖分　(5) 乳製品　(6) 貯蔵
(7) 乳児　(8) 砂　(9) 乳
(10) 製糖

(1) 論理的
(2) 異常［異状］

まちがえたら、見直しましょう。 ≫9ページ

ポイント

1
(2)「乳《にゅう》」の最後の一画の「しし」は、はねることに注意しましょう。
(4)「糖分《とうぶん》」は、「食べ物などにふくまれる糖類の成分」という意味です。「当分」「等分」という同じ読みの熟語《じゅくご》があるので注意しましょう。
(6)「貯蔵《ちょぞう》」は、「ためておくこと・たくわえておくこと」という意味です。
(10)「製糖《せいとう》」は、「砂糖《さとう》を作ること」という意味です。

13 まとめのテスト③ 27ページ

❶
(1) わ (2) にゅうじ
(3) かん (4) ぞうしょ
(5) じょきょ (6) せんそう
(7) しょぞう (8) しゅうそく
(9) こくそう (10) まどぐち
(11) かんまん (12) かいじょ
(13) ねんしゅう

❷
(1) 捨 (2) 手洗 (3) 見納
(4) 生卵 (5) 障害 (6) 糖
(7) 砂鉄 (8) 未熟 (9) 捨
(10) 洗練 (11) 納税 (12) 変革

ポイント

❶ (3)「干潮《かんちょう》」は、「潮《しお》が引いて、海の水面が最も低くなる現象」のことです。
(4)「蔵書《ぞうしょ》」は、「所有されている書物」という意味です。
(5)「除去《じょきょ》」は、「とりのぞくこと・のぞき去ること」という意味です。
(8)「収束《しゅうそく》」は、「混乱《こんらん》していた状態を落ち着けること」という意味です。「収」という漢字には、「さわぎをおさめる」という意味があります。

❷ (3)「納《おさ》める」には「収《おさ》める」という同訓異字《いじ》がありますが、「見納め」は「見収め」とは書かないので注意しましょう。

14 まとめのテスト④ 29ページ

❶
(1) じゅく (2) ししょう
(3) のうき (4) せんがん
(5) かくしん (6) こくとう
(7) こくるい (8) じゅくどく
(9) たまごがた (10) のうにゅう
(11) せんめんき (12) しゅしゃ
(13) ほしょう

❷
(1) 大盛 (2) 梅干 (3) 割
(4) 砂 (5) 除外 (6) 収入
(7) 割引 (8) 地蔵 (9) 干
(10) 窓辺 (11) 収録 (12) 除雪車

ポイント

❶ (2)「支障《ししょう》」は、「さしつかえ」という意味です。
(8)「熟読《じゅくどく》」は、「文章の意味を考えてよく読むこと」という意味です。
(12)「取捨選択《しゅしゃせんたく》」は、「必要なものを選び、必要でないものは捨《す》てる」という意味の四字熟語《じゅくご》です。
(13)「保障《ほしょう》」は、「ある状態がこわれることのないように保護して守ること」という意味です。「保証」「補償《ほしょう》」という同じ読みの熟語があるので注意しましょう。

❷ (2)「梅干《うめぼ》し」の「干」は、形の似た「千」「十」と書きまちがえないように注意しましょう。

15 パズル・実践《せん》③ 31ページ

❶ (1) 革 (2) 蔵

❷
(1) ① 拾う ② 捨てる
(2) ① 干 ② 満
(3) ① 収入 ② 支出

❸
(1) ① じょせつ ② のぞ
(2) ① せんがん ② あら
(3) ① しゃそう ② まどべ
(4) ① ぎゅうにゅう ② ちち

❹
(1) 納 (2) 盛 (3) 砂 (4) 否

ポイント

❶ (1)「改革《かいかく》」「変革」「革命」「革新」の熟語《じゅくご》ができます。
(2)「冷蔵《れいぞう》」「貯蔵」「土蔵」「地蔵」の熟語ができます。

❷ (2)「干《ほ》す」と「満ちる」が反対の意味になっています。漢字を組み合わせた「干満《かんまん》」という熟語があります。
(3)「収入《しゅうにゅう》」の「収」と「支出」の「支」を組み合わせた「収支」は、「収入と支出」という意味の熟語になります。

❸ それぞれ①は音読み、②は訓読みで読みます。

❹ 漢字の組み立てを理解しておきましょう。

16 パズル・実践《せん》④ 33ページ

❶
(1) ① 納 ② 収 ③ 修
(2) ① 糖分 ② 等分 ③ 当分
(3) ① 回収 ② 改修
(4) ① 保証 ② 保障

❷
(1) 15（画）
(2) 14（画）

❸
(1) ① さとう ② たまご ③ わ
④ 牛乳 ⑤ 冷蔵庫 ⑥ 盛
(2) ウ

ポイント

❶ (1)「納税《のうぜい》」「収納《しゅうのう》」「修学」などのように、熟語《じゅくご》で覚えておくと、同じ訓読みの漢字を書き分けることに役立ちます。

❷ 画数を数えるときは、分けて書く画と続けて書く画に注意しましょう。

❸ (1)③「割」の訓読みには、「わ(る)」「わり」「わ(れる)」があります。
(2)「洗」「革」は九画、「除」は十画、「捨」「窓」は十一画で書きます。

17 買い物に行こう 35ページ

❶ (1)値段 (2)銭 (3)閉店 (4)優先 (5)閉 (6)価値 (7)優勝 (8)階段 (9)閉 (10)銭湯

(1)収集 (2)洗

まちがえたら、見直しましょう。≫19ページ

ポイント
❶ (1)「段《だん》」は、「𠂤」の字形に注意して書くようにしましょう。
(2)「銭《せん》」は、「戋」の「、」や「ノ」を書き忘《わす》れないようにしましょう。
(3)「閉」には「ヘイ」の音読みのほかに、「と(じる)」「し(める)」「し(まる)」の訓読みがあります。
(10)「銭湯《せんとう》」は、「料金をはらうと入浴することのできる場所」のことです。

18 友達の家に行こう 37ページ

❶ (1)自宅 (2)訪問 (3)誕生会 (4)届 (5)模型 (6)宅配便 (7)届 (8)訪 (9)生誕祭 (10)規模

(1)革命 (2)同窓会

まちがえたら、見直しましょう。≫21ページ

ポイント
❶ (2)「訪問《ほうもん》」は、「訪門」と書くまちがいが多いので注意しましょう。「訪問」は、「家などをおとずれること」という意味です。
(4)「届《とど》ける」の「届」は、「由」の部分を「田」と書かないように注意しましょう。
(9)「生誕祭《せいたんさい》」は、「人が生まれたことを祝う祭り」という意味です。

19 公園で遊ぼう 39ページ

❶ (1)若者 (2)幼児 (3)子供 (4)敵 (5)鉄棒 (6)幼 (7)棒 (8)供 (9)若葉 (10)供給

(1)割合 (2)熟語

まちがえたら、見直しましょう。≫23ページ

ポイント
❶ (2)「幼《よう》」の「力」の部分を「刀」と書かないように注意しましょう。
(4)「敵《てき》」は、同じ音読みで形の似た「適」と書きまちがえないように注意しましょう。
(5)「棒《ぼう》」は、右の部分の横画の数に注意して書くようにしましょう。
(8)「供《そな》える」には、「備える」という同じ読みの言葉があるので注意しましょう。「神や仏などに物をささげる」という意味で用いる場合は、「供える」と書きます。

20 探検《たんけん》に出発しよう 41ページ

❶ (1)探検[探険] (2)穴 (3)宝物 (4)専門家 (5)財宝 (6)探 (7)巣穴 (8)宝探 (9)専用 (10)探査

(1)砂場 (2)乳歯

まちがえたら、見直しましょう。≫25ページ

ポイント
❶ (1)「探検《たんけん》」は、「人に知られていない危険《きけん》な場所に行って調べること」という意味です。「探険」と書くこともあります。
(4)「専《せん》」は、「専」や「専」のように書くまちがいが多いので、「、」の打ちすぎや「、」の打ち忘《わす》れに注意しましょう。
(10)「探査」は、「知らない物事を調べること」という意味です。

21 まとめのテスト⑤ 43ページ

❶
(1)もしゃ (2)てきたい (3)たんち
(4)こせん (5)めいゆう (6)らいほう
(7)ねう (8)あなぐら
(9)へいきんち (10)しゅくてき
(11)きんせん (12)もぞうし
(13)よこあな

❷
(1)若草 (2)帰宅 (3)段落
(4)閉館 (5)幼少 (6)専業
(7)提供 (8)相棒 (9)欠席届
(10)若返 (11)住宅 (12)閉会式

ポイント

❶ (1)「模写《もしゃ》」は、「似せて写しとること」という意味です。
(3)「探知《たんち》」は、「かくれているものを探《さが》して知ること」という意味です。
(7)「値《ね》」には、「ね」という訓読みのほか、「チ」という音読みもあるので、熟語《じゅくご》ごとにどう読むのかを覚えておきましょう。
(10)「宿敵《しゅくてき》」は、「長年の敵・以前からの敵」のことです。
(12)「模造紙《もぞうし》」は、「筆記用紙などに使われるなめらかでつやのある紙」のことです。

❷ (8)「相棒《あいぼう》」は、「仕事などをいっしょにする相手」という意味です。

22 まとめのテスト⑥ 45ページ

❶
(1)おさな (2)しょだん
(3)わかて (4)きょうじゅつ
(5)ぼうせん (6)せんにん
(7)ざいたく (8)たんきゅう
(9)ようねんき (10)ぼうき
(11)ぺい (12)たん
(13)そな

❷
(1)無届 (2)値上 (3)敵意
(4)優勢 (5)届 (6)歴訪
(7)宝石 (8)誕生 (9)無敵
(10)数値 (11)国宝 (12)岩穴

ポイント

❶ (1)「幼《おさな》なじみ」は、「子供《こども》のときに仲良くしていた人」のことです。
(4)「供述《きょうじゅつ》」は、「取り調べなどに答えて事実を述べること」という意味です。
(6)「専任《せんにん》」は、「一つの任務だけを受け持つこと」という意味です。
(8)「探求《たんきゅう》」は、「探《さが》し求めること」という意味です。
(11)「閉」の音読みは「ヘイ」ですが、「密閉《みっぺい》」の場合は「ペイ」と読むことに注意しましょう。

❷ (4)「優勢《ゆうせい》」は、「ほかよりも勢いがあること」という意味です。「優性」「優生」などの同じ読みの熟語《じゅくご》があるので注意しましょう。
(6)「歴訪《れきほう》」は、「さまざまな土地や人物を次々に訪《たず》ねること」という意味です。

23 パズル・実践《せん》⑤ 47ページ

❶
(1)若 (2)敵 (3)規模
(4)棒 (5)閉 (6)岩穴

❷
(1)閉じる (2)届ける (3)探す
(4)訪ねる (5)幼い

❸
(1)①かち ②ねふだ
(2)①きょうきゅう ②とも
(3)①ほうせき ②たからもの[ほうもつ]

❹
(1)金 (2)言 (3)寸

ポイント

❶ (4)「棒読《ぼうよ》み」は、「文章を、調子を上げたり下げたりせずに、一定の調子で読むこと」という意味です。

❷ 送りがなは、「とどく」「とどける」のように、形の変わるところからを送りがなとするのが原則ですが、例外もあるので注意しましょう。

❸ (1)「値」には、「チ」という音読みと「ね」という訓読みがあります。
(2)「供」には、「キョウ」という音読みと「とも」という訓読みのほかに、「そな(える)」という訓読みもあります。
(3)「宝」には、「ホウ」という音読みと「たから」という訓読みがあります。

❹ (1)「銭《せん》」「銅」「鏡」という漢字ができます。
(2)「誕《たん》」「訪《ほう》」「話」という漢字ができます。
(3)「専《せん》」「導」「対」という漢字ができます。

24 パズル・実践《せん》⑥ 49ページ

❶ (1)①供 ②備 (2)①根 ②値

❷ (1)快テキに過ごす。
(2)強テキと戦う。
(3)汽テキが聞こえる。
(4)目テキを果たす。

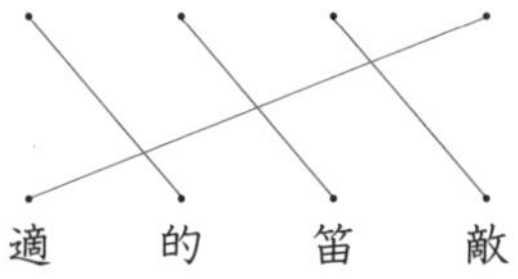

❸ (1)ア (2)イ

❹ (1)①宝 ②探検[探険] ③住宅街 ④ゆうせん ⑤だんさ ⑥あな
(2)開館

ポイント

❶ (1)「準備しておく・用意しておく」という意味で用いる場合は、「備える」と書きます。

❷ 漢字の意味をふまえて、「テキ」と読む漢字を書き分けましょう。

❸ (1)「若《わか》」の「右」の部分は、「ノ」のはらいを「一」より先に書くことに注意しましょう。
(2)全体をつらぬく画は最後に書くという原則があることを覚えておきましょう。「専《せん》」の六画目は、つらぬく画なので上の部分の最後に書きます。

❹ (2)「閉《と》じる」の反対の意味の言葉は「開ける」であることをふまえて考えましょう。

25 登山をしよう 51ページ

❶ (1)山頂 (2)樹木 (3)泉 (4)紅葉[黄葉] (5)垂直 (6)頂 (7)紅色 (8)頂 (9)垂 (10)温泉

(1)手段 (2)開閉

まちがえたら、見直しましょう。 ≫35ページ

ポイント

❶ (1)「頂《ちょう》」の「丁」の部分を「工」と書かないように注意しましょう。
(5)「垂《すい》」は、形の似た「乗」に注意しましょう。「垂直」は、「水平面や地平面に対して直角なさま」という意味です。
(6)「頂《いただき》」は、「てっぺん」のことです。

26 海岸へ行こう 53ページ

❶ (1)暖流 (2)潮風 (3)沿 (4)乱 (5)降 (6)沿岸 (7)満潮 (8)散乱 (9)暖 (10)以降

(1)届 (2)模様

まちがえたら、見直しましょう。 ≫37ページ

ポイント

❶ (2)「潮風《しおかぜ》」は、「海からふく風」のことです。「潮」には同じ訓読みの「塩」という漢字がありますが、「塩風」と書かないように注意しましょう。
(5)「降《ふ》(る)」は、「㐄」の字形に注意して書くようにしましょう。
(6)「沿岸《えんがん》」は、「海や川などの陸地に沿《そ》った部分」という意味です。
(9)「暖《あたた》かい」は、同じ読みの「温かい」に注意して書き分けましょう。「気温がちょうどよい」という意味で用いる場合には「暖かい」、「温度がちょうどよい」という意味で用いる場合には「温かい」と書きます。

27 川の流れに注意しよう 55ページ

❶ (1)激 (2)姿 (3)危険 (4)至 (5)翌日 (6)急激 (7)姿勢 (8)危 (9)至急 (10)翌朝

(1)幼虫 (2)強敵

まちがえたら、見直しましょう。 ≫39ページ

ポイント

❶ (3)「危《き》」は、とめ・はね・はらいに注意して書きましょう。六画目の「乚」ははねます。
(4)「至《いた》る」は、「たどりつく」という意味です。
(5)「翌《よく》」は、形の似た「習」に注意しましょう。
(7)「姿勢《しせい》」は、「体のかまえ・かっこう」という意味です。
(9)「至急《しきゅう》」は、「大急ぎ・とても急ぐこと」という意味です。「支給」という同じ読みの熟語《じゅくご》があるので注意しましょう。

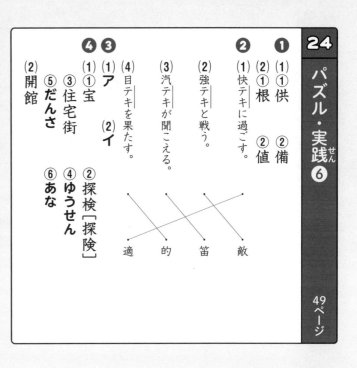

28 高原でのキャンプ

57ページ

❶
(1)暮　(2)晩　(3)灰
(4)磁石　(5)夕暮　(6)今晩
(7)灰色　(8)暮　(9)晩秋
(10)磁力

🔁
(1)探
(2)専念

まちがえたら、見直しましょう。
≫41ページ

ポイント

❶(1)「暮《く》（らす）」は、形の似た「墓」に注意しましょう。

(9)「晩秋《ばんしゅう》」は、「秋の終わり」という意味です。「晩」という漢字には、「夕暮《ゆうぐ》れ」という意味のほかに、「時期や時刻《じこく》がおそい」という意味があります。

(10)「磁力《じりょく》」は、「磁石のN極とS極の間で引きつけたり退《しりぞ》けたりする力」という意味です。

29 まとめのテスト⑦

59ページ

❶
(1)みだ　(2)く
(3)すいせん　(4)じゅりつ
(5)こうはく　(6)はんらん
(7)だんとう　(8)げきどう
(9)えんどう　(10)べにばな
(11)よくしゅう　(12)かんだんけい
(13)かじゅえん

❷
(1)姿　(2)至　(3)雨降
(4)頂上　(5)磁気　(6)過激
(7)勇姿　(8)危機　(9)今晩
(10)登頂　(11)激流　(12)乗降客

ポイント

❶(3)「垂線《すいせん》」は、「直線あるいは平面と垂直に交わる線」という意味です。「水洗」「推薦」という同じ読みの熟語《じゅくご》があるので注意しましょう。

(4)「樹立《じゅりつ》」は、「しっかりとうちたてる」という意味です。

(7)「暖《だん》」は、五画目の「ノ」を書き忘《わす》れないように注意しましょう。

❷(5)「磁気《じき》」は、「磁力のおおもとと考えられるもの」という意味です。

(7)「勇姿《ゆうし》」は、「勇ましい姿《すがた》」という意味です。

30 まとめのテスト⑧

61ページ

❶
(1)ぞ　(2)いただ
(3)あまだ　(4)とうじ
(5)せん　(6)じば
(7)ばんねん　(8)きがい
(9)しじょう　(10)すがたみ
(11)ちょうてん　(12)こうか
(13)でんじは

❷
(1)潮　(2)乱　(3)温暖
(4)翌月　(5)灰皿　(6)日暮
(7)風潮　(8)口紅　(9)暖
(10)乱暴　(11)火山灰　(12)落葉樹

ポイント

❶(4)「冬至《とうじ》」は、「十二月二十二日ごろの、一年中で昼が最も短く、夜が最も長くなる日」のことです。ちなみに、「夏至《げし》」は、「六月二十一日ごろの、昼が最も長く、夜が最も短くなる日」のことをいいます。

(5)「源泉《げんせん》」は、「水がわき出ているもと」という意味です。

(6)「磁場《じば》」は、「磁力の働いている空間」のことです。

(9)「至上《しじょう》」は、「このうえもないさま」という意味です。

❷(7)「風潮《ふうちょう》」は、「時代が移り変わることで変わる世の中のありさま」という意味です。

31 パズル・実践《せん》⑦

63ページ

❶
(1)乱　(2)激

❷
(1)①乗る　②降りる
(2)①寒い　②暖かい
(3)①安全　②危険

❸
(1)エ　(2)イ　(3)ウ　(4)ウ

❹
翌・晩・泉・頂（順不同）

ポイント

❶(1)「反乱《はんらん》」「散乱」「混乱」の熟語《じゅくご》ができます。

(2)「感激《かんげき》」「急激」「過激」の熟語ができます。

❷(1)(2)反対の意味の漢字を組み合わせた「乗降《じょうこう》」「寒暖《かんだん》」という熟語があります。

❸(1)「潮風」は「しおかぜ」と読みます。選択肢《せんたくし》の読みは、それぞれ、ア「ふうちょう」、イ「まんちょう」、ウ「ちょうりゅう」、エ「しおどき」です。

(2)「口紅」は「くちべに」と読みます。選択肢の読みは、それぞれ、ア「こうよう」、イ「べにいろ」、ウ「こうちゃ」、エ「こうはく」となります。

(3)「後ろ姿」の「姿」は「すがた」と読みます。選択肢の読みは、それぞれ、ア「しせい」、イ「ようし」、ウ「すがたみ」、エ「ゆうし」となります。
(4)「小降り」の「降」は「ぶ」と読みます。選択肢の読みは、それぞれ、ア「のりおり」、イ「こうう」、ウ「ほんぶり」、エ「こうせつ」となります。
❹ 上下の組み合わせか、左右の組み合わせかを考えましょう。

32 パズル・実践《せん》❽ 65ページ

❶ (1)乗（↓）垂　(2)墓（↓）暮
(3)朝（↓）潮　(4)習（↓）翌

❷ (1)6（画）　(2)14（画）
(3)12（画）　(4)6（画）

❸ (1)①らくようじゅ　②こうよう
③さんちょう
④沿　⑤夕暮　⑥温泉
(2)危ぶない→危ない

ポイント

❶ 同じ部分のある漢字に注意しましょう。

❷ (1)「灰《はい》」は筆順にも注意しましょう。「一」を一画目、「ノ」を二画目に書きます。

❸ (1)②「紅《こう》」には「コウ」という音読みと「べに」という訓読みがあります。
③「頂《ちょう》」には、「チョウ」という音読みと「いただき」「いただ(く)」という訓読みがあります。
(2)「早い」「寒い」のように、形容詞《けいようし》の送りがなは「い」とするのが原則ですが、「危《あぶ》ない」は例外で、「ない」を送りがなとします。

33 駅へ行こう 67ページ

❶ (1)故郷　(2)片道　(3)時刻
(4)並　(5)延　(6)並木道
(7)片手　(8)延期　(9)帰郷
(10)刻

(1)紅茶
(2)街路樹

まちがえたら、見直しましょう。 51ページ

ポイント

❶ (1)「郷《きょう》」の「乡」を「糸」と書かないように注意しましょう。
(2)「片《かた》」は、筆順にも注意して書くようにしましょう。「片道」は、「行きか帰りのどちらか一方」という意味です。
(5)「延《の》」の「正」の部分の「ノ」は、右から左にはらいます。「一」と書かないように注意しましょう。

34 映画館《えいがかん》に行こう 69ページ

❶ (1)映画館　(2)俳優　(3)宣伝
(4)時代劇　(5)退場　(6)悲劇
(7)退　(8)宣言　(9)映
(10)俳句

(1)降
(2)混乱

まちがえたら、見直しましょう。 53ページ

ポイント

❶ (3)「宣《せん》」の「亘」の部分を「旦」や「且」と書かないように注意しましょう。
(4)「劇《げき》」は、左部分の字形に注意して書きましょう。
(7)「退《しりぞ》く」は、「後ろへ下がる」という意味です。
(9)「映《うつ》す」は、同じ読みの「写す」「移す」に注意して書き分けるようにしましょう。

35 コンサート会場 71ページ

❶ (1)演奏　(2)指揮者　(3)聖歌
(4)歌詞　(5)幕　(6)合奏
(7)作詞　(8)発揮　(9)聖書
(10)幕末

(1)姿
(2)感激

まちがえたら、見直しましょう。 55ページ

ポイント

❶ (1)「奏《そう》」の「𡗗」の部分を、「天」と書かないように注意しましょう。
(3)「聖歌《せいか》」は、「神聖な歌」のことです。特に、キリスト教の歌をいいます。同じ読みの熟語《じゅくご》に「聖火」「成果」「青果」などがあるので注意しましょう。
(8)「発揮《はっき》」は、「自分の能力や特性などを十分にいかすこと」という意味です。

36 プラネタリウム

73ページ

❶
(1) 宇宙　(2) 太陽系　(3) 星座
(4) 銀河系　(5) 宇宙船　(6) 座席
(7) 宙　(8) 正座　(9) 宙返
(10) 系統

❷
(1) 暮
(2) 毎晩

まちがえたら、見直しましょう。≫57ページ

ポイント

❶ (1)「宙《ちゅう》」の「由」の部分を「田」と書かないように注意しましょう。
(2)「系《けい》」は、「ノ」を書き忘《わす》れて「糸」としてしまうまちがいが多いので注意しましょう。
(3)「星座《せいざ》」と、(8)「正座」は同じ読みの熟語《じゅくご》なので、注意して書き分けましょう。
(10)「系統」は、「一定の基準に従《したが》って並《なら》んだ順番で続いている、まとまりのあるつながり」という意味です。

37 まとめのテスト⑨

75ページ

❶
(1) しき　(2) まくぎ
(3) かたとき　(4) ほうえい
(5) けなみ　(6) げきてき
(7) しんせい　(8) ばくふ
(9) げきやく　(10) はんえい
(11) どくそう　(12) ひとなみ
(13) かたてま

❷
(1) 延　(2) 退治　(3) 郷土
(4) 深刻　(5) 宣告　(6) 動詞
(7) 引退　(8) 延命　(9) 宣
(10) 夕刻　(11) 座談会　(12) 理想郷

ポイント

❶ (1)「指揮《しき》」は、「集団がまとまりをもって動くように、指示を出すこと」という意味です。
(6)「劇的《げきてき》」は、「まるで劇を見ているように感動的なさま」という意味です。
(7)「神聖《しんせい》」は、「清らかでけがれがないこと・尊《とうと》くておかしがたいこと」という意味です。
(9)「劇薬《げきやく》」は、「作用の強い薬」という意味です。
(13)「片手間《かたてま》」は、「本来の仕事の合間にほかのことをすること」という意味です。

❷ (5)「宣告《せんこく》」は、「告げ知らせること」という意味です。

38 まとめのテスト⑩

77ページ

❶
(1) ちゅう　(2) こきざ
(3) いきょう　(4) の
(5) はいじん　(6) せんせん
(7) かた　(8) たいけいてき
(9) いちざ　(10) じゅんえん
(11) こくいん　(12) し
(13) きょうり

❷
(1) 幕　(2) 聖地　(3) 後退
(4) 前奏　(5) 上映　(6) 演劇
(7) 町並　(8) 奏楽　(9) 辞退
(10) 劇場　(11) 字幕　(12) 映写機

ポイント

❶ (5)「俳人《はいじん》」は、「俳句を作る人」のことです。
(8)「体系的《たいけいてき》」は、「統一的」という意味です。「体系」には「体形」「体型」などの同じ読みの熟語《じゅくご》があるので注意しましょう。
(9)「一座《いちざ》」は、「同じ場所にいる人」という意味です。
(11)「刻印《こくいん》」は、「印をほること」という意味です。

❷ (3)「後退《こうたい》」には、「交代」「交替」という同じ読みの熟語があるので注意しましょう。
(9)「辞退《じたい》」には、「自体」「事態」という同じ読みの熟語があるので注意しましょう。

39 パズル・実践《せん》⑨

79ページ

❶
(1) 片　(2) 郷

❷
(1)
① 太陽ケイの星。── 系
② 国と国の関ケイ。── 係
(2)
① 歌シを考える。── 詞
② シ集を借りる。── 詩
(3)
① セイ書の教え。── 聖
② セイ書した手紙。── 清

❸
(1) ① かいまく　② ばくまつ
(2) ① いんたい　② しりぞ
(3) ① えいぞう　② うつ

❹
(1) 刂　(2) 宀　(3) 扌　(4) 广

ポイント

❶ (1)「片手《かたて》」「片道」「片方」「片側」の熟語《じゅくご》ができます。
(2)「故郷《こきょう》」「帰郷」「郷里」「郷土」の熟語ができます。

❷ (3) 同じ読みの熟語になる「聖書《せいしょ》」と「清書」に注意しましょう。「清書」は、「原稿《げんこう》などをきれいに書き直すこと」という意味です。

❸ (1)「幕」には、「マク」と「バク」という二つの音読みがあります。
(2)「退」には、「タイ」という音読みと「しりぞ（く）」「しりぞ（ける）」という訓読みがあります。
(3)「映」には、「エイ」という音読みと「うつ（る）」「うつ（す）」という訓読みもあります。
❹ それぞれ部首名は、(1)「りっとう」、(2)「うかんむり」、(3)「てへん」、(4)「まだれ」です。

40 パズル・実践《せん》⑩ 81ページ

❶ (1)①述 ②延
(2)①映 ②写 ③移
(3)①波 ②並
❷ (1)2（画目） (2)8（画目）
(3)6（画目） (4)10（画目）
❸ (1)①映画館 ②俳優 ③指揮者
④えんそうかい ⑤せいや
⑥じこく
(2)ウ

ポイント

❶ (1)「意見を口に出して言う」という意味で用いる場合には「述べる」、「期日をおそくする」という意味で用いる場合には「延《の》べる」と書きます。
(2)「物の姿《すがた》などをほかの物の表面にあらわす」という意味で用いる場合には「映《うつ》す」、「文字などをもとのとおりに書き取る」という意味で用いる場合には「写す」、「場所を変える」という意味で用いる場合には「移す」と書きます。
❷ (4)「阝（おおざと）」は、三画で書きます。
❸ (2)「劇《げき》」という漢字には、「程度が激《はげ》しい」「しばい」という意味があります。「劇場」と**ア**「劇団」、**イ**「演劇」、**エ**「歌劇」の「劇」はどれも「しばい」という意味で用いられています。**ウ**「劇薬」の「劇」は、「程度が激しい」という意味で用いられています。

41 臨海《りんかい》工業《こうぎょう》地域《ちいき》を見学しよう 83ページ

❶ (1)臨海 (2)地域 (3)鉄鋼
(4)資源 (5)諸国 (6)製鋼所
(7)臨時 (8)区域 (9)諸問題
(10)源

(1)延長
(2)片側

まちがえたら、見直しましょう。 ≫67ページ

ポイント

❶ (1)「臨海《りんかい》」は、「海を目の前にしていること」という意味です。右の部分の「𠁣」は、「口」の数が三つということに注意して書きましょう。
(2)「域《いき》」の「或」の部分は、十画目の「ノ」や十一画目の「、」などの書き忘《わす》れが多いので、注意して書くようにしましょう。
(3)「鋼《こう》」は、同じ読みで「金」が共通している「鉱」と書きまちがえないように注意しましょう。
(10)「源《みなもと》」は、「川や水などの流れ出るおおもと・物事の起こり始めるおおもと」という意味です。

42 街の建物 85ページ

❶ (1)警察署 (2)派出所 (3)郵便局
(4)県庁 (5)警備 (6)消防署
(7)市庁舎 (8)派手 (9)気象庁
(10)郵送

(1)映像
(2)退院

まちがえたら、見直しましょう。 ≫69ページ

ポイント

❶ (1)「警《けい》」には、「敬」などの同じ音読みの漢字があるので注意しましょう。また、「署《しょ》」は形の似た「暑」や、同じ音読みの「所」などに注意して書き分けるようにしましょう。
(2)「派《は》」は、右の部分の「𠂢」の字形に注意して書くようにしましょう。「𠂢」は、「ノ→厂→𠂆→𠂆→𠂢」の筆順で書きます。
(3)「郵《ゆう》」の「垂」は、「乗」「垂」と書くまちがいが多いので注意しましょう。「垂」は、「ノ→二→三→千→乖→垂→垂→垂」の筆順で書きます。

43 会社で働く

87ページ

❶
(1)就職 (2)通勤 (3)賃金
(4)高層 (5)株式 (6)就業
(7)勤 (8)賃上 (9)地層
(10)株

(1)聖火
(2)開幕

まちがえたら、見直しましょう。≫71ページ

ポイント

❶ (1)「就《しゅう》」の「尤」の部分を、「犬」と書かないようにしましょう。十一画目の「乚」は、はらわずにはねるようにしましょう。
(2)「勤《きん》」の「堇」の部分は、字形に注意して書くようにしましょう。横画を書きすぎないようにします。
(3)「賃《ちん》」は、形の似た「貸」に注意しましょう。
(7)「勤《つと》める」には、「務める」「努める」という同じ読みの言葉があるので注意しましょう。

44 地図を見る

89ページ

❶
(1)拡大 (2)縮小 (3)裏面
(4)枚数 (5)拡張 (6)裏通
(7)三枚 (8)縮 (9)裏口
(10)縮

(1)口座
(2)家系図

まちがえたら、見直しましょう。≫73ページ

ポイント

❶ (1)「拡大《かくだい》」と反対の意味の言葉は、(2)「縮小《しゅくしょう》」です。
(3)「裏《うら》」の七画目を上につき出さないように注意しましょう。
(5)「拡張《かくちょう》」は、「広げて大きくすること」という意味です。「拡」と「張」は、どちらも「ひろげる」という意味をもつ漢字です。
(8)「縮《ちぢ》める」の読みがなを書くときには、「ちじめる」と書かないように注意しましょう。

45 まとめのテスト⑪

91ページ

❶
(1)しゅうしゅく (2)りょういき (3)けいてき
(4)てんきん (5)しょちょう (6)とうちょう
(7)ゆうせん (8)はせい (9)しょとう
(10)かいいき (11)ほんちょう (12)しゅうにん
(13)ちゅうかんそう

❷
(1)株分 (2)裏切 (3)運賃
(4)電源 (5)拡散 (6)鋼鉄
(7)水源 (8)家賃 (9)古株
(10)一枚岩 (11)拡声器 (12)臨場感

ポイント

❶ (1)「収縮《しゅうしゅく》」は、「ひきしまってちぢむこと」という意味です。
(8)「派生《はせい》」は、「おおもとのものから分かれて生じること」という意味です。

❷ (5)「拡散《かくさん》」は、「広がり散らばること」という意味です。
(9)「古株《ふるかぶ》」は「木や草などの古い株」という意味から転じて「組織に古くからいる人」という意味でも用いられます。
(10)「一枚岩《いちまいいわ》」は「一枚の板のようになっている大きくて平らな岩」という意味から転じて「しっかりまとまった組織」という意味でも用いられます。

46 まとめのテスト⑫

93ページ

❶
(1)じょうそう (2)しゅうこう
(3)りんせき (4)こうざい
(5)きげん (6)しゅうがく
(7)かぶぬし (8)せんまい
(9)げんりゅう (10)くんりん
(11)りゅうは (12)うらおもて
(13)にまいめ

❷
(1)縮図 (2)全域 (3)退勤
(4)警告 (5)部署 (6)官庁
(7)出勤 (8)警官 (9)諸国
(10)流域 (11)縮刷版 (12)税務署

ポイント

❶ (3)「臨席《りんせき》」は、「式典や会などに出席すること」という意味です。
(10)「君臨」は、「大きな力をもってある分野を支配すること」という意味です。
(13)「二枚目《にまいめ》」は、文字通り「紙などの二つ目」とい

う意味もありますが、ここでは「美男子」という意味で用いられています。

❷ (6)「官庁《かんちょう》」には、「館長」「干潮」などの同じ読みの熟語《じゅくご》があるので注意しましょう。

47 パズル・実践《せん》⑪ 95ページ

❶ (1)賃 (2)警

❷ (1)①表 ②裏 (2)①拡大 ②縮小 (3)①上層 ②下層

❸ (1)①でんげん ②みなもと (2)①いろん ②こと (3)①きんむ ②つと

❹ (1)①木 ②株・枚（順不同） (2)①者 ②諸・署（順不同）

ポイント

❶ (1)「家賃《やちん》」「運賃」「工賃」の熟語《じゅくご》ができます。
(2)「警官《けいかん》」「警備」「警報」の熟語ができます。

❷ (1)「表」と「裏《うら》」を組み合わせると、「裏表」という熟語ができます。

❸ それぞれ①は音読み、②は訓読みです。

❹ (1)部首は「木（きへん）」です。
(2)どちらも音読みは「ショ」です。

48 パズル・実践《せん》⑫ 97ページ

❶ (1)エ (2)ア (3)ウ (4)イ

❷ (1)実現にツトめる。
(2)司会をツトめる。
(3)市役所にツトめる。

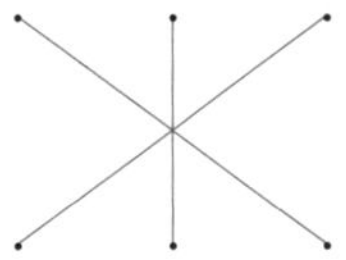

❸ 枚→就→源→縮

❹ (1)①こうそう ②つうきん ③はしゅつじょ ④郵便局 ⑤警察署 ⑥株式 (2)丁→庁

ポイント

❶ それぞれの漢字を□にあてはめてみて、熟語《じゅくご》ができるか確かめるとよいでしょう。

❷ (1)「努力してあることを行う」という意味で用いる場合には「努める」と書きます。
(2)「ある任務を引き受けてその仕事をする」という意味で用いる場合には「務める」と書きます。
(3)「職員として働く」という意味で用いる場合には「勤《つと》める」と書きます。

❸「源《げん》」は十三画、「就《しゅう》」は十二画、「縮《しゅく》」は十七画、「枚《まい》」は八画で書きます。

❹ (2)「庁《ちょう》」と「丁」はどちらも「チョウ」と読み、形も似ているので注意して書き分けましょう。

49 人体のしくみ① 99ページ

❶ (1)脳 (2)呼吸 (3)胸 (4)肺 (5)吸 (6)胸部 (7)肺 (8)吸入 (9)呼 (10)頭脳

(1)源 (2)諸説

まちがえたら、見直しましょう。 83ページ

ポイント

❶ (1)「脳《のう》」は、「⺍」の向きに注意して書くようにしましょう。
(2)「呼《こ》」の八画目の「亅」は、はねて書くことに注意しましょう。「吸《きゅう》」の「及」は三画で書きます。「ㇿ」の部分は続けて書くことに注意しましょう。
(8)「吸入」は、「吸《す》いこむこと」という意味です。
(10)「頭脳」は「脳そのもの」という意味のほかに、「頭の働き」という意味で用いられます。

50 人体のしくみ② 101ページ

❶ (1)胃腸 (2)筋肉 (3)心臓 (4)舌 (5)胃 (6)大腸 (7)内臓 (8)胃薬 (9)筋道 (10)舌打

(1)警報 (2)署名

まちがえたら、見直しましょう。 85ページ

ポイント

❶ (1)「胃《い》」や「腸《ちょう》」のように、身体を表す漢字には「月」がつくことが多いので覚えておきましょう。「腸」の「昜」を「易」と書かないように注意しましょう。
(2)「筋《きん》」は、形の似た「節」に注意して書き分けるようにしましょう。
(10)「舌打《したう》ち」は、「舌を鳴らすこと」です。いらだちを表すときなどにする動作です。

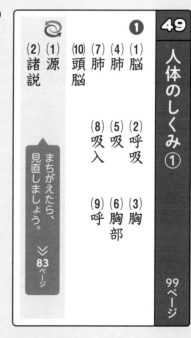

51 病院に行く①

103ページ

❶
(1)腹痛　(2)骨折　(3)傷
(4)視力　(5)痛　(6)重傷
(7)骨　(8)痛　(9)無視
(10)腹

❷
(1)勤務
(2)電車賃

まちがえたら、見直しましょう。≫87ページ

❶ ポイント
(1)「腹《ふく》」は同じ音読みで共通する部分をもつ「復」「複」と書きまちがえないように注意しましょう。
(2)「骨《こつ》」は、字形に注意して書くようにしましょう。「骨」は、「丨→冂→冂→冋→冎→冎→冎→骨→骨→骨」の筆順で書きます。
(10)「腹《はら》を立てる」は、「おこる」という意味の慣用句です。

52 病院に行く②

105ページ

❶
(1)看病　(2)処置　(3)注射
(4)死亡　(5)看護師　(6)処方
(7)反射　(8)亡　(9)対処
(10)射

❷
(1)短縮
(2)屋根裏

まちがえたら、見直しましょう。≫89ページ

❶ ポイント
(1)「看《かん》」は、字形に注意して書きましょう。
(2)「処置《しょち》」は、「けがや病気などの手当てをすること」という意味です。
(6)「処方」は、「薬を出すこと」という意味です。
(8)「存亡《そんぼう》」は、「在り続けるか消えるかということ」という意味です。

53 まとめのテスト⑬

107ページ

❶
(1)いと　(2)した
(3)れんこ　(4)のうは
(5)きょうちゅう　(6)ぞうき
(7)こっかく　(8)てっきん
(9)ぼうめい　(10)かんしゅ
(11)こき　(12)ほうしゃのう
(13)かんしょうてき

❷
(1)吸　(2)肺　(3)胃
(4)歯痛　(5)腹部　(6)重視
(7)腸　(8)空腹　(9)吸収
(10)視界　(11)苦痛　(12)肺活量

❶ ポイント
(2)「舌《した》つづみを打つ」は、「おいしいものを食べたときに舌を鳴らす」という意味の慣用句です。
(3)「連呼《れんこ》」は、「同じ言葉を何度も大声で言うこと」という意味です。
(5)「胸中《きょうちゅう》」は、「心に思っていること」という意味です。
(9)「亡命《ぼうめい》」は、「政治的な事情や思想的な事情により追いつめられて、自分の国から外国にのがれること」という意味です。
(10)「看守《かんしゅ》」は、「刑務所《けいむしょ》などで見張りや警備《けいび》などをする人」のことです。

❷
(6)「視《し》」は、「ネ」を「ネ」と書かないように注意しましょう。

54 まとめのテスト⑭

109ページ

❶
(1)きずぐち　(2)ずつう
(3)しょうちょう　(4)しさつ
(5)きゅうけつ　(6)いえき
(7)つうかい　(8)まんぷく
(9)きんりょく　(10)きゅういん
(11)しんぱい　(12)ふっきん
(13)ふしょう

❷
(1)呼　(2)胸焼　(3)大脳
(4)鉄骨　(5)発射　(6)処理
(7)臓　(8)舌　(9)首脳
(10)点呼　(11)胸囲　(12)骨

❶ ポイント
(7)「痛快《つうかい》」は、「たまらなくおもしろいこと・とても気持ちがよいこと」という意味です。
(8)「腹《ふく》」の音読みは「フク」ですが、「満腹」の「腹」は「プク」と読むことに注意しましょう。
(11)「肺《はい》」の音読みは「ハイ」ですが、「心肺」の「肺」は「パイ」と読むことに注意しましょう。

❷
(2)「胸焼《むねや》け」は、「胃《い》からつきあげてきて、焼けつくようにずきずきと痛《いた》むこと」という意味です。
(8)「ねこ舌《じた》」は「熱いものが苦手なこと」という意味で、ねこが熱いものが苦手としていることからできた言葉です。
(10)「点呼《てんこ》」は、「一人一人の名前を呼《よ》んで、全員がそろっているかどうかを確かめること」という意味です。

55 パズル・実践《せん》⑬ 111ページ

❶ (1)胃 (2)脳

❷ (1)志望→死亡 (2)省庁→小腸 (3)司会→視界

❸ (1)エ (2)エ (3)ア (4)エ

❹ 肺・視・吸・射（順不同）

ポイント

❶ (1)「胃薬《いぐすり》」「胃液」「胃酸」「胃腸《いちょう》」の熟語《じゅくご》ができます。

(2)「頭《ず》脳《のう》」「首脳」「大脳」「小脳」の熟語ができます。

❷ 同じ読みの熟語は書きまちがいが多いので、注意して書き分けましょう。

❸ (1)「傷口」は「きずぐち」と読みます。選択肢《せんたくし》の読みは、それぞれ、**ア**「ふしょう」、**イ**「じゅうしょう」、**ウ**「しょうがい」、**エ**「きずぐすり」となります。

(2)「小骨」は「こぼね」と読みます。選択肢の読みは、それぞれ、**ア**「てっこつ」、**イ**「はんこつ」、**ウ**「こっせつ」、**エ**「せぼね」となります。

(3)「首筋」は「くびすじ」と読みます。選択肢の読みは、それぞれ、**ア**「すじみち」、**イ**「ふっきん」、**ウ**「てっきん」、**エ**「きんりょく」となります。

(4)「横腹」は「よこばら」と読みます。選択肢の読みは、それぞれ、**ア**「ふくぶ」、**イ**「くうふく」、**ウ**「ちゅうふく」、**エ**「じばら」となります。

❹ 漢字の組み立てを覚えておきましょう。

56 パズル・実践《せん》⑭ 113ページ

❶

(1) ① 本の収《しゅう》ゾウ。― 蔵　② 心ゾウの動き。― 臓

(2) ① シタを出す。― 舌　② 机《つくえ》のシタ。― 下

(3) ① フク部の手術。― 腹　② 課題のフク習。― 復　③ フク数の問題。― 複

❷ (1)**ア** (2)**イ** (3)**イ** (4)**ア**

❸ (1)①**しりょく** ②**こきゅう** ③**むね** ④痛 ⑤胃腸 ⑥骨

(2)節→筋

ポイント

❶ 漢字には、同じ音読みのものがある場合があるので、注意して書き分けるようにしましょう。

❷❸ (1)④「吸《きゅう》」は、六画で書きます。

(1)③「胸《むね》」は訓読みで読みます。

(2)「筋力《きんりょく》」と書くべきところが「節力」となっているところがあります。形の似た漢字は書きまちがいが多いので注意しましょう。

57 人の気持ちや動作① 115ページ

❶ (1)興奮 (2)尊敬 (3)善 (4)親孝行 (5)尊 (6)奮 (7)敬 (8)善意 (9)尊 (10)親不孝

(1)呼 (2)胸

まちがえたら、見直しましょう。≫99ページ

ポイント

❶ (2)「尊《そん》」は、八画目の「一」を書き忘《わす》れないようにしましょう。

(3)「善《よ》い」には、同じ読みの「良い」があるので注意して書き分けましょう。

(4)「孝《こう》」は、形の似た「考」に注意しましょう。

(5)「尊《とうと》い」は、「ありがたい」という意味です。

(9)「尊《とうと》ぶ」は、「価値《かち》のあるものとして大事にする」という意味です。

58 人の気持ちや動作② 117ページ

❶ (1)忠誠 (2)誠実 (3)仁愛 (4)我 (5)恩返 (6)忠告 (7)仁義 (8)我先 (9)恩人 (10)忠実

(1)舌 (2)筋

まちがえたら、見直しましょう。≫101ページ

ポイント

❶ (1)「忠誠《ちゅうせい》」は、「忠実で正直な心」という意味です。

(2)「誠実」は、「自分のもうけや欲望《よくぼう》を考えずに、真心をもって人や物事につくすこと」という意味です。

(3)「仁愛《じんあい》」は、「情け深い心で、相手のことをいつくしむこと」という意味です。

(4)「我《われ》を忘《わす》れる」は、「あることに心をうばわれてぼんやりする・興奮《こうふん》して冷静でいられなくなる」という意味の慣用句です。「我」は字形にも注意して書くようにしましょう。

(7)「仁義《じんぎ》」は、「道徳のうえで守るべき道理」という意味です。(10)「忠実」は、「真心をこめてよくつとめること・内容をごまかさずにそのまま示すこと」という意味です。

59 人との関係

119ページ

❶ (1)忘 (2)訳 (3)秘密 (4)困 (5)親密 (6)困難 (7)通訳 (8)忘 (9)秘境 (10)密林

(1)痛 (2)視点

まちがえたら、見直しましょう。103ページ

ポイント

❶ (4)「困《こま》る」の「困」は、形の似た「因」に注意して書き分けましょう。(5)「親密《しんみつ》」は、「とても仲の良いさま」という意味です。(9)「秘境《ひきょう》」は、「その場所に住む人以外がほとんど出入りすることがなく、広く人に知られていない場所」という意味です。(10)「密林《みつりん》」は、「樹木《じゅもく》がすきまなく生《お》いしげっているところ・ジャングル」のことです。

60 人の性格

121ページ

❶ (1)厳 (2)純真 (3)疑 (4)欲張 (5)明朗 (6)厳格 (7)純情 (8)意欲 (9)朗報 (10)疑問

(1)処分 (2)看板

まちがえたら、見直しましょう。105ページ

ポイント

❶ (1)「厳《きび》しい」の「厳」は、「[illegible]」の部分を「耳」と書かないように注意しましょう。(2)「純真《じゅんしん》」は、「心にけがれがなく清らかなこと」という意味です。「純」は「屯」の部分の字形に気をつけて書きましょう。(5)「明朗《めいろう》」は、「明るくてほがらかなこと」という意味です。(9)「朗報」は、「うれしい知らせ」のことです。

61 まとめのテスト⑮

123ページ

❶ (1)どわす (2)そんちょう (3)ぜんにん (4)ろうどく (5)やくしゃ (6)けいれい (7)ふんき (8)ちゅうしん (9)ぜんりょう (10)ひぞう (11)うちわけ (12)そんだい (13)けいえん

❷ (1)疑 (2)困 (3)我 (4)厳守 (5)恩義 (6)単純 (7)密度 (8)孝行 (9)誠意 (10)厳重 (11)欲求 (12)半信半疑

ポイント

❶ (1)「度忘《どわす》れ」は、「知っているはずのことを忘れてしまってなかなか思い出せないこと」という意味です。(2)「尊重《そんちょう》」は、「価値《かち》があるものや貴重《きちょう》なものとして大切にすること」という意味です。(6)「敬礼《けいれい》」は、「敬意を表して、手を挙げたり頭を下げたりすること」という意味です。(7)「奮起《ふんき》」は、「勇気などを奮《ふる》い起こすこと」という意味です。(8)「忠臣《ちゅうしん》」は、「真心をつくして仕える家来」のことです。「中心」などの同じ読みの熟語《じゅくご》があるので注意しましょう。(12)「尊大《そんだい》」は、「いばっていて、相手を見下すような態度をとること」という意味です。

❷ (3)「我知《われし》らず」は、「自分でそうとは意識せずに」という意味です。(12)「半信半疑《はんしんはんぎ》」は、「信じる気持ちと疑《うたが》う気持ちがあること」という意味の四字熟語です。

62 まとめのテスト⑯

125ページ

❶ (1)てきび (2)こん (3)じゅん (4)よくぼう (5)ぎねん (6)われわれ (7)せいみつ (8)じんぎ (9)むよく (10)じゅんぱく (11)げんみつ (12)ようぎしゃ (13)じそんしん

❷ (1)訳 (2)恩 (3)物忘 (4)敬老 (5)秘書 (6)最善 (7)忠犬 (8)年忘 (9)和訳 (10)改善 (11)敬意 (12)神秘的

❶ (13)「自尊心《じそんしん》」は、「自分の人間としてのあり方を大切にする気持ち・プライド」という意味です。
❷ (5)「秘書《ひしょ》」は、「重要な職務を行う人について、事務などの作業を行う人」のことです。
(12)「神秘的《しんぴてき》」は、「いつものさまとは異《こと》なり、不思議な感じのするさま」という意味です。

63 パズル・実践《せん》⑮ 127ページ

❶ (1)密 (2)欲
❷ (1)①複雑 ②単純 (2)①覚 ②忘 (3)①善意 ②悪意
❸ (1)①こうふん ②ふる (2)①つうやく ②わけ (3)①こんなん ②こま (4)①ぎもん ②うたが
❹ 孝・忠・仁・誠（順不同）

ポイント

❶ (1)「密度《みつど》」「密集」「密林」の熟語《じゅくご》ができます。
(2)「食欲《しょくよく》」「意欲」「無欲」の熟語ができます。
❷ よく出題される反対の意味の言葉を覚えておきましょう。
❸ ①は音読み、②は訓読みで読みます。
❹ 漢字は、それぞれの部分が左右に組み合わさる場合や、上下に組み合わさる場合などがあります。

64 パズル・実践《せん》⑯ 129ページ

❶ (1)尊い (2)敬う (3)疑う
❷ (1) ①品質がヨい。 — 良
②ヨい行いを心がける。 — 善
(2) ①親コウ行をする。 — 孝
②本を参コウにする。 — 考
❸ (1)3（画目） (2)10（画目） (3)7（画目） (4)5（画目）
❹ (1)①厳 ②忘 ③尊敬 ④せいじつ ⑤こま ⑥ひみつ
(2)音→恩

ポイント

❶ (3)「疑う」を「疑《うたが》がう」と書くまちがいが多いので注意しましょう。
❷ (1)「道徳のうえで望ましい」という意味で用いる場合は「善《よ》い」、「好ましい・すぐれている」という意味で用いる場合は「良い」と書きます。
❸ (3)「秘」の「必」の部分は、「丶→ソ→乂→必→必」の筆順で書きます。
❹ (2)「恩《おん》」と「音」は同じ読みの漢字なので、注意して書き分けましょう。

65 作家の仕事 131ページ

❶ (1)何冊 (2)創作 (3)著者 (4)推理 (5)雑誌 (6)独創的 (7)著書 (8)推定 (9)創 (10)冊子

(1)奮 (2)敬語

まちがえたら、見直しましょう。≫115ページ

ポイント

❶ (1)「冊《さつ》」は、字形に注意して書きましょう。
(2)「創作《そうさく》」は、「新しいものをつくりだすこと」という意味です。
(6)「独創的」は、「独自の発想でものなどをつくりだすことができるさま」という意味です。
(9)「創《つく》る」には、「作る」「造る」の同じ読みの言葉があるので注意しましょう。

66 鉄道の仕事 133ページ

❶ (1)蒸気 (2)操縦 (3)乗車券 (4)預 (5)縦 (6)券売機 (7)操作 (8)縦断 (9)預金 (10)蒸発

(1)我 (2)恩師

まちがえたら、見直しましょう。≫117ページ

ポイント

❶ (1)「蒸《じょう》」は、九画目の「一」を書き忘《わす》れないようにしましょう。
(2)「操縦《そうじゅう》」は、「動かすこと・あやつること」という意味です。
(8)「縦断《じゅうだん》」は「縦《たて》の方向に通ること」という意味で、反対の意味の言葉は「横断」です。
(10)「蒸発」は、「液体が気体になること」という意味です。

67 デザイナーの仕事

135ページ

❶
(1)針 (2)一尺 (3)寸法
(4)背中 (5)巻 (6)背面
(7)巻尺 (8)方針 (9)上巻
(10)背比

❷
(1)困
(2)密集

まちがえたら、見直しましょう。≫119ページ

ポイント

❶ (2)「尺《しゃく》」は長さの単位で、一尺は約三〇・三センチメートルです。「寸《すん》」も同じく長さの単位で、一尺は一寸の十倍にあたります。

(3)「寸法」は、「物の長さ」という意味です。「法」を「ポウ」と読むことに注意しましょう。

(7)「巻尺《まきじゃく》」は、「テープ状になっている物差し」のことです。

68 伝統的な仕事

137ページ

❶
(1)養蚕業 (2)絹 (3)染
(4)米俵 (5)絹織物 (6)土俵
(7)手染 (8)絹糸
(9)俵 (10)蚕

❷
(1)朗読
(2)食欲

まちがえたら、見直しましょう。≫121ページ

ポイント

❶ (1)「養蚕《ようさん》」は、「蚕《かいこ》を飼い育ててまゆをとること」という意味です。

(2)「絹《きぬ》」は、「綿」と注意して書き分けるようにしましょう。

(10)「蚕」は、カイコガの幼虫《ようちゅう》のことで、蚕がつくったまゆからは生糸《きいと》がとれます。

69 まとめのテスト⑰

139ページ

❶
(1)たわら (2)たていと
(3)かいし (4)すいろん
(5)びょうしん (6)そうぎょう
(7)ぶんさつ (8)さんし
(9)そうせん (10)うんしん
(11)じゅうれつ (12)よちょきん
(13)じょうほうし

❷
(1)背負 (2)巻 (3)染
(4)寸前 (5)食券 (6)創造
(7)一寸 (8)著作 (9)全巻
(10)背後 (11)縮尺 (12)入場券

ポイント

❶ (4)「推論《すいろん》」は、「ある事実をもとにして、よく知られていない物事について推量して述べること」という意味です。

(8)「蚕糸《さんし》」は、「蚕《かいこ》のまゆからとれた生糸《きいと》・絹糸《きぬいと》」のことです。

(10)「運針《うんしん》」は、「針《はり》の運び方」のことです。

❷ (7)「一寸法師《いっすんぼうし》」は、昔話に登場する一寸ほどの小さな者のことです。

(11)「縮尺《しゅくしゃく》」は、「地図などを実際よりも縮《ちぢ》めて作成した場合の比率」という意味です。

70 まとめのテスト⑱

141ページ

❶
(1)かいこ (2)そ
(3)めいちょ (4)ちょうじゃく
(5)さいすん (6)かんとう
(7)そうぎょう (8)ちょじゅつ
(9)りょけん (10)えまき
(11)げんすんだい (12)しゃくとりむし
(13)じょうりゅうすい

❷
(1)預 (2)推 (3)絹
(4)縦書 (5)針金 (6)日誌
(7)別冊 (8)推進 (9)縦横
(10)冊数 (11)針葉樹 (12)週刊誌

ポイント

❶ (3)「名著《めいちょ》」は、「すぐれた著作」のことです。

(4)「長尺《ちょうじゃく》」は、「通常よりも長いこと」という意味です。「尺」を「ジャク」と読むことに注意しましょう。

(7)「創業《そうぎょう》」は、「新しく事業を始めること」という意味です。「操業」という同じ読みの熟語《じゅくご》に注意しましょう。

(12)「尺取虫《しゃくとりむし》」は、「シャクガの幼虫《ようちゅう》」のことです。

❷ (8)「推進《すいしん》」は、「物事を前に進めること・事業などが達成できるように努めること」という意味です。

71 パズル・実践《せん》⑰ 143ページ

❶ 冊子・操作・食券・蒸気（順不同）
❷ (1)①進路 ②針路
(2)①想像 ②創造
(3)①水深 ②推進
❸ (1)①ようさん ②かいこ
(2)①じゅうおう ②たて
(3)①よきん ②あず
(4)①かんまつ ②ま
❹ (1)俵 (2)誌 (3)背 (4)絹

ポイント
❶ 漢字の意味をふまえて、熟語《じゅくご》を作るようにしましょう。
❷ (1)「進むべき道」という意味で用いる場合には「進路」、「船や飛行機が進む方向」という意味で用いる場合には「針路《しんろ》」と書きます。
(2)「心の中で思いえがくこと」という意味で用いる場合には「想像」、「新しいものを初めてつくりだすこと」という意味で用いる場合は「創造《そうぞう》」と書きます。
(3)「水の深さ」という意味で用いる場合は「水深」、「物事を前に進めること・事業などが達成できるように努めること」という意味で用いる場合には「推進《すいしん》」と書きます。
❸ それぞれ①は音読み、②は訓読みで読みます。
❹ (1)(2)は、右部分の「表（ヒョウ）」「志（シ）」が漢字の音を表しています。

72 パズル・実践《せん》⑱ 145ページ

❶ (1)詞→誌 (2)表→俵
(3)戸→尺
❷ (1)預ける (2)染まる
❸ (1)13（画） (2)16（画）
(3)9（画）
❹ (1)①著述 ②五冊
③推理
④そうさく ⑤すんぜん
⑥かん
(2)ウ

ポイント
❶ 同じ音読みの漢字や形の似た漢字の書き分けに注意しましょう。

❷「預《あず》ける」「預かる」、「染《そ》まる」「染める」のように、送りがなは原則として形の変わる部分からを送りがなとして書きます。
❹ (1)⑥「巻《かん》」を漢字で書く場合には、「己」の部分を「巳」と書かないように注意しましょう。
(2)═線の「背」は「せ」と読みます。アは「はいけい」、イは「うわぜい」、ウは「せなか」、エは「はいご」と読みます。

73 文化遺産《いさん》 147ページ

❶ (1)遺産 (2)展示 (3)貴重
(4)保存 (5)伝承 (6)存続
(7)遺 (8)貴族 (9)発展
(10)承知

(1)創立 (2)推測

まちがえたら、見直しましょう。≫131ページ

ポイント
❶ (2)「展《てん》」の「𧘇」の部分は、字形に注意して書くようにしましょう。
(5)「伝承《でんしょう》」は、「風習や言い伝えなどを受けついでのちの世代に伝えていくこと」という意味です。「承」の「手」の部分の横画の数は三本です。
(10)「承知」は、「聞き入れること・わかっていること」という意味です。

74 皇室《こうしつ》の方々 149ページ

❶ (1)天皇 (2)皇后 (3)陛下
(4)博覧会 (5)従 (6)皇居
(7)従者 (8)皇室 (9)覧
(10)従

(1)体操 (2)預

まちがえたら、見直しましょう。≫133ページ

ポイント
❶ (1)「天皇《てんのう》」の「皇」の音読みは「コウ」「オウ」ですが、「天皇」という熟語《じゅくご》の場合は「皇」を「ノウ」と読みます。
(3)「陛《へい》」は、形の似た「陸」に注意して書き分けましょう。
(7)「従者《じゅうしゃ》」は、「主人のお供《とも》をする者」という意味です。
(9)「ご覧《らん》になる」は、相手の「見る」動作を敬《うやま》って言う表現です。

75 憲法《けんぽう》と政治①

151ページ

❶
(1)憲法 (2)法律 (3)政党
(4)対策 (5)同盟 (6)改憲
(7)規律 (8)党員 (9)政策
(10)加盟

❷
(1)長針
(2)背景

まちがえたら、見直しましょう。 135ページ

❶ ポイント

(2)「律《りつ》」の「彳」の部分を「イ」としないように注意しましょう。

(3)「党《とう》」の「⺍」の部分の一画目はまっすぐに書きます。「⺍」とななめに書かないように注意しましょう。また、十画目ははらわずにはねます。

(4)「策《さく》」は、形の似た「築」に注意して書き分けましょう。

(5)「同盟《どうめい》」は、「国や団体などが同じ目的のために同じ行動をとることを約束すること」という意味です。

76 憲法《けんぽう》と政治②

153ページ

❶
(1)裁判所 (2)内閣 (3)主権
(4)衆議院 (5)裁 (6)閣議
(7)権利 (8)大衆 (9)人権
(10)独裁者

❷
(1)染
(2)絹

まちがえたら、見直しましょう。 137ページ

❶ ポイント

(1)「裁《さい》」は、十一画目の「ノ」や十二画目の「、」を書き忘《わす》れないように注意しましょう。

(4)「衆《しゅう》」は、字形に注意して書きましょう。

(5)「裁《さば》く」は、「物事について正しいか正しくないかを判定すること」という意味です。

(8)「大衆」は、「世間一ぱんの人々」という意味です。

77 まとめのテスト⑲

155ページ

❶
(1)かんしゅう (2)さんさく
(3)けんしょう (4)いちぞん
(5)ほうおう (6)とうは
(7)こうしょう (8)けんげん
(9)さくりゃく (10)そんぞく
(11)さいだん (12)こうたいし
(13)ゆうらんせん

❷
(1)律 (2)高貴 (3)遺伝
(4)展開 (5)従来 (6)陛下
(7)調律 (8)遺品 (9)従業員
(10)貴金属 (11)天守閣 (12)展望台

❶ ポイント

(3)「憲章《けんしょう》」は、「重要なことを定めた取り決め・基本的な方針《ほうしん》などを主張した約束や宣言《せんげん》の文章」という意味です。

(4)「一存《いちぞん》」は、「自分一人だけの考え」という意味です。

(7)「口承《こうしょう》」は、「人の口から口へと語りつぐこと」という意味です。

❷ (11)「天守閣《てんしゅかく》」は、「城につくられた見張りなどのための高い場所にある建物」という意味です。

78 まとめのテスト⑳

157ページ

❶
(1)いちりつ (2)いしょ
(3)しんてん (4)おうじ
(5)じゅうじ (6)ぶっかく
(7)れんめい (8)じりつ
(9)ふくじゅう (10)こうたいごう
(11)きこうし (12)てんぼうだい
(13)いしつぶつ

❷
(1)裁 (2)方策 (3)生存
(4)一覧 (5)民衆 (6)権力
(7)悪党 (8)公衆 (9)存在
(10)選挙権 (11)解決策 (12)観覧車

❶ ポイント

(1)「一律《いちりつ》」は、「すべてを同じにすること」という意味です。

(4)「皇」には「オウ」と「コウ」の音読みがあります。「皇子」は「おうじ」と読みます。

(8)「自律」は、「自分の中に定めた手本に従《したが》って行動すること」という意味です。「自立」という同じ読みの熟語《じゅくご》があるので注意しましょう。「自立」は、「独り立ちすること」という意味です。

❷ (2)「方策《ほうさく》」は、「手段《しゅだん》や方法」という意味です。「豊作」と書かないように注意しましょう。

79 パズル・実践《せん》⑲ 159ページ

❶ (1)覧 (2)展

❷
(1) ①ケン法の改正。―憲
②ケン利の主張。―権
(2) ①対トウに話す。―等
②悪トウをたおす。―党
(3) ①優勝《ゆうしょう》のショウ金。―賞
②文化の伝ショウ。―承
③文章のショウ略。―省

❸ (1)①そんざい ②ほぞん
(2)①こうごう ②おうじ
(3)①じゅうらい ②したが
(4)①ようさい ②さば

❹ 遺・盟・閣・陛（順不同）

ポイント

❶ (1)「観覧《かんらん》」「遊覧」「回覧」「一覧」の熟語《じゅくご》ができます。
(2)「発展《はってん》」「進展」「展望」「展開」の熟語ができます。

❷ 同じ音読みの漢字の使い分けに注意しましょう。

❸ (1)「存」には、「ソン」「ゾン」の二つの音読みがあります。
(2)「皇」には、「コウ」「オウ」の二つの音読みがあります。
(3)(4)①は音読み、②は訓読みで読みます。

❹ 漢字は、「へん」「つくり」「にょう」「かんむり」「かまえ」「あし」「たれ」などの部分からできています。どの部分にあたるのかを考えるようにしましょう。

80 パズル・実践《せん》⑳ 161ページ

❶ (1)①規律 ②起立
(2)①後期 ②高貴
(3)①対策 ②大作
(4)①講習 ②公衆

❷ (1)従う (2)裁く

❸ (1)①けんりょく ②しゅうぎいん ③ないかく ④政策 ⑤憲法 ⑥法律
(2)12（画）

ポイント

❶ 文の意味をふまえて、同じ読みの熟語《じゅくご》を書き分けましょう。

❷ (1)「従がう」ではなく、「従《したが》う」と書くのが正しい漢字と送りがなです。
(2)「裁ばく」ではなく、「裁《さば》く」と書くのが正しい漢字と送りがなです。

❸ (1)④「政策《せいさく》」には、「製作」「制作」などの同じ読みの熟語があるので注意しましょう。
(2)画数を数えるときは、正しい筆順で一画一画ていねいに数えるようにしましょう。

81 総復習＋先取り① 163ページ

❶ (1)認 (2)閉 (3)従 (4)収納 (5)尊敬 (6)秘密 (7)延長 (8)地震

❷ (1)誤る (2)疑う (3)抱える (4)渡る

❸ (1)晩 (2)異 (3)沈 (4)柔

❹ (1)ちいき (2)りんじ (3)はっき (4)そうじゅう (5)ちゅうせい (6)こきゅう (7)せんたく (8)かんそう

ポイント

❶ (2)「閉《し》める」の反対の意味の言葉は「開ける」です。
(7)「延長《えんちょう》」の「延」の音読みは「エン」、訓読みは「の(びる)」「の(べる)」「の(ばす)」です。
(8)中学で習う漢字です。「地震《じしん》」の「震」の音読みは「シン」、訓読みは「ふる(う)」「ふる(える)」です。

❷ 漢字は、送りがなまでふくめてしっかり覚えておきましょう。

❸ (1)「大器晩成《たいきばんせい》」は、「大物は人よりもおくれて世に出てくるということ」という意味です。
(2)「異口同音《いくどうおん》」は、「みんなが口をそろえて同じことを言うこと」という意味です。
(3)中学で習う漢字です。「意気消沈《いきしょうちん》」は、「すっかり元気をなくすこと」という意味です。
(4)中学で習う漢字です。「優柔不断《ゆうじゅうふだん》」は、「決断をすることができずにぐずぐずするさま」という意味です。

❹ どれも音読みで読みます。

82 総復習＋先取り② 165ページ

❶ (1)姿 (2)宇宙 (3)討論
(4)針葉樹 (5)涙 (6)一緒

❷ (1)善 (2)棒 (3)棚 (4)猫

❸ (1)①高価 ②降下
(2)①起源 ②機嫌
(3)①高貴 ②好奇

❹ (1)た (2)わ (3)ちぢ
(4)い (5)ぬ (6)たお

ポイント

❶ (5)中学で習う漢字です。「涙」の訓読みは「なみだ」、音読みは「ルイ」です。
(6)中学で習う漢字です。「一緒《いっしょ》」の「緒」の音読みは「ショ」のほかに「チョ」があります。訓読みは「お」です。

❷ (1)「善《ぜん》は急げ」と反対の意味のことわざは「急がば回れ」「急《せ》いては事を仕損じる」です。

❸ それぞれ、(1)「効果」「硬貨」など、(2)「期限」「紀元」など、(3)「後期」「校旗」などの同じ読みの言葉があります。

❹ どれも訓読みで読みます。
(3)「ちじ(む)」と書かないように注意しましょう。
(5)中学で習う漢字です。「抜」の訓読みは「ぬ(く)」「ぬ(ける)」「ぬ(かす)」「ぬ(かる)」、音読みは「バツ」です。
(6)中学で習う漢字です。「倒」の訓読みは「たお(れる)」、「たお(す)」、音読みは「トウ」です。

83 総復習＋先取り③ 167ページ

❶ (1)若草 (2)宝物 (3)胃腸
(4)砂糖 (5)偶然 (6)紹介

❷ (1)骨 (2)我 (3)腕 (4)肩

❸ (1)①満潮 ②干潮
(2)①否定 ②肯定

❹ (1)①ずつう ②いた
(2)①げんしゅ ②きび
(3)①はくりょく ②せま
(4)①しょうさい ②くわ

ポイント

❶ (2)「宝物《たからもの》」の「宝」の訓読みは「たから」、音読みは「ホウ」です。最後の「、」を書き忘《わす》れないようにしましょう。
(4)「砂糖《さとう》」の「砂」の音読みは「サ」、訓読みは「すな」です。
(5)中学で習う漢字です。「偶然《ぐうぜん》」の反対の意味の言葉は「必然」です。

❷ 「腕《うで》」「肩《かた》」は中学で習う漢字です。「腕」「肩」をふくむ慣用句には、ほかに「腕が鳴る」「腕を上げる」「肩の荷が下りる」「肩を並《なら》べる」などがあります。慣用句には体の一部の名前を用いたものが多くあるので、意味をしっかり覚えておきましょう。

❸ (2)「否定《ひてい》」は、「そうではないと打ち消すこと」という意味です。一方、「肯定《こうてい》」は、「そうであると認《みと》めること」という意味です。

❹ それぞれ①は音読み、②は訓読みで読みます。

漢字ギガドリル　小学6年

さくいん

六年生で習うすべての漢字を、音読みの五十音順に並《なら》べています。音読みを小学校で習わない漢字や、音読みしかない漢字は、訓読みで並べています。

小学六年生の漢字

191字

※「―」は音読みまたは訓読みの読みがないことを表します。

漢字	音読み	訓読み
穴	(ケツ)	あな
胃	イ	―
異	イ	こと
遺	イ (ユイ)	―
域	イキ	―
宇	ウ	―
裏	(リ)	うら
映	エイ	うつる うつす (はえる)
延	エン	のびる のべる のばす
沿	エン	そう
恩	オン	―
拡	カク	―
革	カク	(かわ)
閣	カク	―
片	(ヘン)	かた
株	―	かぶ
干	カン	ほす (ひる)
巻	カン	まく まき
看	カン	―
簡	カン	―
危	キ	あぶない (あやうい) (あやぶむ)
揮	キ	―
貴	キ	(たっとい) (とうとい) (たっとぶ) (とうとぶ)
疑	ギ	うたがう
絹	(ケン)	きぬ
吸	キュウ	すう
供	キョウ (ク)	そなえる とも
胸	キョウ	むね (むな)
郷	キョウ (ゴウ)	―
勤	キン (ゴン)	つとめる つとまる
筋	キン	すじ
暮	(ボ)	くれる くらす
系	ケイ	―
敬	ケイ	うやまう
警	ケイ	―
劇	ゲキ	―
激	ゲキ	はげしい
券	ケン	―
権	ケン (ゴン)	―
憲	ケン	―
源	ゲン	みなもと
厳	ゲン (ゴン)	きびしい (おごそか)
己	コ (キ)	(おのれ)
呼	コ	よぶ
誤	ゴ	あやまる
后	コウ	―
孝	コウ	―
皇	コウ オウ	―
紅	コウ (ク)	べに (くれない)
降	コウ	おりる おろす ふる
鋼	コウ	(はがね)
刻	コク	きざむ
穀	コク	―
骨	コツ	ほね
困	コン	こまる
砂	サ (シャ)	すな
座	ザ	(すわる)
済	サイ	すむ すます
裁	サイ	さばく (たつ)
策	サク	―
冊	サツ (サク)	―
蚕	サン	かいこ
至	シ	いたる
私	シ	わたくし わたし
姿	シ	すがた
視	シ	―
詞	シ	―
誌	シ	―
磁	ジ	―
舌	(ゼツ)	した
射	シャ	いる
捨	シャ	すてる
尺	シャク	―
樹	ジュ	―
収	シュウ	おさめる おさまる
宗	シュウ (ソウ)	―
就	シュウ (ジュ)	(つく) (つける)
衆	シュウ (シュ)	―
従	ジュウ (ショウ) (ジュ)	したがう したがえる
縦	ジュウ	たて
縮	シュク	ちぢむ ちぢまる ちぢめる ちぢれる ちぢらす
熟	ジュク	(うれる)
純	ジュン	―
処	ショ	―
署	ショ	―
諸	ショ	―
除	ジョ (ジ)	のぞく
承	ショウ	(うけたまわる)
将	ショウ	―
傷	ショウ	きず (いたむ) (いためる)
障	ショウ	(さわる)
蒸	ジョウ	(むす) (むれる) (むらす)
針	シン	はり
仁	ジン (ニ)	―
垂	スイ	たれる たらす
推	スイ	(おす)
寸	スン	―
聖	セイ	―
誠	セイ	(まこと)
宣	セン	―
専	セン	(もっぱら)
泉	セン	いずみ
洗	セン	あらう
銭	セン	(ぜに)

臨 リン (のぞむ)	優 ユウ (やさしい) (すぐれる)	幕 マク バク ―	陛 ヘイ ―	班 ハン ―	納 ノウ (ナッ) (ナ) (ナン) (トウ) おさめる おさまる	展 テン ―	庁 チョウ ―	探 タン さがす (さぐる)	臓 ゾウ ―	善 ゼン よい
朗 ロウ (ほがらか)	預 ヨ あずける あずかる	密 ミツ ―	閉 ヘイ とじる しめる しまる (とざす)	晩 バン ―	脳 ノウ ―	討 トウ (うつ)	頂 チョウ いただく いただき	誕 タン ―	染 (セン) そめる そまる (しみる) (しみ)	奏 ソウ (かなでる)
論 ロン ―	幼 ヨウ おさない	認 (ニン) みとめる	補 ホ おぎなう	否 ヒ (いな)	派 ハ ―	党 トウ ―	腸 チョウ ―	段 ダン ―	存 ソン ゾン ―	窓 ソウ まど
若 (ジャク) (ニャク) わかい (もしくは)	欲 ヨク (ほっする) (ほしい)	盟 メイ ―	宝 ホウ たから	批 ヒ ―	拝 ハイ おがむ	糖 トウ ―	潮 チョウ しお	暖 ダン あたたか あたたかい あたたまる あたためる	尊 ソン たっとい とうとい たっとぶ とうとぶ	創 ソウ つくる
忘 (ボウ) わすれる	翌 ヨク ―	模 モ ボ ―	訪 ホウ たずねる (おとずれる)	秘 ヒ (ひめる)	肺 ハイ ―	届 ― とどける とどく	賃 チン ―	値 チ ね (あたい)	退 タイ しりぞく しりぞける	装 ソウ (ショウ) (よそおう)
割 (カツ) わる わり われる (さく)	乱 ラン みだれる みだす	盛 (セイ) (ジョウ) もる (さかる) (さかん)	亡 ボウ (モウ) (ない)	俵 ヒョウ たわら	背 ハイ せ せい (そむく) (そむける)	並 (ヘイ) なみ ならべる ならぶ ならびに	痛 ツウ いたい いたむ いためる	宙 チュウ ―	宅 タク ―	層 ソウ ―
我 (ガ) われ (わ)	覧 ラン ―	訳 ヤク わけ	棒 ボウ ―	腹 フク はら	俳 ハイ ―	難 ナン むずかしい (かたい)	机 (キ) つくえ	忠 チュウ ―	卵 (ラン) たまご	操 ソウ (みさお) (あやつる)
	律 リツ (リチ) ―	郵 ユウ ―	枚 マイ ―	奮 フン ふるう	灰 (カイ) はい	乳 ニュウ ちち (ち)	敵 テキ (かたき)	著 チョ (あらわす) (いちじるしい)	担 タン (かつぐ) (になう)	蔵 ゾウ (くら)